四库存目

青囊匯刊 ⑦

地學答問

[清]张九仪 ◎ 撰　郑同 ◎ 校

华龄出版社
HUALING PRESS

责任编辑：薛　治
责任印制：李未圻

图书在版编目（CIP）数据

四库存目青囊汇刊.7/（清）张九仪撰.—北京：华龄出版社，2019.3
ISBN 978-7-5169-1307-9

Ⅰ.①四… Ⅱ.①张… Ⅲ.①《四库全书》—图书目录 Ⅳ.①Z833

中国版本图书馆CIP数据核字（2019）第067501号

声明：依据《中华人民共和国著作权法》及《中华人民共和国著作权法实施条例》，本书整理者依法享有本书的著作权。凡大量引用、节录、摘抄本书内容的，请先与本社联系。未经我社及整理者许可，不得以任何方式翻印本书。

书　　名	四库存目青囊汇刊（七）：地学答问
作　　者	（清）张九仪撰
出版发行	华龄出版社
印　　刷	九洲财鑫印刷有限公司
版　　次	2019年6月第1版　2019年6月第1次印刷
开　　本	720×1020　1/16　印　张　21.5
字　　数	326千字　印　数　1～6000册
定　　价	58.00元

地　　址	北京市朝阳区东大桥斜街4号　邮　编　100020
电　　话	(010) 58124218　传　真　(010) 58124204
网　　址	http://www.hualingpress.com

序

　　青江子昔游奉天时，于勋贵家得耶律东辽公《乘气线图》一册，勋贵极宝秘此书，因其为嫡派真传，故赠之，而业是术者知之最尠。后游江浙，见海宁陈氏、太仓王氏两家皆有藏本，其中不无同异。青江子细心参校，订其讹误，补其未备，遂成完善。癸亥冬复来淮南，持以见赠。余因将向年质疑于青江子，及有所叩问，而示以师传要诀诸篇，悉连类付之梓人，名曰《地学答问》，不忘所自也。或曰："青江子祛子之疑，授以披阅，今仍刊刻流布，毋乃尽泄其秘乎？"余曰："世之孝子顺孙之欲藏其亲者，摘埴冥行，莫知所从，公之于世，俾得知此为正路，不惑于他歧，则天下孝子顺孙之祖若父皆得安于窀穸，是青江子之功且甚钜矣。"或曰："然。"爰书颠末于前，以志开雕之意云。

乾隆九年中元甲子甘泉樵叟书于听风听水之阁

目　　录

全本地学答问卷上 1
　地理解疑 1
　地书要旨 6
　素书 7
　素言 7
　赤霆传十篇 8
　　峡机 8
　　极晕 10
　　赶裹 13
　　交度 15
　　生克 17
　　穴情 19
　　四正 21
　　四余 22
　　朝对 23
　　约束 24
　趋避裁成 25
　阴阳论 26
　脉穴真诀 27
　山地脉穴 29
　　乾脉 29
　　亥脉 29

· 1 ·

壬脉	30
子脉	31
癸脉	31
丑脉	31
艮脉	31
寅脉	32
甲脉	32
卯脉	32
乙脉	32
辰脉	33
巽脉	33
巳脉	33
丙脉	33
午脉	34
丁脉	34
未脉	34
坤脉	34
申脉	35
庚脉	35
酉脉	35
辛脉	35
戌脉	36

平地脉穴 … 37

平陆	37
平陬	37
平原	37
平隰	38
平阳	38
平坂	40
平沙	40

平坡	41
平田	42
平冈	43
中原	45
南平	46

全本地学答问卷中 47

透地经度	47
乘气分类诸图	49
平分透地坐度表	243
挨星砂诀	250
中星表	252

全本地学答问卷下 259

水法向局	259
水法总诀	260
河图正局之图	262
洛书变局之图	271
木局变水局	271
金局变水局	272
火局变木局	273
水局变木局	274
金局变火局	275
木局变火局	276
水局变金局	277
火局变金局	278
二十八向局	279
乾山兼亥戌	279
亥山兼壬乾	280
壬山兼亥	281
壬山兼子	282

子山兼癸壬 …………………………………… 283

癸山兼丑子 …………………………………… 284

丑山兼艮癸 …………………………………… 285

艮山兼寅丑 …………………………………… 285

寅山兼甲艮 …………………………………… 286

甲山兼寅 ……………………………………… 287

甲山兼卯 ……………………………………… 288

卯山兼乙甲 …………………………………… 289

乙山兼卯辰 …………………………………… 290

辰山兼乙巽 …………………………………… 290

巽山兼辰巳 …………………………………… 291

巳山兼丙巽 …………………………………… 292

丙山兼巳 ……………………………………… 293

丙山兼午 ……………………………………… 294

午山兼丁丙 …………………………………… 294

丁山兼未午 …………………………………… 295

未山兼坤丁 …………………………………… 296

坤山兼申未 …………………………………… 297

申山兼庚坤 …………………………………… 297

庚山兼申 ……………………………………… 298

庚山兼酉 ……………………………………… 299

酉山兼辛庚 …………………………………… 300

辛山兼戌酉 …………………………………… 300

戌山兼乾辛 …………………………………… 301

二十八分金坐度表 ……………………………… 302

作用葬法 ………………………………………… 308

山地茔式 ………………………………………… 312

三元气运 ………………………………………… 316

全本地学答问卷上

地理解疑

问：人生之初，理一气殊，不知此源头上是如何授受感应，毋乃山川土地不一，以致受气成形亦随有清浊厚薄之不齐欤？

曰：天地者，万物之大父母也。宇宙之物，万有不齐，莫不生于天而成于地。其在天者，浑然一理，初无偏全之殊，及坤厚下凝，刚柔杂糅；南北东西异其方，高下厚薄分其势，包含荫育、变化参差之形由此起焉，而阴阳五行偏全见矣。试观山水有极清，有极浊，有清中浊、浊中清者；有至淳，有至漓，有淳中漓、漓中淳者。此何以故？盖地之左旋为阳，右旋为阴；圆为金，直为木，曲为水，尖为火，方为土，是地不离乎阴阳五行也。凡大地阴阳均配，人得之成健顺之德；五行兼备，人得之成五常之德。至如左旋之山太旺而右旋之水不及，或左旋之水太旺而右转之山不及者，出人必过于健而歉于顺。如右转之山太旺而左旋之水不及，或右转之水太旺而左旋之山不及者，出人必过于顺而歉于健。又地之结作，有团圆者金形，金为义，主生人明决；直长者木形，木为仁，主生人慈爱；曲折者水形，水为智，主生人灵动；尖棱者火形，火为礼，主生人严肃；方正者土形，土为信，主生人敦厚。至脉气向局五行不相生合者，则必有偏、倚、过、不及之差。如穴体属金，脉度向局属水火，出人见义当为，而无果敢之志。如穴体属木，脉度向局属金火，出人兼爱而至摩顶放踵，或恩及禽兽，以贱事亲。如穴体属水，脉度向局属土木，出人钩元索隐，游荡漂流。如穴体属火，脉度向局属水土，出人谨守迂板，而嫌人放荡；或刚暴猛烈，有气无量。如穴体属土，脉度向局属金木，出人无敏捷之资，厌辨给之言，或悾悾不信，受人诳侮。此皆克泄之驳杂而未得五行之正气者也。又有一片纯金而用神又多金土，则金太旺而偏于义。一片纯木而用神又多水木，则木太旺而偏于仁。水火土从可知已。此又生助之驳杂而未得五行之正气者也。由是观之，地随乎人而葬，人因乎地而发。地有五行之气，人亦有五行之气；地有五行之质，人亦有五行之质。人之气质有清浊厚薄，由地之气与质有清浊厚薄也。圣贤变气质以复性，乃裁成辅相之道耳。

问：人生吉凶悔吝，于推算则命运先知之，于风鉴则像体先知之，而地理于祖茔亦先知之，何世人多信命与像而不信地理？命像重乎？地理重乎？

曰：万物原于天地，子孙本乎祖宗。祖宗之骨脉随乎地而葬，子孙之命像因乎地而出。试观两大之内，彼生一福造，此生一贱庚；彼生一美貌，此生一陋像；霄壤悬绝，何莫非祖茔之气化使然。要知地理前定，命与像皆属继起，故阴阳造化，气通物应，栽培倾覆，皆因材而笃者也。见地可以知人，观人亦可以知地，如祖坟是富贵之地，则荫之子若孙而生出富贵命像；其绝败地，则荫之子若孙而生出绝败命像。书曰："圆净产忠良，欹邪生奸佞。"天下之人事不齐，由于天下之地理不一，而谓观地不即可以知其人乎？北人刚直土粗雄也，南人委婉水悠扬也。山人走路如春，湖人行步似荡。人而狂其山必昂，人而平其山必伏。出人贵者山必清，出人迷者山必混。人而孝则由其山婉，人而泼则由其山拗。天下之地理不一，以故天下之人事不齐，而谓观人不即可以知其地乎？有天地而后有人物，有地理而后有命像，世人仅信术数所谈之命像，而地理气化则不信，甚至鄙为妄诞。嗟乎！亦不揣其本矣。圣人曰："鬼神之为德，其盛矣乎。"地理气化，鬼神之大者也。然则命像之于地理，其本末原委与夫轻重缓急，亦略可睹矣。人之性情品行，言语动静，以及穷通寿夭，祸福兴衰，皆由地理，确有证据。祖茔之关系，不诚重矣哉。

问：富贵在天，未闻在地。

曰：太史公论阴阳与儒理相通，吾儒尽人事以合天地阴阳，本天地以验人事，三才原委，不辨自明。雷电风云，愚者以为天之神，智者知为地之气。地气不上蒸，则天气不下降。地气大蒸于上则大雨，小蒸于上则小雨，人皆指为天之雨，而不知其实自地出也。天上之物且然，何况人身之富贵？若止在天不与地相涉，人又何得与天相涉？人既与天相涉，独不与地相涉乎？要知天虚地实，造化成形必赖乎地。圣人言天不言地者，省文也。其实言天即包得有地在内，犹称某人之子，虽从父姓，而子身乃母腹所出也，岂得谓其子与父相涉而于母全不相涉耶？嚣嚣子言之矣。一气虽分，两仪同旨。四象八卦，布列于二十四山；二气五行，推变于东西南北。人禀五行之气，清者富而浊者贫；山结五星之形，斜者贱而正者贵。要皆以地之融结为主本，星砂为用神，地应富贵，即天应富贵，盖地与天原一气耳。大地用阴阳妙合而凝，地生即是天生。若止凭地而不关乎天，是徒知有母而不知有父；若止凭天而不关乎地，又徒知有父而不知有母矣。

问：弟兄数人均是祖父骨血，地理荫福则皆福，荫祸则皆祸，何以一人大兴而一人大败？即祖父在生有偏爱，骨骸在土亦有偏爱乎？房分兴败不同者，何故？

曰：骨骸受土中阴阳之气，遗体从而应化，又是地为之主。如震处阴气盛，长男迟发；艮处阳气旺，少男奋起。坎处阴气盛，中男晚荣；震处阳气旺，长男勃兴。以此类推，概可知已。先儒有言曰："万物之生，莫不负阴而抱阳。"盖以阳气生，阴气杀，受气不同，所以生杀各异也。不观瘐岭之梅乎？南枝先，北枝后，向阳花木早逢春。弟兄数人，同一祖父，犹千枝万叶同一根柢，骨魄应诸子之兴旺，犹根柢应群花之放落。谚云："一娘九子九般样，十指生来有短长。八卦五行相生克，克者不如生者旺。"如震应长而坎兴艮败，坎应中而木发火消，艮应少而金旺水灭，故震山旺孟，木位元气也。又发仲者，水木相生，甲卯所隶也，艮则木土有制已。坎山旺仲，本位元气，壬子所隶也。又旺长者，水山生木也。又发季者，山为财地也。先天主位先发，后天主位后发，是知遗体系乎八方生克，惟其生克不一，所以兴败不同耳。

问：代数何以不同？

曰：一房有一房之应，各房之方位不同；一代有一代之应，逐代之层次不同。穴情主当生之代，入首主荫生之代，折山主重生之代，过峡主微生之代，至此则变矣。地力强大，尊星贵盛，形势充足，脉气绵亘，自过峡后逆推，一峡主来代，一峡主暴代，一峡主仍代，一峡主云代，至此则化矣。砂水自内而外，前后左右，亦一层应一代，其贵贱衰旺之不一者，总系乎来脉砂水之吉凶，各有所主也。一代二代相貌不同者，亦视乎所主之五行而感应者也。

问：观人像貌，何以即知人祖茔地理？

曰：地有脉向砂水，人有骨肉血色。脉贵重，生人骨格贵重；脉轻贱，生人骨格轻贱。人之骨，非即地之脉乎？医曰："齿牙指甲骨之余。"观齿牙指甲则知其骨，知其骨则知其脉矣。另详廿四脉，兹不赘。地现在人之头面。额肖主山大峦头，山根落脉过峡。至准头高起，盖座跌下，人中结穴，上毬下簷，倘唇兜气，口肖明堂，下阁肖朝案。两眼大界水绕脉分流，两孔小气水傍穴左右。额角肖大盖帐，两颧肖左右护砂。鼻肖来脉，偏左则形势右旋，偏右则形势左旋，观此则脉之道得矣。向火方面带紫红，两颧之内必平；向巽方面带绿白，较正南清秀，两鬓之凹最高。向震方面带碧白，较东南细腻，额顶之发必稀。向艮方面带白黄，额角之发最密。向水方面带嫩白，项下寒毛必重。向乾方面带秀白，睛瞳黑光照人。向兑方面带赤白，两角鬓发必下。向坤方面带黑白，发间白点必多。砂兼穴场并左右前后之土而言，土美肉皮秀，土恶肉皮粗，土厚肉皮腴，土薄肉皮瘦。脸之上下左右，即地之上下左右。地左有堤埂，脸左必有低漕。地右有凹坑，脸右必有凸瘤。或上有积水，脸上必有黑气。或下有社坛，脸下必有红点。地中形体横者应于脸中形体直，地中形体直者应于脸中形体横。即此类推，无不现于面色。人之血即地之水，水清血清，水浊血浊。水有左绕右旋之形，血有左旋右转之势。然血运动于身，尚在皮肤之内，何以见其转旋？医有曰："发为血之余。"凡吾身之毛发须皆血也，即皆本乎水也。如地左水倒右，发从左而旋右；右水倒左，发从右而旋左。观发之左右，则知身之血，知血即知地之水矣。如八字水，发必左飞右走，两边分开；交襟水，发必左朋右抱，交合出尖。总之发由血转，血由水转，水荡则发荡，水聚则发聚。即左发旋右，而知其左砂迴顾；右发旋左，而知其右砂环抱。即八字分飞，而知其为骑脉，穴左右无砂夹抱；即交合出尖，而知为到头穴，左右有砂相抄。发齐则案必特起，水必腰带；发散则案必飞斜，水必倾泻。左半齐而右半散，则左砂紧抱而右砂反；右半齐而左半散，则右砂紧抱而左砂反乱。尖拖下缺凹丛，多是前面山脚反射，水城斜荡。又如穴前水，直朝则发逆上，旋湍则发绕转。观人之相貌，即知其祖茔；观人之祖茔，即知其相貌。原委一贯，莫之少差。盖大块即大身体，头顶西北乾，口向正西兑，腹藏西南坤，肚包正南离，股伸东南巽，足履正东震，手指东北艮，背抵正北坎，巨细精粗，总是一理。所以《易传》云："乾为首，兑为口，坤为腹，离为小腹，巽为股，震为足，艮为手，坎为背。"又如"乾为言为圆活、坤为迷为方板"之类，是人身体百骸言动举止皆本地之方位应出，孰谓地理于像貌不犹根本之于枝叶一气流通者乎？世人但言像而不言地，即言地亦鲜不以像为不相属者。今观像由地出，地理造化，孰是能逃乎此者？

问：相貌既祖茔应出，则弟兄之身体面色即当一样，何以有长短胖瘦尖圆黑白之不同？

曰：四时有孟仲季，六子分长中少。如一四七皆左气，应化序属孟；二五八皆中气，应化序属仲；三六九皆右气，应化序属季，此弟兄位分之不同也。如：

左土直则左处骨魄气力伸舒，而禀气应化之天房，身体高长。前仲右季仿推。

前土厚则中处骨魄气力强壮，而禀气应化之天房，身体肥胖。左孟右季仿推。

右土促则右处气力短少，末房卑矮。左前仿推

左土瘠则左处气力单薄，大房瘦小。前右仿推。

左土棱大房脸尖。左土长大房面长。前右仿推。

前土圆中房脸团。左右仿推。右土方末房脸方。左前仿推。

左土秀丽大房腴白。左土粗恶大房憔悴。前右仿推。

前土细润中房娇嫩。前土鸟暗中房鳖。左右仿推。

寅气阳木初植人直长。卯气阴木成林人高大。余仿此。

乾气高长宽大，明健风流，头脑团圆，面貌丰满，周旋圆活，善于词令，义勇忠信，片言折狱。全气则英豪轩昂，豁达超旷；偏气则志大言大，宽浮轻狂。

坤气强壮肥胖，但不高长，头面矮阔，肚腹宽凸。全气则坦平笃实，

方正简静；偏气则昏迷板滞，贪鄙悭吝。

艮气魁梧奇伟，博大光昌，面貌壮阔，厚重直方，鼻丰准隆，指粗手长。全气则端庄凝一，英勇忠良；偏气则雄悍卤莽，力大善武。

巽气温良宽洪，秀明正直，面貌丰腴，矮壮胖肥，寡发广颡，形高体长，颜色洁净，眼白股长。全气则风流和顺，清白玲珑；偏气则浮躁不果，体气狐臭。

坎气宽平灵醒，周流不滞，头脸高四，身体直长，耳张目小，心亟矫輮。全气则外虚内实，重习有孚；偏气则下首偏削，盗心奸狡。

离气严肃峭厉，明照洞彻，面色赤红，形体尖长，肚腹宽大，性气焦燥。全气则眼睛光明，发扬宣畅；偏气则脸窄肚垂，炎威猛烈。

震气正直高长，仁爱笃挚，面色青秀，丰神朗隽，的颡长足，步履悠扬。全气则刚健决躁，笑言哑哑；偏气则疾行善走，恐惧虩虩。

兑气外柔内刚，疏财仗义，面色赤白，口弦锋棱，辅颊团圆，辩给慷慨。全气则英爽豪迈，明断简捷；偏气则孤介矫廉，残忍忌刻。

凡地支应人像体。如四维并寅申巳亥主孟，四正并甲庚丙壬主仲，四墓并乙辛丁癸主季，皆另详。脉向内但二十四方生克衰旺，又有变化之不同。如震气应长，山为父则长之身体面色加丰，山为官则长之身体面色不足，山为子者减气，山为财者带弱，山为兄者带润。仲季例推，亦按某行生则某体丰，某行克则某体歉。兄弟数人，虽一坟所出，而一坟定有八卦方位，其各隶之位分，自各有五行气化，安得以像之不同生疑诧耶？

地书要旨

问：古地书孰为要义？愿示其旨。

曰：地理阐自赤松，《素书》开道之始。后世千言万语，不能出其范围。陆终子《素言》，《素书》之赞也。黄石公《风水》，敷陈《素书》者也。张子房《赤霆》，咏叹《素书》者也。徐复《赤霆传》，推广《素书》而释之者也。蔡牧堂论地西山分脉，透地六十脉分于朱子、西山。亦发明《素书》者也。此原派的传，一脉流行，皆天地自然气化，不似喝形星卦之谈，诚为地学之要旨。揭其数篇，兼附前辈注疏，从此参讨，可了然于心目间已。

素书①

地者元气所生，万物之谷。②**曹暗冯翼，浑沦遂复。气运翕舒，精华胥粹。惠游锺灵，寂寥致祟。**③**山川旋转。黄白氤氲。黔嬴陶育，总总攸分。**

山川总一元气所生，莫不各有五行之理。天下人皆从地气应出，所谓万物之谷也。曹暗未分之象，冯翼氤氲浮动之貌。《淮南子》云："天地未形，冯冯翼翼。"浑沦，元气磅礴也。遂，往也。复，来也。浑沦敦化，往来川流，气也运也。舒而不翕，未免散漫。翕而不舒，未免窒塞。均停之地，精华之气所聚也。惠游，和气也，生民锺之，故灵秀。祟神祸鬼，厉地之殃也。地形寂寥，戾气应之。于人物，得地和气必须山水盘绕，左旋右转，方无偏倚之弊。黄者土气，指山言。白者水气，指川言。山川有迴绕之势，则黄白二气保合太和矣。黔嬴，造化神名。陶育言生人，皆阴阳五行所陶鎔而发育者也。天下之人总总，众多贤哲愚不肖，以及贵贱寿夭，皆由所受之气而攸分也。

素言④

土藏气神，因气而见形。气感气，形名形，其斯见阴阳之道乎。

天地一气也。在天成象，在地成形。形形之中，莫非山水。若支若垅，总是一土。土无气何以凝结。既有凝结，则土气中硬软松紧，聚散郁畅，莫非阴阳之神藏于土中。神因气而现形，形若尖若圆，若方若长，若

---

① 《刘向列传》：赤松子，高辛神人，往往至昆仑，妙达巽坎，因有《素书》遗世。传记多称其善地理，殆亦阴阳家之权舆欤。近刻赤松《地论》，率不雅驯，大都皆后人假托。惟《白虎通》、《汲冢书》内有《素书》一段极浑括精湛，非三代以下文字。先儒云："赤松《素书》流传久矣，不惟其人惟其言，于地颇通彻。"
② 一本改谷作母。《白虎通》作祖，《汲冢书》作谷。
③ 一本作微。
④ 陆终子，即籛铿，殷人，封大彭，通造化，晚年浮游四方，阅历山川，得其情形，有论阴阳《素言》，久遗无传。仅见王诩文内所引数语，特为标录，订其注解，不忘论地之本原也。

横若直，若斜若反，若凸若凹，形形不一，要皆一气五行，屈伸往来，生克化育者也。随其地之高下顺逆处，有形有气，人物本之而生。凡一切美恶良楛，纷纷不齐者，总因其地有是气而感之，人者亦如是。气因其地有是形，而名之人者亦如是形。方位之验，日时之应，人地相合，毫末不爽。惟其感名之神，足见阴阳之道，妙用无穷。

赤霆传十篇

按《宋史》称：徐复，庆历初举进士，不第，游学淮浙间，通流衍卦数，自筮知无禄，遂绝意进取，放浪于名山大川，遍访地理秘诀。一日至贵溪，获留侯赤霆文，玩索久之，因文作传。仁宗召见，授以官，固辞不就，赐号冲晦处士，颜其书曰《赤霆传》。后张子微增补成帙，明雪庵和尚赞之曰"字字金"。今堪舆家牵强注解，且误以为雪庵所著，不知在宋已梓行矣。乙未游都下，见梅崖李先生家藏宋板《赤霆传》，乃其巡抚江右时访故家得之者，即世所称《字字金》是也。注解绝无善本，后得南平金与儒解释，意精语详，足见良工心苦。余依梅崖先生藏本，正其次叙，以复徐公之旧。今摘录十篇，取其要旨，非敢略也。

青江子识于存耕堂。

峡机

脉看其来，来审其位，位得生旺方可。著眼星峰，固宜剥换，亦须不失原神。更迭之后，必复本方，方为本原呈露。此可以论峡矣。

脉来方位，有生旺休谢之别。如右旋乙木脉，午丙长生，寅艮帝旺；如左旋丙火脉，艮寅长生，丙午帝旺。位得生旺者，如乙木艮入首作丙午向，谓之乘旺朝生；丙火离入首作寅艮向，亦谓之乘旺朝生，方合正局。朱雀源于生气向，朝脉之生养方也。他仿此。星峰剥换，如土金过峡，一二节后复起，金土照应原神，方为嫡传骨脉。

过峡与束气迹相似而实不同。束气者恐发泄太尽欲暂憩然耳。峡则如蝉之蜕，如龙之化，最为机轴。

过峡不与束气同。束气者，微伏微细，有送无迎。峡则断而复续，如蝉之蜕壳，如龙之变化，粗变细，大变小，有迎有送，最为机轴，以穴即本乎峡也。

如金脉过峡则金为土之精，水之母，自墓绝而生旺，由孤寡而禄贵，则福善可知矣。

过峡贵得生旺禄贵之气，如金生于土，是金为土之子也。水生于金，则金又为水之母矣。庚金生在巳，旺在酉，禄在申，此吉位也。墓在丑，绝在寅，此凶位也。辛金生在子，旺在申，禄在酉，此吉位也。墓在辰，绝在卯，此凶位也。脉自墓绝而生旺，人由孤寡而禄贵。若向合水法，则脉虽墓绝，绝处逢生，又变凶为吉矣。

所过之星脉分正变磊落，如珠金之正体也。以正体过，则凡诸宿卫护，亦皆合正为妙，流动如线，金之变体也。以变体过，则凡诸宿遮拦，以用变为奇。

来脉过峡，必仆从缠护，星体正变，与脉合格，生人自然和顺。

峡之未过，以生为体。峡之既过，以克为用。譬之养子者，骨格既成，以劳为爱，切磋琢磨，方成令器。故火虽克金而金以火过为融，水虽克火而火以水过为制，木虽克土而土以木过为疏，金虽克木而木以金过为用，土虽克水而水以土过为凝。

五星生克相因为用，峡未过宜生，脉力未足，其理出河图，顺生父母不可克子孙也。峡既过宜克，脉体已成，其理出洛书，逆克息，星克母，子荣昌也。以克为忌，亦以克为用。

观峡之左右，而知穴之辅弼。观峡之闪昂，而知穴之乳突。观峡之曲直，而知穴之窝钳。观峡之形，即知穴之忌。观峡之势，即知穴之证。观峡之星，即知穴之形。观峡之平沈，即知穴之浅。深观峡之长短，即知穴之唇毡。

穴情无一不预呈于峡中。如峡左赶砂，长抱穴前，必左臂作案。峡右赶砂，长抱穴前，必右臂作案。峡右有两砂，穴右亦有两砂。峡左有砂，一长一短，穴左之砂，亦必一长一短。峡闪左右，则穴亦闪左右，而成乳峡。脉前出起昂，则穴必成突。峡曲则穴窝，峡直则穴钳。观峡中五星之形，即知穴中五星之忌。如金脉而结土，金水是正穴，结火木则假矣。木脉忌金土，土脉忌木水，水脉忌火土，火脉忌水金，以子不肖父母也。峡势推左则穴之左臂得力，而穴结于左，向对左案为正势；推右则右臂得力，而穴结于右，向对右案为正势；中出则穴正中横案长抱，势湾左则左迴结穴，势湾右则右迴结穴，证验不差毫。末观峡脉之星体，即知结穴形体相同。如峡金穴必圆，峡土穴必方，峡平穴浅，峡沈穴深，峡长气懒，穴唇亦长，峡短气劲，穴唇亦短。凡此之类，无一不于峡中预议其机。

过峡之后，即看作何星辰以为少祖。如金过而又金则脉露，须幛之以水，盖以子护母则母不暴露，而体势常尊。金过而水则脉泄，须培之以土，而后元气不凋。金过而土则脉壅，须疏之以木，而后英华渐露。金过而木则脉病，须助之以金，而后气力不亏。金过而火则脉伤，须制之以水，或培之以土，而后精灵不损。

过峡剥换，星辰传变，形不能无偏，气不能无病，故必察少祖星辰，看左右扛护，生克制化，以扶偏救弊，有病有药，而成神化之妙用也。比重宜子泄，子泄宜母生，母生宜财旺，才旺宜比重，逢煞宜子克，煞母生本身。

既起少祖，随宜剥换。剥换一二节，便宜束气。束气之后，便宜起顶。起顶之星，脉宜分晓。过峡是金，复起金顶，始见原神之真骨脉也。金起水土二星，子母亦堪为用。若见木火，便非佳城。金逢木火，财煞同乡。惟叠叠皆金，全无剥换，则又宜木火以制之。譬之独创门户，非财不安，非官不显。

来脉起伏顿跌，节节固宜剥换，而入首起顶之星，尤宜与少祖星辰一气照应，金起水，子星土母星有相生相依之道，亦堪为用。惟见木才星、火官星，则我克克我，被泄不安。金逢木火，财煞同乡，不相生合。惟叠叠金体，纯阴不化，竟成孤绝之象。又喜木火克其坚刚，盖一派纯金，犹人独创门户，得财而始安，得官而始显也。

极晕

形形有极，星星有晕。不极不晕，富贵难问。土为金极，水木火晕。极为元气，晕为用神。

脉穴砂水无处不有极晕，而极晕中又以子财官三者为用神。极犹太极，二气适中，无少偏倚，体也。晕为轮晕，一气流行，活动有情，用也。凡山之起顶水之凝注为极，山之行度水之流转为晕。土者金之母，此极也，为元气。水木火金之子财官，此晕也，为用神。火者土之母，水者木之母。母为极，余皆晕。

极不送，亦不迎，闪闪浑如顾复情。晕不昂，亦不俯，依依恰似相回互。

极晕之形体，如母子不送不迎，浑如顾复，此母道也。尊重沈默，静中有情，极之体也。不昂不俯，恰似回互，此子道也。神情活泼，动中有意，晕之势也。闪闪欲张，动而体不可失，依依欲离去，而情不忍舍。极晕之形体如此。

官出现财藏子端蛰，是为正晕。正晕者，爵禄悠长而为卿为相。官伏藏财崛起子纵横，是为变晕。变晕者，威权猛烈而为将为台。

晕有正变显藏，官星透露出现，则清高主贵。财星低伏隐藏，则蓄厚主富。子星端正凝一，蛰蛰和辑，则人丁旺盛，是为正晕，故主卿相之尊而爵禄悠长也。若官星伏藏，虽不现露而端重财星崛起，虽不浑厚而明正子星纵横，虽张设而情驯伏，三者形体反覆，是为变晕，故主将台之职而威权猛烈也。三晕全合则全盛，一有不全则盛亦不全，此用神之应也。

行脉不带晕，丹桂无根，纵有二甲二乙，不产状元之子。堂气不聚极，黄金无种，纵有文武辅弼，难登将相之台。

脉带子晕才晕或官晕，而行走不带晕，无生活之致，无清秀之气，体顽形贱，故丹桂无根，纵有贵人文笔，止出二甲二乙，不能产状元之子。堂气聚极，如金穴土朝堂，木穴水明堂，则吉不聚极，财气散漫，不能生官，故黄金无种，纵有文武佐贰，难登将相之台。可见砂以脉为主，脉贵则砂贵；水以堂为经，水聚斯财聚矣。

极见晕而端凝，龙章凤诰。晕见极而低缩，紫阁丹扆。

极见晕而端庄凝一，体度贵重华美，有龙章凤诰之封。晕见极而低伏缩藏，情势整齐秀丽，主紫阁丹扆之贵。

登穴场而极居托乐，或为屏嶂之尊。挹明堂而晕列官禽，亦作排衙之状。极在砂中，锋芒不露，而晕皆隐隐以流行。极藏水面，源派无踪，而

晕却洋洋以布置。

托乐有极，或如屏嶂，为穴之元气，耸峙于后而不动。官禽有晕，为穴之用神，唱喏于前而多情。极在砂中，收敛锋芒，不露爪牙。极居水面，静镇澄凝，不见来去。然有极必有晕，而其中之隐隐然朝顾流行，皆有相向之情；洋洋然来去迁徐，皆有相揖之形。极晕相依如此。

脉穴之极晕不全，惧贻灾于乡党。砂水之极晕不备，恐播恶于苍生。极有欠缺，不为孝子忠臣。晕有疏违，难说经邦济世。

脉穴或有极无晕，则极为顽罡孤体。或有晕无极，则晕属荡散余气。或三晕用神有此无彼，则偏废偏胜，未得其宜，脉穴必偏枯，体势必歪斜，纵有穴只出草野奸雄，播恶横行于乡党。若砂水极晕不备，出人行止不端，窃柄弄权，为生民之害。极有欠缺，则体不圆净，气不纯粹，焉能产孝子忠臣。晕与极或疏远而不亲切，违背而不顺从，应左者忽变右，应右者忽变左，形气乖戾，性度执拗，难言经邦济世，故极晕必宜全而始纯美无瑕也。

极有极之方，方宜出现，极夺于财者贫，极夺于子者弱，极夺于兄者争。不若以官压之，犹为耀祖。晕有晕之位，位有其宜，官晕之位宜耸，财晕之位宜伏，子晕之位宜端。一有不得其宜，即为显祸。

极乃穴之父，亦有宜忌方位。方值生旺，才宜出现，苟非其位，即为受夺。极星现于财旺之方，或财星入于极旺之地，并受其欺压者，皆为受夺。子兄例推。如金穴土极夺于金穴之木财，是土受克制不能生金，金穴财旺身弱，反见贫穷。如土极夺于金穴之水子，则金穴之气泄，元辰已伤，故弱。如土极夺于金穴之金兄，则金穴比肩劫财，故争。如土穴火极夺于土穴之水财，是火受克制，不能生土。土穴财旺身弱，反见贫穷。如火极夺于土穴之金子，则土穴气泄，元辰已伤，故弱。如火极夺于土穴之土兄，则土穴比肩劫财，故争。如木穴水极夺于木穴之土财，是水受克制，不能生木，木穴财旺身弱，反见贫穷。如水极夺于木穴之火子，则木穴气泄，元辰已伤，故弱。如水极夺于木穴之木兄，则木穴比肩劫财，故争。官乃生父之星，父受官之益，子必蒙其庥，定然祖业丰厚，故官压犹耀祖也。如金穴宜火官生土父，土穴宜木官生火父，木穴宜金官生水父。晕如离火方忌水星，坎水方忌土星，震木方忌金星，兑乾金方忌火星，艮坤土方忌木星。盖金穴宜火方竦，木方伏水方端；土穴宜木方竦，水方伏金方端；木穴宜金方竦，土方伏火方端。此正晕也。又有变晕，亦须变之得宜。倘方位彼此受夺受欺，如金穴火伏木竦水不正，土穴木伏水竦金不正，木穴金伏土竦火不正，便受显祸。此方位之贵宜也。不言兄者例推可耳。

明堂内四晕俱全，少年及第。水口内四晕俱备，晚岁登科。

此以用神而验发达之迟早也。明堂内官子才兄四晕俱全，则制化贴切，少年及第，以其近穴，故早发也。水口内子官才兄四晕俱备，则制化少缓，晚岁登科，以其远穴，故发迟也。

大富者财晕常端而得位，盖富非骤至，须铢积寸累而后千仓万箱。大贵者官晕必竦而居方，盖贵非倘来，亦琢磨勤苦而后姓扬名显。

富贵以财官特达为主，我克为财，克我为官，须形体端竦，又必方位生旺，经积累而后致富，历磨练而后得贵，推此则子晕之系乎人丁，亦由渐而致繁衍可知矣。

赶裹

贵脉无官，赶者不贵，无财裹者亦不贵。富脉无财，赶者不富，无官裹者亦不富。盖富贵相连，财官相卫。财不见官，其财不制；官不见财，其官不庇。

凡脉身列帐，并两旁护送追逐脉气到穴，总名为赶穴，左右及前面包收脉气藏穴，总名为裹。脉无赶则力弱，穴无裹则气泄，故带财带官，方为全美。然富贵之脉，固喜财官赶入穴场，催富催贵，但财为官之元辰，官制财之劫煞，而贵脉却尤宜财作裹，富脉却又喜官作裹，则相连相卫，富贵方保永终，不然则官不荫庇，财不制伏，焉望长久。盖上赶下裹，则脉穴力全；赶裹财官，则脉穴气清，富贵而且耐久。

门开无屏，长子凌退。户闭不伏，幼子乖戾。

人知来水为天门，宜开去。水为地户，宜闭而未明。山水开闭之有情无情也。盖天门欲开，须有赶砂障风，庶免空旷冲割之弊。地户固宜遮闭，尤宜埋伏，不见口在何方出去，方免露胎泄气之嫌。若来水太阔无屏障，风则生，养方缺，主败长。去水太近，不伏于墓库之方，则墓绝反流，主败幼。今人只喜下砂长，不知病墓绝方之水一收上堂，虽财富骤发，而必有一房病，一房绝，故下砂要短，须令病之水流去，方得房分均匀，无灾疾少亡之凶。

堂唤明堂，不宜幽闭。平正有情，方为吉利。周匝关锁，宽狭得宜。太宽气泄，端方情聚。

堂宜开阳平坦，端正绕抱，穴情无空缺，无漏泄，宽而不荡，窄而不促，与山水适中，形气完足，便得安然。若太宽则旷荡气泄，惟端方斯情真势聚。彼有以塘为堂者，并字义亦不知矣。

左窜右飞，只要水城环抱。堂宽案远，必须陇势高强。

左臂顺窜过堂，右臂随水飞扬，此内形不吉，然干脉正结，形势大聚，不以小疵为嫌。只要水势环收，罗城围抱，反为曜气发动之征。明堂宽广，案山离远，内气似散，然山陇奔腾，大跌大起，动经百里，山高势强，气足以吞堂，力足以收案，势与局称，不畏宽远，以其有大赶必须有大裹也。

水秀山明，可吞可靠者有力。山笑水哭，不见不闻者无妨。

水来秀，山峰明，大势吉矣。然砂有先后得用，水有亲疏远近，惟可吞可靠者方有力。山或形破而笑，水或声悲而哭，只须远避此地。若求穴于局内，必开阳之所，不见此形，不闻此声，乃可为吉。

水去处石曜一卷，千钧之力。前来朝巽水一勺，万镒之情。

太柔为水，太刚为石。若水出口处有石曜逆水把守，虽一卷之小力敌万山，横财掘窖，富贵悠长。为太乙御街，天司文章之府，应翰林院者。天下之水尽归东南，水来朝地取其逆，然必火局丙向未向，金局巽向乙向，始为官旺到堂，虽一勺之微，有万镒之情。词臣入阁，配享圣贤。

水口葫芦，星峦华表，若遇子孙，陶朱寂寥。笔印端严，去水主贵，仓库逆生，水去财注。

水口星峦关系至重，葫芦喉虽美，而星峦有宜与不宜。倘遇子孙星峰，如金穴水星，土穴金星，木穴火星，居水口则生出泄气，必致父兴子败。笔为木火，印属土金，取贵之本，致财之源，端严居水口主贵。仓库土金之形，贮财之物，逆塞上生，则水绕仓库而财注矣。

砂无鹤爪，文名士少。鹤爪不掬，反生偃促。砂无牛角，终成寂落。牛角不开，反生奸回。砂无蝉翼，穴情不的。蝉翼臃睡，反生蒙懂。

鹤爪乃大砂之末，另出小砂，掬抱尖秀，如鹤指之有爪甲。顺水名文笔出文士，逆水名进神主财禄。若直硬无情，反主偃偃不宁。牛角穴旁秀嫩之砂，抱唇收水，无则露唇，水散而穴情寂落矣。若牛角太逼，反生奸邪健讼。蝉翼乃乳突穴旁遮护之微砂，以关穴内之气，非蝉之大硬翅，乃蝉胁小肉翅。蝉非口鸣，即胁内肉翅鼓气而有声也。阴日阳鸣，阳日阴鸣，如逢双之日属阴，左胁肉翅则鸣；逢单之日属阳，右胁肉翅则鸣。故左旋脉结穴翼砂宜右生，右旋脉结穴翼砂宜左生，无则受风吹穴，气散而不紧。然砂太臃肿，气必顽浊，主出人愚拙。

顶爱中穿，穿爱之玄。不之不玄，反成死鳝。

起顶之脉从中心穿出，则气正力大，穿出脉成之玄，则脉活气秀，若直硬反成死鳝之形，纵或砂水裹抱，皆无所用。

枝遭干克，何夸真格；受克到穴，中有一绝。纵有水城，定多冲割。庸术不识，贪爱锁织，克脉锁水，反成牢狱。若无赦文，女童缧绁。

分枝星辰要与干体生合，若遭干脉克制，则骨血非真，而原神受伤，所谓母星克子死灭亡。脉受克，如金克木主木命人绝，木克土主土命人绝之类。纵有水城，定多冲割凶形，此赶之不善也。人只贪爱交锁织结，不知克脉锁水，穴受凶煞，同罪囚独处牢狱。如木脉金砂，金脉火砂，水脉土砂，土脉木砂，火脉水砂，锁城门，若无丙丁赦文水救，必主女童淫乱，受缧绁之厄此。裹之不善也。

交度

断福如符，要知交度。山水不交度，岂有陶朱富。位不到三公，寿不高彭祖。夫妇不齐眉，孤寡号门户。故脉不交度，其名曰妒，妒则无百年之福。穴不交度，其名曰瘤，瘤则无十年之祚。砂不交度名曰龌龊，龌龊之砂，子孙不禄。水不交度名曰支离，支离之水，门户流移。

脉穴砂水皆以五行全备交度为美。交度者乃相交过度，无欠无缺之谓。凡形体情意生克制化皆得充足优裕，若少有缺陷，虽富贵寿考，子孙福禄必难到极至全备之域。符者符容也，妒者嫉妒也，痼者冷痼也，齷齪不宁也，支离情疏不合也，皆不交度之病。

自过峡而至少祖，是为脉度。如金脉不见水来护则为子妒，安望儿孙有三五。水脉不见金来顾则为父妒，定无白发盈门户。金脉不见木来扶则为财妒，营营衣食常难措。木脉不见金来助则为官妒，文章不上青云路。金脉不见金来护则为兄妒，茕茕独自撑门户。从鬼乐而至唇毡则为穴度。坐金不见木则为财痼，何夸四处有仓库。坐土不见土则为兄痼，莫羡陇冈多夹辅。坐金不见火则为官痼，何论色色文星助。坐水不见金则为赦文，定主堂前少舅姑。坐金不见水则为子痼，时有孤儿共寡妇。

此言脉穴之交度不及，各因本分缺陷而失其本分之亲也。来脉一路行度及左右护从之砂贵乎五星成形而全备。穴之坐山鬼乐唇毡前后左右亦贵乎五星出现而不缺，六神悉备，乃有阴有阳，始为交度。金缺水，水缺木，木缺火，火缺土，土缺金，皆无子。金缺土，土缺火，火缺木，木缺水，水缺金，皆无父。金缺木，木缺土，土缺水，水缺火，火缺金，皆无财。金缺火，火缺水，水缺土，土缺木，木缺金，皆无官。金缺金，水缺水，木缺木，火缺火，土缺土，皆无兄。五行不可偏废也如此。

自随脉以及门户，是为水度。金穴土城，水是为子，支离冲割，定主子孙离乡曲。金穴木城，水是为父，支离冲割，定主祖业难丰足。金穴金城，水是为财，支离冲割，终日运筹搏斗斛。金穴水城，水是为官，支离冲割，白头犹把文章读。金穴火城，水是为兄，支离冲割，打虎阋墙常扑扑。

言水之交度太过，各以表著而有所克也。自随脉以至水口为水神行度，来贵沈静悠扬，去则藏踪敛迹，不见支离冲割之弊，乃为交度。如金见土，土见火，火见木，木见水，水见金，印克子也。金见木，木见土，土见水，水见火，火见金，才破印也。金见金，水见水，木见木，火见火，土见土，比劫才也。金见水，水见木，木见火，火见土，土见金，子伤官也。金见火，火见水，水见土，土见木，木见金，煞克兄也。皆由分解而支，涣散而离，渐渐去远，激射而冲，凌逼而割，渐渐杀近，以致有害。

自左臂而至右臂，是为砂度。金脉土连，连则为兄齷齪，手足不齐福不全。金脉金叠，叠则为子龌龊，生者频频育者迟。金脉水汩，汩则为财龌龊，散者多多聚者稀。金脉木条，条则为官龌龊，声名位分尚卑微。金脉火欻，欻则为父龌龊，异父异母不相宜。

言砂之交度太过，各以表著而不能生也。金脉见土砂多不能生金兄，水脉见金砂多不能生水兄，木脉见水砂多不能生木兄，火脉见木砂多不能生火兄，土脉见火砂多不能生土兄。金脉见金砂，水脉见水砂，木脉见木砂，火脉见火砂，土脉见土砂，多则不能生子。金脉见水砂，水脉见木砂，木脉见火砂，火脉见土砂，土脉见金砂，多则不能生财。金脉见木砂，水脉见火砂，木脉见土砂，火脉见金砂，土脉见水砂，多反不能生官。水脉见土砂，木脉见金砂，火脉见水砂，土脉见木砂，金脉见火砂，多反不能生父。五行之不可偏胜也如此。

盖脉穴之度以表而见者为宜，砂水之度以表而见者为忌。

上言金脉金穴不见水子之类主无子，金脉金穴不见木财之类主无财，此言金宜见金兄水子木财火官土父，木宜见火子金官木兄土财水父，水宜见木兄木子金父火财土官，火宜见土子金财水官木父火兄，土宜见土兄金子水财木官火父，彰明较著，显然暴露，表而见者有力。上言砂水交度，金脉金穴见金木火土支离冲割偃促，此言不宜见其太盛。若表著而见，则各有所克，各不能生已。

生克

生固可爱，亦有不爱之生。克固可憎，亦有不憎之克。相生之品有五，献天金星来生水为飞生，少阴金星为伏生。飞忌其促，伏忌其强。促强之生，家多忤逆。

生克之中，各有喜忌不同。高金生水宜势大，忌卑促不舒。低金生水喜秀嫩，忌强大力竭。二者为子不肖父，故家多忤逆。

金穴水案为感生，金穴土案为应生。感宜近，应宜特。不近不特，富贵不得。

子星作案近穴则内气关蓄而不泄，父星作案特来则全气生我而情专。不近则去气虚怯，不特则来气驳杂，故富贵不得。

金峦剥水为顺生，金峦剥土为逆生。顺喜秀，逆喜簇。不秀不簇，英才不育。

父顺生我而助我之力，秀则子贵。我逆生父而泄我之气，簇则力盛。不秀必粗，不簇必弱，故英才不育。

左金右水则为雄生，右金左水为雌生。雄宜仰，雌宜俯。不俯者骨肉伤残，不仰者家道乖张。

居左为雄形，仰则轩豁蜿蜒，可以抚恤家人。居右为雌形，俯则和顺柔美，可以调理骨肉。不仰则不蜿蜒，必委靡无情，阳纲不振，而家无统纪。不俯则不驯伏，必衔尸嫉主，阴道反常，而骨肉参商。

正体生者曰坐生，侧脑生者曰眠生，平面生者曰立生。坐生宜正，眠生宜伏，立生宜平。不正不伏不平，幼者亡而老者灾。

体正则形气端庄。如人之端坐，体侧则脉气斜来。如人之仄卧，平面高低相等。如人之站立，宜正宜伏宜平，则上下相称，体不乖，形不反，气不戾，情不逆，唇毡气足，老幼均安。反此则上下不顺，形体乖戾，情气反逆，必至少亡老病之患。此五者相生，各有爱憎之情也。

五星相克，目亦有五。献天金星居西方而克木，此强克也。少阴金星居南方以克木，此弱克也。强克强弱克弱者煞，强克弱弱克强者降。

献天金星体势雄伟，又居兑金方强旺而克兑位死绝之木，此强克也。少阴金星形气微弱，又居南方火煞之地，而克泄气之木，此弱克。倒地木星居东而形势冲天，与西金势均力敌，为强克强。若倒地木星居金煞之乡，与金之居南者形相等，为弱克弱，必有一败。故杀弱遇强、强遇弱，不待临敌自伏，虽相刑而害不已甚，故降。

火星直射金穴，而鬼乐禽曜皆水星澄映，虽克泄而有救，如无克矣。如正体金星并无火气侵扰，而木星簇簇，孤金莫能钤制，则虽无克而有失矣。有克如无者，爵禄高臻。无克有失者，数被中伤。

火虽克金遇水神而自废，且可假煞为权，作官作贵，故爵禄高臻。金虽无火而木资火煞，财多身弱，孤金莫能钤制，故被中伤。

如金星作主火星高炉者为明克，磊磊火星来遁金脉到穴者为暗克。明克显祸，暗克阴伤。

金星入道结穴，当前有连气火星高耸炉克金穴，明明为害，故有显祸。后山左右护送之砂多带火脚，磊磊传递，金星入穴到穴，虽未见煞，而来脉制实甚，故主阴伤。

隐隐金脉带有火星压主者曰己克，外山特竦火星与己并敌者曰人克。人克者争竞乡邦，己克者骨肉参商。

隐隐藏形之金脉，明带火星压制本身者，此已克也。乃自身带煞，故主家庭不和。外山特耸，火星与金脉并峙为敌者，此外山带煞，故主乡党不睦。

凶星恶曜如妒主，火星则喜水星以救之，此为爱克。吉星得地，如金居兑位，则恶见火星以制之，此为怕克。爱克而克，为福不小。怕克而克，为祸斯大。

如妒主火星，喜用水星以制火而裁穴，此急需解星，为爱克。星体本吉而又得地，如金居兑位，恶见火星克害，吉中不宜带煞，此为怕克。爱克而受克，则化凶为吉，其福不小。怕克而受克，则变吉为凶，其祸最大。此五者相克，亦各有爱憎之情也。

穴情

窝钳一也，窝则圆而钳则直。乳突一也，突则耸而乳则垂。金水之脉爱成窝钳，土木之脉爱成乳突。

穴分阴阳，不外窝钳突乳四象。窝与钳类而圆直不同，乳与突类而亦垂耸各别，阴阳太少之情有异也。盖来脉各有秉赋，金水性弱体柔爱成太阳窝少阳钳；土木体刚性强，爱成少阴乳太阴突。

窝以心泡为证，窝无心，泡为空，空侧之窝，孤寡贫穷。

心泡窝，心中间小凸块如鸡心鱼胞，乃阳极阴生，一脉直贯，土缩覆杯之象。左右分水，深宜开泡，埋浅则堆金。葬脉从后正中来而开窝者真，横脉侧过而开窝者假，故无心泡，乃空窝侧结，扦之孤寡贫穷。

钳以贯耳为证，钳无贯耳，为荡为散。荡散之钳，人离财散。

钳性伸长，有直有曲。来脉性缓，情在合骨交会之处，左右两旁有贯耳砂起，是以障风蔽穴。性急气在钳中，或左或右，有贯耳之脉，免致风荡气散。若无脉脊，入首模糊，空钳假穴，人离财散。

乳以随水为凭，乳无随水，为枯为竭。枯竭之乳，轻贫重绝。

乳性锺蓄，情多就下。左右两边，界水相随。上分下合，穴在圆弦之中。若入首不细，界漕不随，则水不荫穴而枯，气不界穴而竭，此假乳也。轻主贫，重主绝。

突以须翼为证，突无须翼，为孤为子。孤子之突，艰难碌裂。

突上耸，情多聚顶后，旁有蝉翼之砂，胁下有虾须之水，则穴有卫护而不孤子，无则穴受风吹矣。

地在高山，突中爱窝。穴在平洋，窝中爱突。

高山为阴，突亦为阴，绝阴不化，故突中爱窝，穴阳始姤。平地属阳，窝亦属阳，独阳不生，故窝中爱突，穴阴始化。

母被鬼伤，宜子来救。穴中有此，康宁福寿。

如金头火脚，则母受鬼克而穴伤，须水窝以子救母，则火受水制，不为害，反借前出火煞作官作曜，化凶为吉。故曰火脚金头，葬下封侯。

财被官泄，宜子来制。穴中见此，庄田不替。

如金体挟木，才也，而左右案乐，或系火星，官也。则木生火而财受泄，须于金木交界处大开水穴，则子可制官而生财，世代温饱矣。

官被子伤，宜父来制。穴中见此，科名立至。

如金星结顶而火星卑微，水气太盛，则火官受水子克伤，须得土父作穴，水畏土制，不肆虐于火官，赖土庇生旺穴星，少年科甲之地也。

子被母伤，宜财来护。穴中见此，贵而且富。

如金星结顶，而四旁之砂水微土重，则子受母伤。若得挟木之穴，斯可制土存水，子生财，财生官，功名财帛兼盛。

子被父伤，宜兄来助。穴中见此，儿孙福祚。

如金穴土固制水，而垂金之穴土厚金埋，生息必难。土能克水，金子受恙。若得金兄比助，泄土气而救子，水亦不畏土克，运祚绵长矣。

穿空穿薄，穴情便恶。夹坚夹软，穴情融暖。

穿如穿贯，传度之意。前缺后凹，或旷或折，谓之空。左泻右刬，或浮或削，谓之薄。此土气不足，难以立穴。若穴土夹坚而不湿，夹软而不枯，则阴阳交姤，刚柔相济，而融暖有情。斯为贵穴。

借官不借鬼，借鬼者绝。借右不借左，借左者灭。

官在案外，去穴尚远。若无正官，凡案后之山，亦可借作。如金穴案外之山有尖形，是火为正官也。若鬼居穴后，贴身证穴，一有不宜，祸即随之。如金穴后有火砂，不可借用，借则穴受克劫，主绝。借右不借左者，左如文相，右如武将，右臂可假借外来之砂，而左臂必须本身抽出之砂方得亲近之义。

借案不借托，借托者家荡如雪。借山不借水，借水者财破如裂。

凡穴无棋朝之案，借横山关气为用，托则后倚，必须婉抱。借则形偏情假，空亡贫乏。脉贵穴真，侍卫不足，借外山填空补缺，水乃配山证穴，务须生旺来朝，囚谢归库。来脉峡内元辰水，本山之精血，犹子食母之乳汁。若借去脉峡内之水，则如邻母之于他儿，不相关切。客水过往，借本生利，一旦破财，必至大倾。

四正

脉曰来脉，不见其来，将何作主。穴曰穴情，不审其情，将何为证。

脉要个字，来为来势，则送气到穴。若不见其来势，将以何者作透地之主。穴不曰穴，而曰穴情，如金不葬金而葬金之生水处，木不葬木而葬木之生芽处，土不葬土而葬土之生金处，无生机则无情，情亦必以活动为妙。若不审其融聚之情，将以何者为扦点之证。

盖无个非脉，其来不中。葬者乘之，孤寡贫穷。无脉非穴，其中亦拙。葬者当之，轻贫重绝。

夫脉有个字夹送之形迹，则脉来矣。若左右无个字撒捺，即有来势，亦非中脉正干，葬乘偏气，假穴难免，孤寡贫穷。一线入穴之脊，气活泼贯注，为有情无脉，线必宽泛蠢拙，当此伪气，轻则退败贫穷，重则消丁灭绝。

生克皆砂，宜皆就我。子父财官，宜皆湾抱。抱我则吉，背我则凶。来去皆水，宜皆舒徐。艮丙巽辛，宜皆融注。金土城佳，木火为祟。

砂不问其生克，惟喜亲顺就我。如土穴见木砂为官，火砂为父，金砂为子，水砂为才，土砂为兄，情宜湾环抱我，抱我得用则吉，背我不顾则凶。局水来去，总宜舒缓纡徐，艮丙富水，巽辛贵水，宜皆融会朝注于我明堂。圆为金城水，方为土城水，大吉。若直则为木城水，尖则为火城水，皆凶。

赶裹非砂，蝉虾非水。一以定脉，一以证穴。脉有托乐，穴有乘除。

赶为穴后送脉之星辰，裹乃穴旁护胎之用。神本属脉穴一体之形，非从外砂取用。蝉翼为穴后入脉之遮蔽，虾须为穴旁微茫之界限，乃穴情分割之护体，非从外水取用，一以定来脉之行止，一以证穴情之中正。后有横山湾抱之托，当座起凸之乐，则有所倚，而为应星。穴有乘三除七、乘八除二之饶减，则生气受尽而克气不侵。

金变如水，火镕其旁。势如一线，贵不可当。见土成穴，穴欲其藏。土变如金，木列其间。势如剖瓜，富不可言。遇火伏侧，穴欲其巅。

传变分别富贵，如金之变体是水已泄其气，而又有尖火官星在旁镕化金质而成水，故其流势清细如线，此至贵之脉，见土星生扶其气乃旺，而结穴隈藏，或土头金脚，或土角流金，或侧面土星铺金乳，皆在隐隆之生处扦之。土之变体是金已泄其气，而又有直木官星排列其间，疏通土气而成，磊落圆窝，势如剖瓜，圆满丰盛，为极富之征。遇火砂伏侧，生旺元神，而穴结高顶，葬乘其巅，为天穴，为扦盖。

砂嫌离乡，亦爱离乡。嫌其尖削，为飘为荡。爱其圆秀，远官富商。水莫嫌去，亦莫爱来。去者回头，四处招财。来如箭射，一事不谐。

砂固以离乡为嫌，然远宦富商必离乡而财禄始得，但喜形体圆秀而为财为禄，若尖削则主飘荡。水固以流去为嫌，亦莫见流来便喜。若去而有左砂右砂如排衙唱喏，至下砂栏水横，又有回头顾穴之情，定主四路招财。若来如直沟湍射，直急如箭，则冲穴带煞，一事不得谐和矣。

四余

鬼不爱鬼，官却宜官。乐不宜乐，曜须见曜。

鬼为穴后之山，官为案背之星。乐为托山中凸峙之峰，曜则两臂外飞出之砂，皆为穴之余气。以鬼为鬼，名为盗气，家道伶仃，子孙不庶。以官为官，不怕尖峦，出人轩豁，甲第魁元。鬼不爱鬼，亦不爱子。父兄财帛，方为得所。官宜于官，亦宜财父。木火二星，名为天助。金星水星，亦胜于土。

如金星穴后拖出火鬼，不特鬼能夺气，且金受火克，家道子孙，两不吉利。如金穴案外拖火作官星为得地，尖峦耸起，主远出轩豁，高第之人。克我之鬼固不宜，即我生之子星，亦不宜为鬼而泄气，惟生我之父，比我之兄，及为我所克之财，方有益于我。官固喜迴克之星，而我克之财，生我之父，二者亦宜为官。至若木火二星高耸，案外特起，贵人文笔照应穴场，决主大贵。金水星照，发秀致贵。土形端厚，但主富，不胜金水木火。

乐而乐者，其势卑弱。虽有若无，人家消索。

乐星平洋宜枕，高山宜靠。若乐山背后又拖出一乐，即鬼劫，扯拽其气，内乐之势反卑弱，障蔽无力，定主消索。

曜而曜者，其势俊俏。若是贵脉，为官清要。为祸之鬼，十有五六。若是官曜，尽是造福。

曜山外更发曜山在下手，后拖为护砂，前拖为逆砂。在上手迴拖为障砂，前拖为屏砂，皆成俊美俏拔之势。若脉合贵格，主居清高显要之位。鬼近穴场，盛则夺气，故不吉者多。若官曜去穴甚远，不忧克夺，愈盛愈见设施，故主造福。

朝对

南北百步无竦案，六十年一扫如空。东西举首见高峰，千百般愁烦不了。盖子午堂开，老无聊赖。卯酉户闭，少不轩昂。

南北太阳太阴之地，向南向北，不宜阴阳太盛，必要近案高耸。若无近案，虽暂时未败，花甲一周，则丁财两尽矣，故主老来穷无依靠。东西少阳少阴之地，开畅则精光透露，穴气融和。若举首即见高峰，堂必幽暗迫促，则愁烦之事堆集不了，故主少不轩昂。

登科及第须看三合火星，积玉堆金定见八方水面。

巽太乙，辛天乙，若辛峰出现，看艮丙二方有峰相应，无山有水亦同，为艮丙辛三合。火星主丙辛科中式，或丙辛生命应福。若巽庚癸方有峰，主庚癸科命及第。大贵之穴必合贵局，火星三合，峰高气秀。巽辛为天司文章之府，至贵之气，合者决主高第。大富之穴，必合水局，融聚澄凝，八面水远向合法，主巨富。

山特来而俯伏，贵压千官。水远到而澄凝，财均万户。众山俱混沌，独一位之对穴者端然。万派尽支流，惟半鉴之当堂者澄注。断主家门富贵，却推诸子荣昌。

山来俯伏朝拜，大贵已极。水来长远澄凝，巨富无比。诸山混沌，只要对穴者端正特出有情。众水支流，只要当堂者潆蓄，配合得宜，主富贵长久，房房均昌。

约束

成垣合局，方有约束。地无约束，精神碌碌。约束端严，富贵双全。约束之星，气象万千。后不为鬼，前不为官。左不为辅，右不为弼。大都约束，一二百里。世族约束，三五十里。

大地约束，形体尊严，可以控制山水。若地无约束，则元神轻微，不足以当大任。在前在后，在左在右，非官鬼辅弼可比。京都垣局宽大，约束星辰一二百里之远。世族差小，亦居三五十里之间。此山地有之，平洋又取水为约束也。五行同论。

父为约束，根基厚而世代簪缨。子为约束，骤兴隆而威名远播。财为约束，盈仓箱而纳粟奏名。官为约束，登甲第而入相出将。兄为约束，势颉颃而联芳并美。

子父财官兄五星皆可为约束，父则祖基宏厚簪缨不替，子则骤兴迈种威权赫濯，财则富盖乡邦纳粟得官，官则清贵高第崇登将相，兄则联芳媲美手足峥嵘。皆以穴体分五星。

金星约束，定是严天，如釜如钟，而火星灭迹。木星约束，定是冲天，不茅不葱，而金星隐藏。水星约束，定是涨天，不倾不泻，而土星敛形。火星约束，定是焰天，不摇不窜，而水星潜伏。土星约束，定是凑天，不尖不瘦，而木星低避。约束遇官，虽诗礼而难逃狱讼。约束见父，敦孝友而迁徙防危。约束见子，多英俊而老成雕谢。约束见财，尚货殖而妻遭寡厄。约束见兄，分门户而争雄竞势。惟一山端严，旁无并峙，则众星低避，家督尊严，千祥万福矣。

献天金，冲天水，涨天水，𤈦天火，凑天土，各成一位高大星辰，不受制于他星方吉。若水口尽处再有一星高大，与约束同埒并峙，虽发福而吉中有咎，不能全美。惟一山端耸，众山俯伏，斯诸祥毕集，如家长统率，众不犯乱，诸事自有条绪也。

脉从左来，则约束宜右，如竦于左，人多软柔。脉从后来，则约束宜前，如出与后，人多放肆。

约束星辰不居来脉之位，如在来脉之方，非软柔则放肆，脉左来约束在右，脉后来约束在前，则约束止受旺气之余，而正气始不受夺也。

凡脉到处宜有约束，出于生旺之乡，寿长百岁。居于墓绝之地，白首来稀。在水口之内，即为陪表。现元武之臂，便是干城。崇宰大形大势，不照一山一水。

凡大干结地，宜有约束，或在肘臂之外，或在门户之内，不近不远，不严不疏，方为奇妙。惟正干正结，形势大盛者，方能受其宰制。一山一水，局势逼窄，岂能容此尊大星辰，故不照也。但约束既不居来脉，又宜于生旺之地；既喜在水口之内，又忌墓绝之所，势或阻碍，须得斡旋乃善。

趋避裁成

牧堂老人云："山川之所钟不能皆全，纯粹之中不无驳杂。"妍媸丑好，纷然前陈。山川之变态不一，咫尺之转移顿殊。或低视而丑，或高视而好；或左视而妍，或右视而媸；或秀气聚下而高则否，或情意偏右而左则亏，不可不知所抉择也。○又云："穴场必天生自然，则天地之造化亦有限矣。"是故山川之融结在天，而山川之裁成在人。或过焉，吾则裁其过使适于中；或不及焉，吾则益其不及使适于中。截长补短，损高益下，莫不有当然之理。其始也，目力之巧，工力之具；其终也，夺神功，改天命，而人与天无间矣。

阴阳论[①]

蔡西山云："指地曰龙，寻地曰捉龙。"此形家之言，不出于学士之口，龙之名不知其何昉也。唐虞及秦汉皆曰相地，曰卜葬，曰作宅兆，曰营窀穸，未闻曰龙。龙之说，其作俑于晋之郭璞乎。形之惑人，十败其九。然则何如而谓之地？地者土也，土中有气，气中有脉，脉分阴阳，气分清浊，智愚贤不肖与夫贫贱富贵祸福吉凶，莫不由五行生克二气偏全以相感应者也。阴阳清浊圣贤说得甚分明，人只就天上看，不知地天一理，天只五行之气，地则五行之质，就质以察其理，则知生人之性出乎其中，终身之事亦不外是矣。〇地结穴不越阴阳两端，而语其至则各具一星体，而有神有情则气之生旺者也。希夷阴生阳死阳生阴死之说，体用兼全，极精当。阴阳交感而有神，形势凝合而有情，此生机也，自无风蚁泥水之患，祖考安固，子孙亦利。尝闻之师曰："吾此身即祖考遗体，祖考盖具于我而未尝亡也。魂魄虽已化，然理之根于彼者无止息，气之具于我者无间断，此气纯一，此理昭著，即如苗种，脉之较然可睹者也。"大抵人之气传于子孙，犹木之气传实也。此实之传不泯，则其生木虽枯毁，而气之在我者犹自若也。故地为盈天下公共之地，气为盈天下公共之气，此身都是理与气凝聚底，非本于地而何以成此形质也。但各地土造化有偏正厚薄之不一，视乎人所禀赋何如耳。气聚则生气散则死，气旺则盛气尽则衰，运数又有远近长短之不同，盖天地阴阳一剥一复，自然之理也。

问：阴生阳死，阳生阴死，何说？

西山曰：乙阴木，甲阳木，乙木生在午，甲木死在午。癸阴水，壬阳水，癸水生在卯，壬水死在卯。丁阴火，丙阳火，丁火生在酉，丙火死在酉。辛阴金，庚阳金，辛金生在子，庚金死在子。此岂非阴之生地即阳之死地乎？甲阳木，乙阴木，甲木生在亥，乙木死在亥。壬阳水，癸阴水，壬水生在申，癸水死在申。丙阳火，丁阴火，丙火生在寅，丁火死在寅。庚阳金，辛阴金，庚金生在巳，辛金死在巳，此岂非阳之生地即阴之死

[①] 西山字季通，建阳人，与父牧堂老人皆精深天文地理之学。

地乎？

问：背生不生，背死不死，何说？

西山曰：甲乙同木，壬癸同水，丙丁同火，庚辛同金，虽一阳一阴，实一兄一妹，不为夫妻也。异姓始为婚，辛金女配壬水男，癸水女配甲木男，丙火男配乙木女，庚金男配丁火女，此正夫妻也。左旋为阳，右旋为阴，年貌相当，冠带同时，男生女旺，男旺女生，玄关相通，墓库同窍，如左旋壬水阳脉，配右旋辛金阴水，会成水局，壬脉生申旺子，辛水生子旺申，冠带同戌，墓库同辰，而壬之死在卯，辛之死在巳，则巳卯之水不可纳，巳卯之向不可扦。若向巳卯，则为背生而收死，死则不生不育矣。若将巳卯消拨在下，而立丁坤申向，源于脉之生养，则为背死而收生，生则丁繁寿长矣。如右旋乙木阴脉，配左旋丙火阳水，会成火局，乙脉生午旺寅，丙火生寅旺午，冠带同辰，墓库同戌，而乙之死在亥，丙之死在酉，则亥酉之水不可纳，亥酉之向不可扦。若向亥酉则为背生而收死，死则不生不育矣。若将亥酉消拨在下，而立丙午未向，源于脉之生养，则为背死而收生，生则丁繁寿长矣。余仿此。

问：何为体用兼全？

西山曰：脉为体，水为用。左旋配右旋，右旋配左旋。一阴一阳，两仪交合，宛然一太极也。穴为体，向为用，高陇阴来阳受，穴乘老阴中之少阳也。平支阳来阴作，穴乘老阳中之少阴也。穴坐脉之旺而朝脉之生，向纳水之生而对水之旺；穴透山之气，向合水之局，阴阳妙合，五行施生，岂不为体用兼全乎！

脉穴真诀

问：寻脉易，点穴难，如何审得真正穴情？

曰：穴本乎脉，千里来脉，但看到头一节。阳基一大片，阴穴一条线。棺埋一席地，气顶一线脉。小地地面阔，大地地面窄。假穴多露巧，真穴多隐。拙直脉看化生之脑，脑有高低，穴之高低系之。横脉看托乐之情，托有行止，穴之行止固之。乐有偏正，穴之偏正随之。束咽起顶开盖覆，一线脉脊出胎元。脱卸模糊是涸胎，出游手游食之人。枢干延袤是懒胎,产无作无为之子。左右不来是寒胎,生不撑不达之士。脉自高而下,穴要圆净周匝。脉自下而高,穴要清平特远。脉从左来气在右住,脉从右来气在左住。急来缓受宜吐出,缓来急受宜吞入。峡高脉浅宜浮起,来低脉深宜沉取。入首若过峡,到头必起堆;葬之发如雷,不久败如灰。远处过峡,近处束气。一线穿珠,方是真地。假穴公然真乳现,后头宽散少脉线。一片变皮无分合,穴情不起莫乱作。阴阳五行,气以成形。不合星体,便非穴情。团金方土直长木,惟此三星葬发福。水曲火尖不结穴,误扦水火必凶灭。平面金钱穿眼,半月金星扣弦。覆钟太阳开窝,覆釜太阴挨晕。土腹藏金点中,土脚流金挂角。木星抽芽连蒂,紫炁垂头锹皮。分丫上扦,起泡节中剧。脉止处生气伏,恰好栽花接木。老干抽出嫩枝条,少阴少阳穴颇饶。老阴老阳不生育,大干树株无果实。干脉分枝脉,枝脉才出穴。结果先有蒂,无蒂无穴气。脉形飞扬,穴情飘荡。飞扬受克,飘荡不得。脉形微弱,穴情寂寞。微弱受生,寂寞可亨。脉形现阳,情喜开张。穴不禽聚,其情为狂。脉形沈阴,情爱收藏。穴不明正,其情为媚。脉势踊跃,穴转消索。喜遇子官,保无零落。脉势悠扬,穴气久长,常见父兄,祥瑞满堂。势急脉强,气不温良,到头平伏,穴气始藏。势缓脉弱,气必零落。到头凸起,穴气始活。覆掌形属阴体,开阳穴可取。仰掌形蜀阳面,堆阴穴始现。气急穴伏,葬发千福。势缓穴起,家凝百祉。无非河圆阴生阳成、阳生阴成之义也。山冈之穴,葬气不葬脉。平洋之地,葬脉不葬气。山地不患脉不到,而患穴气之不纯。平洋不患气不和,而患入穴之不真。山冈结穴寻窝坦,不可阴来阴受。平洋结穴在高凸,切勿阳来阳受。山冈之气自上而下,平洋之气自下而上。高山寻窝,窝中仍起微突。平洋寻突,突后仍要微窟。微窝微突,各自成形。阴受阳受,分合要明。穴前有合后无分,来气必不真。穴上有分下无合,去气且无著。上有化生盖胎则气聚于下,下有天心乘胎则气止于上,左右界水来胎则气蓄于中。弱来盖顶,强来粘唇,刚来倚旁,柔来撞中。穴星固有本体,而亦不无兼带。火脚金头,挨金剪火必封候。火头金脚,剪火挨金亦销烁。木星传土土星绝,金星传木木星灭。木方木脉出土星,穴枕火脑借化生。火方火脉出金星,土脑化生穴又真。金方金脉出木星,水脑化生穴更精。水方水脉出土星,金脑化生穴晶莹。土方土脉出木星,穴枕火脑便有情。金穴金鱼水印腮，木穴虾鬓长短排。土星蠏侧交襟，一股暗流一股明。透此真诀窍，不必遍山巡。

远祖权星无土金，官不到公卿。少祖尊星火作宗，为官必定至三公。父母主星火土金，世代作台臣。权尊主内有间星，子父才官列上卿。吉秀一路相生和，脉穴生和台阁多。三关三峡元复元，将相公侯圣与贤。三经三纬包中穴，聚气藏风山特结。一望何知十里脉，水源来去先明白。一站如何穴便得，五行生和脉不克。总之大地小地，远看近看，粗看细看。舍此真诀，何能了然。

山地脉穴

问：山地二十四脉是大概相仿佛，还是各有一定体段。

曰：一脉有一脉之体段，土具五行之气，各成五行之形，而五行之理即寓乎其中。因之，穴亦各有体段。予幼时叩问蓬棐徐师，师逐一答之，随笔写记，遍试天下数十年，无一脉穴不合符节，益信徐师透尽天机，而化工竟不能易其片言者矣。试之则真脉真穴自见，否则余枝砂形，虽巡徧山坡，处处摸盘，总不得脉穴之真也。

乾脉

势起伏而长，形阔厚而方。过峡宽肚皮，亥脉落必过峡，非比乾阳不跌峡也。结作金水体。乾脉金水形，葬金穴秀士英豪。或金土相传结地，其势雄而有力，从无火尖。穴情尖则纯戍气，不可扦。乾亥双行，金水传度，排帐列屏，卸落平坦，开钳吐乳，结作圆明，只宜乳上扦金星。此脉无腰结之理，必到头连开金水形体，但是圆乳，皆可作穴。丢亥点乾，好吃酗赌。丢乾点亥，腰金衣紫。

亥脉

势逶迤而曲折，形短细而风流。过峡跌断，细如蜂腰。如梧桐节穿帐中出，断无腰结，必到头结金星穴，或木形如梭枣。若水星涌浪，但取到头正落，填盘纂葬，入首不宜摆折，参杂乾壬，反不奇特。玉梭木星，太阴金星，结作方真。若尖火方土形，则气假非穴。　亥脉落坪，结一太阴，脱煞乘生，客土堆金，方得浮脉浅乘之法。　左旋亥脉不自辛，概作戌乾论。必要辛方起祖。右旋亥脉不自卯，概作寅甲较。必要卯方起祖方为正亥。

亥壬双行，脉无蜂腰。大块铺毡，奔放前驰。分枝转艮，金土木穴吉。或再转亥，乳上扦穴。丢壬点亥，三元户工。丢亥点壬，丁财运促。

壬脉

势粗雄，形宽长，过峡直硬，梢起跌奔放，横开大枝，枝无尖脚，亦少曲折。本身气壮体直，层层浪涌之势，从无到头之穴，以黑脊当中而出，煞气到底不化。江北壬脉最多，大势左旋而行。中有一节右旋，穴必结于右，抽卯而成玉梭木星。如右旋一圈不结，忽而奔放左边，抽庚酉辛乾亥结金星，则穴真。大干南行，右边横抽出卯，曲折右转，艮脉到头，开钳吐乳，必结金木正穴。若直下右腰抽艮，结土金穴居多。右抽艮，束气展开横铺，成太阴金初月形，左落挂左角，右落挂右角。直硬蠢木，必分芽处方可认穴，斜折扦嫩皮可也。盖分芽之内必有生气聚于少阳之处，左右有界漕为正结，若死板直煞则不可扦。　阳水性体刚急，不可当中扦脊，结穴多在两边腰里，必开踭展翅，元辰发源，相距不遽，始有正气。亦不拘后枕前乳，只乘受清纯之气，向合水法，即无下砂迴收，亦主人财发旺。　来势金水传度，逐处有砂抱卫，结上中下天地人三穴，左砂长抱者向左，右砂长抱者向右，不可正中向前直来直受，犯气冲脑顶，必先葬上天穴，次葬中人穴，后葬下地穴，方处处无碍。　来势水木传度，右腰抽艮下，再分艮脉结乳向西，右砂作案朝辛。　左旋抽木星，紫炁垂头，煞气尽而有生机。右砂作案向庚兼申，申子辰年登科加官。　右腰抽枝，若癸丑气入穴不可扦，必再转卯结一横木星方可多葬。　壬脉兼亥，右旋入首，左落金水脉，太阴穴吉。

壬子双行雄壮，点壬点子，双生若懒缓，乃泽窟也。

子脉

势曲折而长,形秀直而昂。过峡虽似蜂腰,然而鞠躬侧行,到头金星木星,其气乃藏。 子水脉枝脚长而多钩曲,本身一节粗莽,一节细瘦。忽而铺毡,前展余气。入首无凸,亦无窝钳,此无穴情者。 单行势要高耸,虎脑狮头,纷纷小塚,形体雄壮,吐金乳方可扦。若懒缓浪荡,必为泽窟。惟腰中抽卯脉,横抛玉梭,穴情方真。抽卯朝戌合金局,文武双全,长二三房子孙俱发,大贵。 子癸双行右旋而抽辛脉,由水星结金星穴,子养母吉,丢癸点子,主发横财。丢子点癸,红发黄须。

癸脉

势粗蛮,形偏削,过峡似蜂腰,而平满不跌细转湾。起顶侧行,半有半无似人字,如杞柳蓁芽,枝平伏,到前歪斜,多涨气,左右分丫,细枝旁绕,边高边低,小小局式。癸丑双行,形势撩乱,点癸人财忤逆,点丑缺唇六指。

丑脉

势粗恶,形薄削,过峡硬似拖鎗,直出斜尖偏长,旁行少分枝,北边高,南边低,兼艮结出圆乳,金星上有土脑乃可。若木长火尖之形,无容著眼。此脉多结神坛,造葬出内宫僧尼。

丑艮双行纯阴之脉,点丑僧道尼姑,点艮寺卿边将。

艮脉

势委蛇而顺,形高峙而峻,体格方正圆固,过峡宽平直长,肥腯如牛背脊,两边鼓气,铺有圆弦。金土结穴,裀褥宽厚。转身直行到头,无一乱枝,结圆乳金而向西南,高来低作,金乳团大,可多葬。若玉梭垂尖,只可两穴。艮寅双行，丢寅点艮，科甲首选。丢艮点寅，盗贼火星。

寅脉

势疏而直有节泡，形似姜芽笋壳，过峡虽蜂腰而偏斜，一起飘扬似旛形，到头分三丫如鸡爪，穴似木抽芽火拖燄，毫无正气。转身分枝，左飞窜，右撇嵯，南边高，北边低，前面分丫皆虚。唯剥艮气冲天木星而下乃吉。若子转寅入首，奴仆单身。

寅甲双行，木火无端正之态。丢甲点寅，丢寅点甲，总有疯疾，人财不发。

甲脉

势高直而有节，形有断连，过峡蜂腰平满，侧行一粗一细，向左奔放，尽头无余气，惟分两丫，边高边低，虽似木形，无节无芽，转身过细，左手高，右手低，发到前面。开义口无气可扦，乌容著眼。

甲卯双行，点甲不吉，丢甲点卯，乘得已卯，方可立穴。

卯脉

势缓而起，形耸而羨，起伏过峡，细如蜂腰，左右开帐，两相抱卫，到前无一乱枝，横抛玉梭，两头中心乙卯癸卯皆吉。阴木转身，一起而伏于平夷，左砂长而顾，右砂低而兜，单行最吉。

卯乙双行，丁财咸吉。点卯富贵显赫，点乙山人墨客。

乙脉

势一横一直而偏斜，形无脑无枕而细弱。降势过峡，湾转屈曲，南分一枝，北分一枝，中垂杨柳，放出嫩梢，偏穴结乳，几山乱嵯。

乙辰双行，应出蠢儿。点乙女多男少，点辰女不生育。

辰脉

势直而略湾，形偏而薄削，反折行来，蜂腰颇曲，如虾背向西北行，一粗一细。虽开帐列屏，半边高，半边低，直形体段如刀如鎗者不可穴，惟结团乳可扦神坛。辰土单行莫下穴，少亡忤逆，出疯邪。

辰巽双行，点巽发丁小富，点辰孤神寡宿。

巽脉

势峻而秀，形锐而雄，起伏跌断，细腰过峡，蹁跹飞舞，宛转个字，翻身仰面，木星节泡为正结，若尾大头尖，降势落坪，或水形火形，转身方结。木星吐芽，亦为真穴，落平阳多结木星，起节泡则扦节泡，有芽苞则扦芽苞。水木星长，翰林掌院。近无案，远无朝，甲第不富豪。木火传土星，结穴立未向，迎脉之生养，史馆文衡，内阁宗伯。

巽己双行，文科才名。丢己点巽，大肚白胖富贵人。丢巽点己，公门发富杂职官。

巳脉

势高而竦，形长而直，起跌过峡，曲腰尖促，左发一枝，向北而行，右分一枝。卯脉各立门户，而本身有腰有个字，中心抽出，结下圆乳穴星，或土或木，亦可扦。巳火脉兼巽木清贵，科第财禄。兼丙富贵寿长，单巳有穴，亦可下巽，发小贵，不能特达。

巳丙双行，丁财绵远。点巳小贵大富，点丙科甲词臣。

丙脉

势耸而长，形清而秀，起伏过峡，蜂腰细小，开帐列屏，龙飞凤舞。中心起顶，两脚开长，土木结穴为真。

丙午双行莫作穴，丢午点丙出武职，丢丙点午火烧灭。

午脉

势驰而穿，形耸如跃，峭壁巍峨，勇猛刚直。过峡似拖鎗，左右披枝。两脚尖长，火土相传，结穴乃可。

午丁双行，人强寿长。点午淫乱忤逆，点丁科甲财禄。

丁脉

势尖平横而厚，形眠来长而柔。起伏过峡，脉抽细长。开钳吐乳，向北涌凸，发长乳头，土木结穴方真。正落期颐，巨富显宦。单行若还不搀未，男女节操家富贵。

丁未双行，气杂陵替。点丁文武寿长，点未人财冷退。

未脉

势尖长，形柔弱。柳叶斜长形，边高边低，向北而行。一起一跌，旁生枝而到头不生乳，漫散全无气。若雄壮如几冢嵯起而拖刀鎗，可扦神坛。

未坤双行，寡母起家。点未发秀终绝，点坤骤富易倾。

坤脉

势连展而不倾折，形广厚而更长平。岭小腹大，蜂腰过细，结乳方圆，土金穴体为吉。　坤土不结腰中穴，若扦腰中则非坤之正落。惟山健势雄，尽头土生金，斯为真穴，水木穴形终必败亡。

坤申双行，斗发斗败。点坤浊富武贵，点申奴仆单身。

· 34 ·

申脉

势尖踊而高长，形低垂而有腮。一边开枝，不能相顾，但结圆乳向东北吞进，点穴教唆词讼。

申庚双行，丁财微零。丢庚点申，奸诡飘流下贱。丢申点庚，文武功名财禄。

庚脉

势踊跃而尖锐，形圆大而坚凝。降势过峡，细小蜂腰。一起一伏，联珠贯串。北高南长，分枝前绕。金土穴星，斯为真结。

庚酉双行，义勇超群。丢酉点庚，文武谋略，富贵威名。丢庚点酉，诗礼传家，翰林宫妃。

酉脉

势大来而坡垂，形方广而平夷。起伏过峡，细小蜂腰。开帐列屏，左右护卫。北高南长，迤前抱揖。坦坦落平，土金穴吉。上金下土，南向子旺，北向财兴。

酉辛双行，仙客骚人。点酉男女秀贵，点辛甲第刑曹。

辛脉

势联珠贯串，形圆平秀丽。来如杨柳枝，南山发秀，北山嵯峨。中心抽脉，向东南行，多结金土穴情，勿论左族右旋，而辛气必注南边地方，头上粘金乳为上。

辛戌双行，克妻损子。点辛文秀超群，点戌孤寡尼僧。

戌脉

势粗勇而直，形脑横而脚尖高硬。过峡体一般平直似拖鎗，平如掷刀，到头两尖，中间小口，乃神坛之地。戌无金体。戌气单行，若下穴，少亡忤逆，定败绝。　戌来直硬无起伏，行度无粗细，到头拖长尖真戌气。若来脉有粗细而亦直硬，到头又为乾气，比戌气形体宽厚，开口圆满，低唇亦团，以乾属金，故成此形。非比火脉，上出尖火形也。兼乾到头开口，左尖右圆。戌乾一尖又一圆，挨金利达仍孤寒。

戌乾双行，鳏夫僧道。点戌男女庙居，点乾长须少子。

以上诸脉，贵贱已分，而贵脉所应代数，催官悉验之。

亥脉起祖左旋，艮转卯巽入正兑，己酉之气结穴，贯受合局，应出五代大贵。若再转亥，到头辛亥之气结穴，贯受合局，贵应七代。

卯脉起祖右旋，艮转兑入巽，辛巳之气结穴，贯受合局，应出四代大贵。若再转卯到头，癸卯之气结穴，贯受合局，应出八代大贵，文武双全。

艮脉起祖右旋，亥兑转巽复艮，戊寅之气结穴，贯受合局，应出九代大贵，庙食荫袭弗替。

兑脉起祖左旋，艮转巽入首，辛巳之气结穴，贯受合局，应出五代大贵。若复兑到头，己酉之气结穴，贯受合局，应出七代大贵，庙食千古。

丙脉起祖左旋，丁复丙入首，壬午之气结穴，贯受合局应出三代大贵，富压乡邦。

丁脉起祖右旋，丙巽复丁入首，癸未之气结穴，贯受合局，应出四代大贵。

庚脉起祖左旋，辛转亥复庚入首，乙酉之气结穴，贯受合局应出五代大贵。

辛脉起祖右旋，酉庚转丁丙复辛入首，丙戌之气结穴，贯受合局，应出六代大贵。

亥卯庚艮丙巽辛兑丁九脉，凡一节主一代贵。壬丙癸丁庚向，兼申庚向，兼卯酉乙辛丙壬六山向，全吉。犹须合局合运。

平地脉穴

问：诸省平地之脉穴，亦各有不同乎？

曰：平有南北之分。北平如北漠河、北中原、河南、河东、渭南，南平如淮汉、江北、江南、浙江、福建、广东，各有厚薄浅深之不同，微独南北之分，即一郡一邑之中亦分十二样，平地即有十二样看法，各有十二样葬法。

平陆

平陆高广而少水，山东之陆不及甘肃之陆，一耸十余里，一展数十里，边弦斗峻之处，尝微微跌伏窝坦，便成大穴情，此阴来而阳受者也。数十丈高亢之陆不见水形，以低道雨流之漕作界水看分合，合处便可扦，穴脉沈实，宜深凿数丈，筑墙作圹。

平陬

平陬土壤多泽，坂隅窄狭，邻沟近港，挨涧傍谿，水湾抱内，土略突起便可作穴，低处多而高处少，一遇高形，阳宅聚居，上平衍而旷荡，下蒙笼而崎岖，小水环绕之隅，土气到头耸起，作穴始佳。

平原

平原之地宽长百里，一派纯阳，生气不敛，无穴可订，惟寻有骨脊起处便为敛，而有生气。如没牛吹水酥饼在汤之形影，取此脊气之活动处，或横贴，或斜倚，即是美穴。　河东渭南河北河南原作井田，地方四望广漠，无大分别，但见起脊起凸，有分有界，旺气即聚于此，便有吉穴可扦。遇土厚水深之处，更可多葬十余穴，均发福。自秦开阡陌废井田以来，各裂成大块小块，周围车道碾深，即界水漕，而大小各块之田地端庄高耸，如棋列星布豆腐块，方形居多。只看车道分水之处，即脉之过峡。由中而来，进地之上，车道一横一直，两水交会之内，确然美穴在隅，又难拘定起突起凸矣。一大方块，脉在右片，即挨右畔车道水界之处乘气扦穴大吉；如脉在左片，即挨左畔车道水界之处乘气扦穴大吉，断无当大块中心作穴者。脉从东北来则葬西南隅，脉从西北来则葬东南隅，脉从西南来则葬东北隅，脉从东南来则葬西北隅。四正之方来者，仿此例推，皆取车道雨水横绕于前，而后亦渐远渐低。若向朝来水更上吉，但顺水去则大败。平原脉气伏于地中，间露毛脊可寻，有融结者土随而起，水为之征，亦有屏卫，虽不比山冈之高长，而特生墩阜，摆列森严，其穴之精神力量胜于山冈，发祥多而福更绵延。

平隰

上坦曰原，下坦曰隰。地之低平者，必以略起凸突处方可扦穴，以其地形最卑，荡无收拾，纯阳之气不可得。作穴之处，一有脉脊现出，分合之水清晰，便当脊之硬处填台架葬，或迎朝水，或横栏水，在穴前亦大发祥。

平阳

阴气流行，不见水面，大块铺毡，迢迢数百里，中有一冈，宽展阔厚，为之主宰。间或露太刚之石，又或杂少刚水，砂气甚猛厉而土坚凝，故其来也有出脉之旺气，其住也有结穴之生气，后有帐幙周遮，但眠而不竖，前有大水，相配合局，应居台阁。若劈脉分枝，传度吉秀，亦多与阜相似，迢遆入首之处，两旁略有微低水痕，内或有微高钳局，又或露仰掌之鸡心，又或隐覆掌之窠窝，穴之左右面前砂交水会，盘旋转折，水去处不见口阔，富贵悠久之地。若有圆如馒头者，即孤曜之煞气，断不可作穴。盖其地多土形木形，无水火金形。倘寻圆乳团唇，万不可得。惟平而有足斗圹横齐者为佳。大块小块无非方正土星，朝水挂角者为上。车道马路在下而上高地亦有直长木星官砂，亦有一头稍宽一头拖尖为火星父砂，绝不见有屈曲水星之形，不几缺少财砂乎，而非然也。左右面前大块小块之中，车道水流，三横三直，左转右折，竟成大屈曲水形，或朝或绕，或绕或缠，财旺生官，富贵双美。至直长木星，分合清白，脉真穴正，亦必发祥，总不及土星挂角挨边者之多也。　死板土星不但无挨边之葬法，亦且无挂角之穴情。惟火土金脉来结者，挂角木水脉来结者，挨边仍在乘清纯之真气，始为发祥之正穴。　　一望数十里，有微茫乾流界水，及蝉翼细砂交合，为第一全美之穴。盖小水交合，亦有浅漕通疏，始入沟港大河，脉气略住之处，便可扦穴。亦有行数十里间起高地边，抽月角之形，兜收取气，斯为秀贵穴情。又有一高一低铺出平衍之地，每分余气兜收，或拦堂水内皆有凸穴堪扦，平洋众水流动，阳气环绕，洋洋乎有充满之概。所以脉到平洋，不见踪迹，水来缠绕，土气有力，草蛇灰线，隐隆屈曲，砂土旺盛，乃成垣局。平洋不怕八风吹，一吸一呼免潮泥。风吹水劫，气脉疏通，避风避水，阴煞生虫，故曰平洋穴后高压塚者各房退绝。穴后渐低，福寿有余；穴前渐高，富贵英豪；穴前渐低，穷夭孤恓。总宜坐空朝满，向迎来水上吉。若流水裹头太紧，阴积不舒，为死煞之气，惟倒转坐裹头之水取随脉水，一边朝来，一边流去，向朝水来，不顺水去，即大发财富。　　脉来须认脐口，界合不明，真气径走。要知水来脉来，水去脉去，水湾脉转，水交脉住，大水流来，小水迎合，平中突穴，富贵安乐。

平洋与山陇相反，穴后宜仰瓦，水去风来，发福绵远。左低发长，右低发少，左右不宜见高砂。若左臂高不利长，右臂高不利少。惟当面案高朝山高者，不但发仲，而长少均旺。若向前水去风来者，不但损仲，而长少俱穷。平洋得水为先，宜水朝来，或九曲六曲之玄，入堂者上吉。更宜水缠穴后，坐阳向阴，五福全美。切忌水扫穴前，若横过之水无害，设当心直冲，或劈面涌荡，有盖砂无妨，无近案遮拦则大凶。穴后以水为天柱，两肩渐低，三房俱寿，若高则多夭折。穴前以水为笔笏，短阔进神与山地秀峰同断。左应长，右应少，中应仲，排三笔笏，三房均贵。凡前后左右，一有凶砂尖射，支流冲激，不吉殆甚。若原有河道环抱，小港从外注入，反能冲动，阳交阴媾，发福洪大。有情之水，远远来朝，最喜澄聚于前。或大江大河交会，不屈曲环抱缠绕者，取其中小水，从生冠禄旺方来，钩转围住有情，即真气所聚之处，高起穴场为佳。有屈曲生动横绕之水，虽不周围一圈，而得外交一水来朝，分开相围，四水流通缠护有情，亦为大吉之穴。

平洋通湖近海，如苏松嘉湖杭绍宁波等处之平水神，六时潮入，六时潮去，似难以作一定之来水。不知天地自然之流，无有不自高而下者。迢迢朝宗于海，海潮不过偶然之朝，水而山谷溪涧，滙湖流来，独非常然之朝水乎。东南之地张望西南朝水者多发富贵，盖取其自然流来为进气也。又如常镇沿江一派与湖广江西之平多相类，洞庭鄱阳一转纷纷入水之平支与沿江之地，来势多连冈断岭，行度亦时起时伏，其气稍厚，非比循江南畔，如松滋公安安乡石首嘉鱼武昌等。平土气轻薄，不填盘筑台不能发祥者也。循江北畔如枝江江陵监利汉阳等平，与循漳沮当阳之平，再北循汉如宜城钟祥京山荆门潜江沔阳天门汉川等平，与循溳水云梦孝感等平，皆与水为邻，地宽广，而湖港多水太盛而砂不及，惟小水紧而大水圆，前如半月，后如环玦，左右弓抱，则就水之穴居多，然而筑台填盘拔气上升如之者甚趫。　水乡不见微高微下，安知融结之所，惟于水之文理求之，则向背聚散了然心目，孰背孰面一见自知。左旋脉正面在右，右旋脉正面在左，所配之水环秀成局，便有可得而纂葬者。即如厓下内曲曰隩，外曲曰隈，中绕一勺可掬，两边穴皆可扦。或剪水，或吊浜，发福最速。盖平洋地无水冲劫，漫然平铺，顽皮死气耳。一有浜劫则水来环流绕抱，一有浜冲则水来朝拜拱揖，而土气活泼泼地乘得脉之清纯，穴场堆土架葬，无有不发福悠长者。

平坂

平坂自冈岭卸下，宽平坦荡，无高无低，一片老阳在四围老阴之中，相距甚远，尽是水田，阡陌相连，数里阔长，向见有脉有穴，惟先审坂之根上必有老阴，山冈大岭，发迹分派，或两枝三枝而东，或四枝五枝而南，排落平坂，俱一般高形。查其间随来之小水，亦必有埂沟泻出，脉自然傍此水行，砂亦依此水抱，土气随水而止，或横流湾绕于前，或左右交合于旁，其中便有生机。客土堆培，金盘宽厚，，成坟俾太阳包此少阴，发福大而且久。

平坂之气，水直则死，水曲则活；水散则死，水聚则活。水曲而聚则脉会，高一寸为山，低一寸为水，两边略倾泻而水分流去，当中一路微微高坵，或转折而腰落，或到头而迸起，皆可填培作穴。

平沙

江河海畔浮脉于水上，其气不下坠而上腾，嫩秀弱质，不可凿伤原体，故必筑台架葬或填盘纂葬，无一不发祥悠久。江南江北一带低平之处，沙土浮露地面者，脉气亦必浮露沙土之上，若不培土以收气，则一片纯阳无化生之机，皆绝地矣。若地略高，沙土坚紧，可深尺许，或一尺或几寸，量地形厚薄脉气浅深而为之。过深则土薄脉浅，气不相关涉，而阴水反浸上骸骨，受害曷其有极。至于嘉松水乡平洋边海之地，水有余而土不足，阳太孤而阴无配，安有独阳生子之理，故脉止气住之处，必筑高台填厚盘，纯用土培成个少阴在老阳之中间，结金墙，筑灰隔，葬之大发祥，福而且久长。朱文公曰："平洋如宁波绍兴一带，大水界土，气脉力犹雄壮，惟嘉湖一带甚浮。若见平沙，不可开凿，以其寸土之下即水也。"然脉由土面而行，虽如浮萍之飘于水面，无一定之踪，而遇横水曲水拦截湾绕之处，填盘堆金以葬者，往往发福，速而且久。海宁青浦上海等处及闽之漳泉、粤之广州，亦莫不如此。沿江两岸多洲，洲之厚者沙少，而洲之薄者沙多，沙少土多可深一尺二尺以葬，沙多土少必填一尺二尺乃扦。如安乡边湖砂水环抱，秀明可爱，何尝无贵脉正穴。奈其质嫩弱，土浅脉浮，举锹即有水泥，俟其质坚厚老劲，不知又在何时。惟就现在新嫩穴场填金盘纂葬，便可催福。今人不察南北东西之平沙若何，一概深掘，其不挤于祸殃者几希矣。

平坡

麓障侧卸，陇变支体，分出高卑广狭之条缕，去山未远，脉脊必比两边略高尺许，行度逶迤，渐落渐垂，侧面倾泻，半阴半阳，高不为高，低不为低，上昂下坠之形势，边顿边伏之情状，似大脉放冈，自高而卑，半上落下之中间，如舟将下滩，岂可湾泊。然而气有行亦有止，似走而实守，非径过去而不停留者可比。一有水绕枝条争荣，煞气脱尽，生气化出，穴不宜坐空朝满，仍如山冈坐阴向阳，左右界水前交，中脉一线入穴，或开二三尺不等，筑灰隔而葬，无不发福洪远。坡下有水转湾，内而隔角，展一口为正结，若气散漫无收摄，形虽住而水不交者，非穴也。水既合而劈分太长，鬼劫过甚者非穴也。晦迹潜踪，上无脉脊来，左闪右抛，下无界水合者，非穴也。平坡既非老阴老阳结穴，须有少阳少阴，始为真地。平湖四水澄潆之地，周围处处见水，阳气未免太胜，然而水不湍激飞流，其性情最和缓，常凝静而不涸竭，水略重而土稍轻，脉浅气浮，坦平悠扬，两下分流之细脊，可寻其来而知其住，住处水交，内必结地，但地薄质弱，力量难堪重载，惟填一金盘，以助其土气，葬一金圹，以受其全气，勿容筑高台厝多枢也。湖裹湖外，亦有少刚之脉，隆隆隐伏，间有得见处到作穴，又无定踪，只看水之曲折在何方，如湾环拦截于前固易见耳，如在穴后或在穴旁湾曲之处，取其活动，便就水以立穴。水如不绕穴，情无凭故，凡平湖之地坦荡，已是纯阳，大水又是大阳，必于支脉将住之处略起凸突，斯成阳中之阴，变化有生机，而作穴始钟吉也。若无突要开口方为阳交于阴，阴交于阳，亦可以扦穴。纵横胍行，虽非尽头之处，而平湖地面忽有一点高墩小凸，便是气涌而生，再加客土保持，秀贵异常。如湖干露形之穴，夏秋大水淹没，必筑宽台纂葬，若就地凿圹，万一隔筑不紧，坟培不坚，安免其浸灌泥水之虞。又如新出之地，穴质软弱，尚未变成本色，如初吐之微蕊，将来虽然结实，但此时尚未开花，不可扦穴太早，致泥水壅滞，以酿成祸胎也。

平田

平田地固坦彝，而开掘坵段间，或改高凑作，低亩亦或填；低凑成高，坵筑塈作界。阡陌互参，已非先天本来面目，如何认脉认穴。然而为高必因邱陵，为下必因川泽，毕竟今日之高坵是当日之凸脊，今日之低亩是当日之水道，一田度一田，一坵逓一坵，虽非天造地设，而却有生成之原路。惟追想原路悟天机，尽将后起之事一概抹倒，如栾林树木坟墓乱冢房廊屋宇等类，皆后起者，倘未栽植埋葬起造，岂不大现其本体也哉。今奈何以田塈坵界沟堰池塘等诸般后起之事，炫于目而迷于心，撺其先天之脉穴，而不知所定准也。夫平田非粗蠢直硬之冈岭，有屈曲活动之情形。《书》曰："脉势如瓜藤，经络自分明。水往两边分，脉由中间行。逶迤宛转生蛇像，闪折而来活泼样。风吹湖面叠涌波，鱼牵水动一线浪。草蛇灰线人不见，上下对观脉脊现。"有诸内必形诸外，层层势如浪涌，圆乳重叠而下，前面吐出团唇者，脉气射注之所，形而著明于前后田塈者也。两腋田塈弓背，向上两头尖，向下反弓中凹者，界水流行之所，形而著明于左右田塈者也。观其外即知其内，窗外月明窗内白，水上花开水内红。外有浪涌之来脉逢中一线，而乳圆对乳湾凸联贯之处，即知脉气伏藏于田亩之中，而外露中高旁泻之迹，余气倘屑之形，不可即外以知其内之穴情乎。右旋水配左旋脉，左旋水配右旋脉，左阳右阴两相包，太极片黑交片白，此合先天本来之大局者也。穴气住左右砂回顾，穴气歇来脉有起跌，穴气结到头有摆折，左右后前水交合，穴落田内有归著。倘先开田宽平，必顶脉填盘，仍复先天本来面目，乘脉清纯之气，合向正局收生纳旺迎朝绕堂，岂不为全美之上地乎。若去冈岭未远，骨脊相连甚切，积气落平阴变阳，阳处乘之。去冈岭太远，阳气殊甚，又宜起突处以乘之。或畲地高起之坵有生成形局，砂皆眠亘环护，穴场宛然在中，有水可朝，立向合局以迎之，无朝水而有腰带水、横城水，拦截土气，则穴情强壮，局向能收纳水神则得之矣。若圹然平坦，坵坵一般，卑高无别，但看水道成纹，环绕有情，便从脉来细脊上一线穿下，乘得清气之处，即可立穴填盘疏界。无失先天自然之精华，则葬后长发其祥矣。

平冈

大山之下徧发冈脉，比山陇之形低小而不高峻，比平支之体粗雄而不坦荡，仍然有岭，分干分枝，明明左旋脉配右转水，右旋脉配左转水，阴阳合成一局，背后大水为界，脉水不可纳面前小水为元辰水，必要收来脉上过峡分来之水，自受祖业已分之家产也。去脉下过峡分来之水，远方客帐要还之钱财也，来脉之脊高露形像少阴之女也，摆折抽细卸低小处结穴平坦少阳之男也，老夫老妇不能生育惟与此少男少女生生不已者也。左右砂抱卫聚气藏风者为上，如横为脉亦可坐水向山前阴而后阳也。落穴低平者填筑金盘，则纯美钟灵矣。如平铺脉阳气盛穴必筑台，用纂葬架葬之法，则无遗憾矣。后来脉岭阴积不开阳者，略凿窝坦，中留微凸，扦穴安棺，非比山陇老阴可深开大窝者也。脉脊高露到半阴半阳之所结穴，仍用山地坐实向虚平棺葬法，前有水聚明堂，更可坐高向低，后阴而前阳也。冈多直长行度，若见东湾西折条缕盘绕，必有腰结，左旋脉则穴在右腰，右旋脉则穴在左腰，不可认干体鹤膝为乳头，过峡迎送为抱砂。穴后必须出脉收咽束气，不然亦必抽细嫩芽而始结果也。盖冈体属阴，必束气开场变化结一少阴之穴。脉来平坦已是阳面入穴，须填土筑盘成箇阳中之阴，方无水蚁之患，而且大发祥福。　星体耸者煞气在上高处，切忌盖乘，只宜粘受。性情缓者，真气不在低下，切忌粘乘，惟宜盖受。直硬者忌正求，或左或右，有摆宕处可倚乘。强急者下垂尖煞，当高处压煞而乘之；缓弱者略脱便无气，或就凸处乘之，或当脊来处折乘；不缓不弱不强不急脉由平坦起突，则于突前乳上架乘。凡穴前乳头系土内脉气送出，故露此圆形在下，如火之末燄，如水之余波，其势不可遏，乃自然之天机。自上脊对下乳，便知中间之细脉所注，不得走趲移挪矣。庸术扦山向板，定紧对乳头中，不肯偏左倚右，岂不直脉直受气冲脑顶主绝败乎。五星峦头不是死煞物件，脉有脉之乳，穴有穴之唇，山向只合水局，不必拘拘以脉之乳为穴之唇，而对乳中以扦向也。贵脉到头，主星端正，似应正面作穴，乃正处反不结而于主星之下哉。于主星之旁另起小突，再拖出水脚，如木生芽、金起泡之类，生气多结于此，舍本主而取微情，粗中细，老中嫩，真贵气也，浅乘大吉。木星带金，木受金克，金泡上开水窝，水能泄金以生木，乘窝方吉，阴来阳受之义也。土星带木，土受木克，亦于土木相交之处作金盘以制木，或开凿木成火脚以生土，土腹藏金大吉。此平冈穴法与山地大略相似者，故平冈穴亦喜隈藏。若有大水射穴，有盖砂方可扦。大水只宜暗拱，忌见浪荡入内堂，主败。故凡河港朝来，隔案发财，惟仓板水宜到内堂。若小水来朝，不见水形而反有盖砂遮隔，主穷。必须明显悠扬之玄，屈曲而来，冈地逆聚而结者，遇此大富大贵，但要阴来阳受，不可高脉扦高，穴阴而又阴，纯阴不生，虽巨富显宦，子孙难望其荫袭。盖平冈敛聚而活动者脉之形，既有敛聚，不免属阴，阴不可乘，必到头穴有圆晕变阳之处，方为真气堪乘。凡地结作原非在脉上寻穴者，脉气本相联贯，而乘受当变阴阳，故平冈之来降势有正气，行度有运气，过峡有束气，入首有化气，作穴有生气，无非阴变阳、阳变阴，刚柔相济之道也。若降势无正落，定多鬼劫；行度无正体，名为煞曜；过细无夹护，竟是寒胎；入首无蝉翼，不免孤单；到头无活动处，一块死板地；皆不正之脉，不全之气，岂可以作穴乎。　干脉尽处水虽交而穴受风，此有形无势，不可立穴。干脉大尽势粗蛮而无化，生如老树株，非嫩枝梢，此有势无形，亦不可立穴。必势来形止，有阴有阳，朝应缠护，斯为正脉全气。　冈脉必结星体，扦穴须就穴星，乃穴有宜高而古人反扦低者，穴有宜正而古人反扦偏者，多与星体不相符合，以二十四山不能无煞，除却煞方始可趋吉；二十四山各有用神，取用亲切方得钟祥。凡星体入首必有四山护从，而护从之中有神有煞，煞则避之，神则迎之，制化得宜，究何尝不与星体相符合。倘拘守呆法，不知消纳四势，不知理会性情，纵遇天然贵穴，难免驳杂之病。故曰："峦头要明理气，作用须合天星。" 冈脉有不正受而翻身侧落者，脱去本来之势，不坐本脉，而借罗城自为主，必后有生气，再后有托乐，而穴始安妥。无托乐则坐水，更钟灵秀。平冈分枝有脉尽而气亦尽者穴宜上，有脉尽而气行未止者穴宜下，有脉未尽而气已先止者穴宜中。脉有分有合，气有轮有晕，不知乘气而只图葬脉，竟将美土掘出，而不留在底下，以荫骨骸，必犯煞遭凶。从来脉之土色坚结晶莹，正穴中土反不及者，庸术每舍正穴而扦脉上，取土色骗哄主人财贿耳，奚暇计后日之祸患哉。

合观北厚而南薄，中则有厚有薄，大概形势，亦分强弱。北平之地与吴楚平地大不相侔者，北方水深土实，脉气沈重，地多连冈，断伏而行，分枝劈脉，开帐列襟，亦多与山地相似，但平地星辰要竖起看，山立体，冈坐体，而平列眠体也。如晾衣以竹竿通袖高挂，此立体易见。铺盖圈椅，此坐体易知。惟撒摊草地，不能一目了然。若以眠摊者挂之高竿则竖起，又易见而易知矣。北平重在深取地气，水次之，脉止穴起，无庸堆填。至繃阔顽饱之穴，气蓄于内，非大开窝其气不可得乘也。又北如沙漠，土少沙多，朔风吹扫，草木亦稀，一望无际，不见水痕，亦惟寻高凸处扦葬，乃阳中取阴之道，不可在冈岭上扦穴，阴来阴受，多出寡孀也。

中原

中原之地百里千里，一望渺茫，虽不见高低而隐隐隆隆，细看两下分流之处，可寻脉脊分支分派，生生不已，迢迢传度，各立门户。或腰落，或到头，或旁出，或迴结，天光发露，有界有合之处吉穴，大发富贵。若在沟河湖海之畔结成垣局，环秀明堂，与山冈融结无异，盖屡经脱卸，不知驰骤几千百里，以至结穴之所，为朝为应，为屏卫，为关拦，皆是特生之砂，而又大水环绕，成此眠亘垣局，自应世居台阁。

南平

　　如江北淮泗间大势，与中原山东之平，迥不相侔，当详其水。水傍脉流，脉随水行，水直脉直，水曲脉曲，水走脉走，水住脉住，一有交会之处，夹内高突便为正穴。其地形与天门孝感等处相似，其作用亦相类。江南平脉走不满十里，广不过千亩，幔帐铺衍而不见，骨脊隐隆而可寻，两下分流，中脊微高，左水不得过右，右水不得过左，逢中一线穿帐而出，其盘旋转折之情状，束咽结蒂之形影，却与他处不同。或众大而独小，或众低而独高，或渡水而分劈，或穿田而洒落，或众直而独湾，或众散而独聚，或出脣合角，或禾锹转皮，正面侧面积气而吐乳，是皆大贵之地也。　　江浙水性不同，脉亦各异。苏松力大而质秀，嘉湖力小而质弱。海宁力大而质厚，宁波力小而质浇。力大者可筑台六七尺或八九尺高，力小者只填盘二三尺或四五尺高。盈脉如亥之丁己辛癸、艮之丙戊庚等，宽阔者堪葬六棺八棺，非比山冈开窝仅容一二棺也。如平地脉形雄壮，至抽结穴情有小乳微突，亦可开六寸四寸而乘之，不宜太损。若破坏原体则大不利，惟起墩浅厝，丰厚培冢，发福悠长。逆水脉、洋朝水，二者不可得兼，而西流再遇此则更难。北平若汾水平水汾水西流中平，若洙水泗水沂水西流南平，若江宁华亭海宁有二三西流，然非逆水之脉。或有逆水之脉，而无洋朝之水，即中干之南枝水皆自西而东，莫非顺水之脉，求其自东而西，逆水迴结者，钟祥孝感麻城桐城四县有之，然亦无洋朝。惟太仓甘泉二处有西流之地逆水脉又向洋朝水者，乃系上上吉地，未可视为寻常也。青江子附记于甘泉寓斋。

全本地学答问卷中

透地经度

问：平分清纯脉各有经度，如何乘之？

曰：相地只凭峦头形势而不讲理气作用，但见后有脊岭，前有朝案，左右有抱砂，便于其中扦穴，不知透地分经乘受一差，非水即蚁，岂峦头之不美形势之未全欤，毋亦理气之不真作用之未善也。今特纂一直捷简便法，先在穴后八尺分水细脊上，亦有在一丈二丈之外者，但看分水脊便是，不必拘执八尺。石灰画脉，即罗经对证，按内盘一线贯到穴情，系某透地凶脉则避之，或上或下，或左或右，另扦一线，必透地吉气之处，方得丢伪点真，以乘脉之生气到穴，必要受清纯之气贯窍，凡斜来折受、折来斜受、直来横受、横来真受，或耳窍、项窍、腧窍、腰窍，断不可以脑受、膊受、胯受、腿受，致犯水蚁凶煞殁存两害。夫透贵脉通到穴中，贯清纯之气入于窍内，不但不犯水蚁而且骨骸干暖，荫益绵长，孝子慈孙方无遗憾。此理气之不可不先讲于峦头中者。伊川先生云："凡点穴先须于穴星上斩木烧草令净，填坑补缺令平，要使星形明白，天光发新，然后于明堂中或案山上对面相之作何星体，以透地乘气诸法参定穴在何处，私立记认，以凭审订。"

乘气有当放者，有当扶者，有不摆折者，有隔山取者，一失其法，虽遇大贵之脉，而受气不清，乌能钟地之灵而产奇杰之品。要知左落之气右耳乘，右落之气左耳受，中落之气左右耳俱可贯，但当就局向而以一耳受之方吉。左右项腰腧仿此例推。

如乾亥双行脉左落，乾多亥少右耳受皆乾气凶，右落则亥多乾少左耳受皆亥气吉，中落者二脉不分多少，亥阴乾阳夹杂入耳，人亦夹杂。丢乾取亥一穴吉。

壬亥双行脉左落亥多右耳受气吉。右落壬多，左耳受壬，若能放倒壬气，扶起亥气，以贯右耳，则大吉。辛亥一脉正落者，不拘顺旋逆旋，左右扦穴皆吉。从亥危十三度排至十八度俱清纯之气，直六度，堪葬六棺，富贵均匀。左右穴各三棺。左穴挨右加乾带己亥半分，透辛亥之气以贯窍，右穴挨左加壬带癸亥半分，透辛亥之气以贯窍，斯无偏弊矣。

己亥正中乃五亥五乾行脉结顶，系乾亥平分。右之五乾为伪气，左之五亥为真气，穴必右落，闪开乾之伪气，挨取左之亥气作穴，乘受辛亥正亥之气，贯左耳酉巳丑局巽巳乙向、亥卯未局甲卯辰向，若左落则右之乾脉推至左边止处为伪气，若错乘乾之伪气而全无亥脉不吉。故乾亥双行尚取右落，剥伪换真，只取辛亥正亥之气贯穴，不加乾，不加壬，以来脉本系乾亥双行，若再用挨加，难免驳杂滋弊。

癸亥七亥三壬，落者亥脉居多，略带壬气左旋脉，则右之来处亥脉结顶为真气，左之止处杂壬为伪气。宜闪开左边壬之伪气，挨取亥脉作穴，乘受辛亥正气，贯右耳子申辰局坤申丁向、庚兼申向、寅午戌局丙向兼午、酉巳丑局丙向兼巳、亥卯未局丙向兼午，俱受辛亥气，抑伪扶真，自应祥福。右旋脉则左之来处，虽带壬之伪气而右之结顶确系亥脉真气，穴转左落，莫逼壬之伪气，当近右边亥脉作穴，乘辛亥贯耳，闪伪从真，不用挨加，以来脉壬亥双行，若再用挨加则驳杂矣。右旋亥入首左旋水，合木局甲卯向，左耳受气乘辛亥上吉，无辛亥可乘则乘丁亥，无丁亥可乘则乘癸亥，无癸亥可乘止有己亥一脉，则取挨辛亥左半吉，若挨乾之右半不吉。须凭经尺分辨酌量。他脉仿推。

一脉六度容六棺，穴后八尺下经尺仅足扦两棺，束咽处下经尺方可扦四五六棺，每脉中度扦一总线，左右从总线各挨度次顺扦。如正兑己酉从本脉胃土度各扦气线顺排，不必交错。若左丁酉另一脉线牵到正兑南为右穴，若右辛酉另一脉线牵到正兑北为左穴，此又交错扦之，非一直顺下。余仿推。

乘气分类诸图

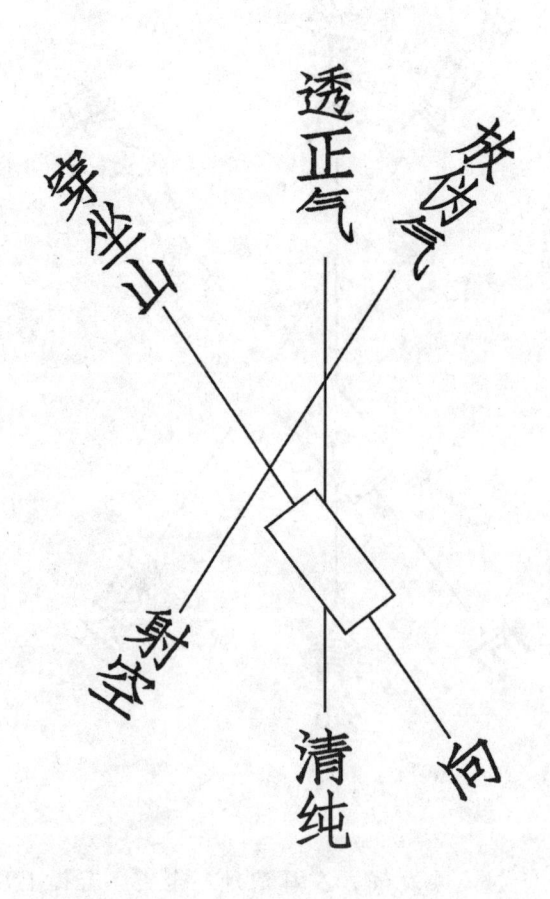

透正气

夹杂气

日伪气

射胁

清纯

向

　　此伪气放脱，收清纯正气入左耳，先伪线，次正线，次坐线，勿挨伪线，只就正线贯窍以作穴，扦定山向，兼旁二分旺相分金。断不可兼三分。他皆仿此。

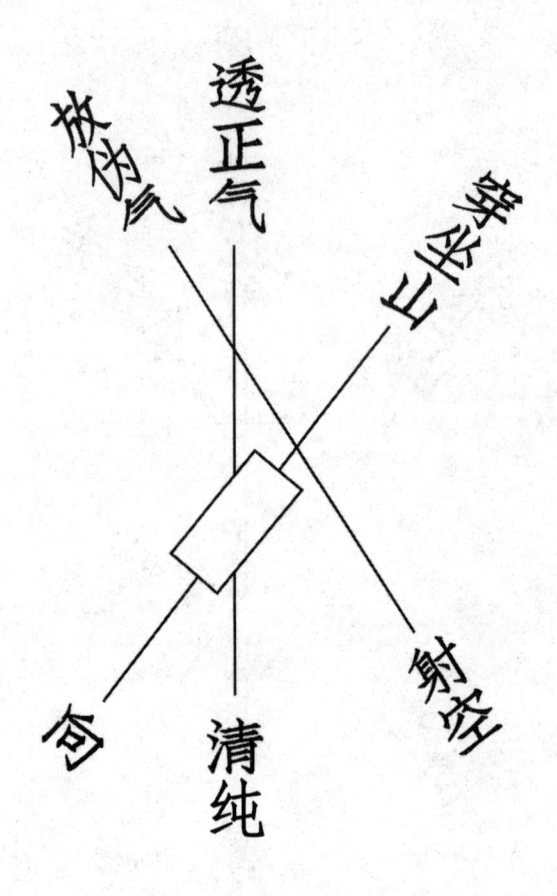

此放伪气头上过，乘真气入左耳清纯，全吉。若提上尺许，杂了伪气，不吉矣。穴宜慎点，先牵一气线，再扦一坐线，便不走趱一寸矣。

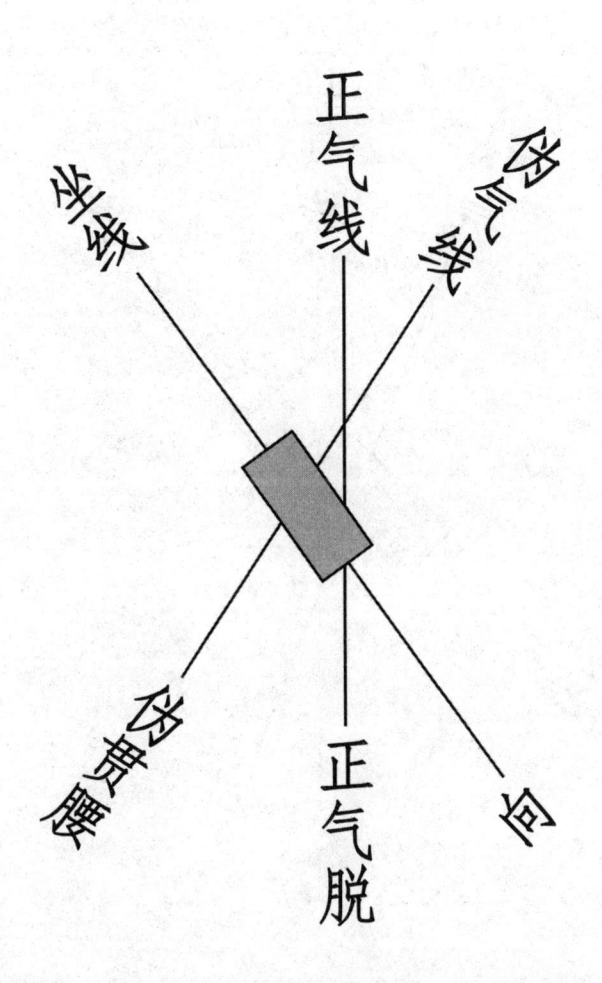

此不知挨加，太提上了，反受伪气贯左腰，正气放脱了。若下一二尺脱伪，便纯收正气，大吉。

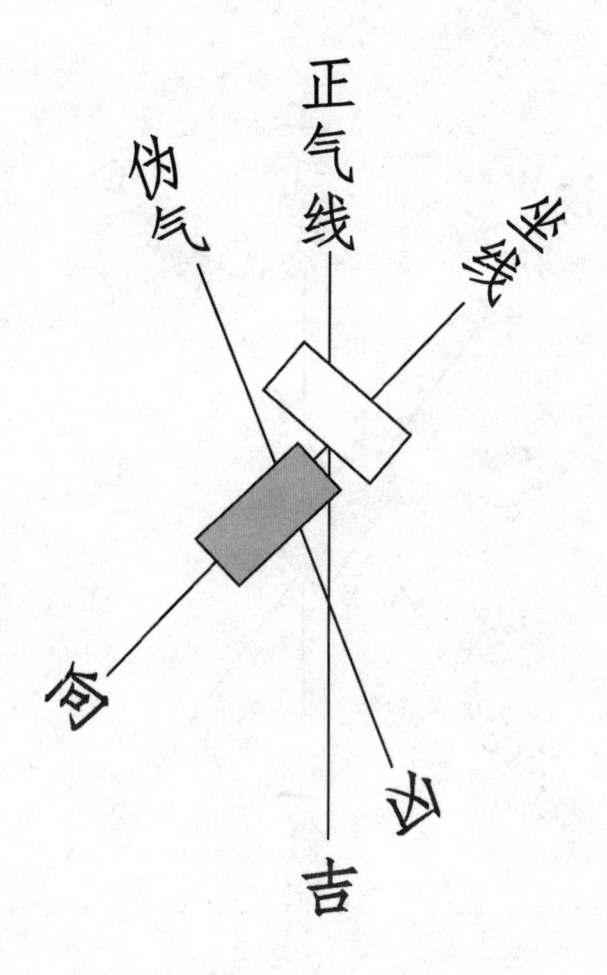

此偏右下脱正气，反收伪气入右耳，若提左上一二尺，则可就正气贯右耳，或掉左耳，亦吉。

脉穴吉凶

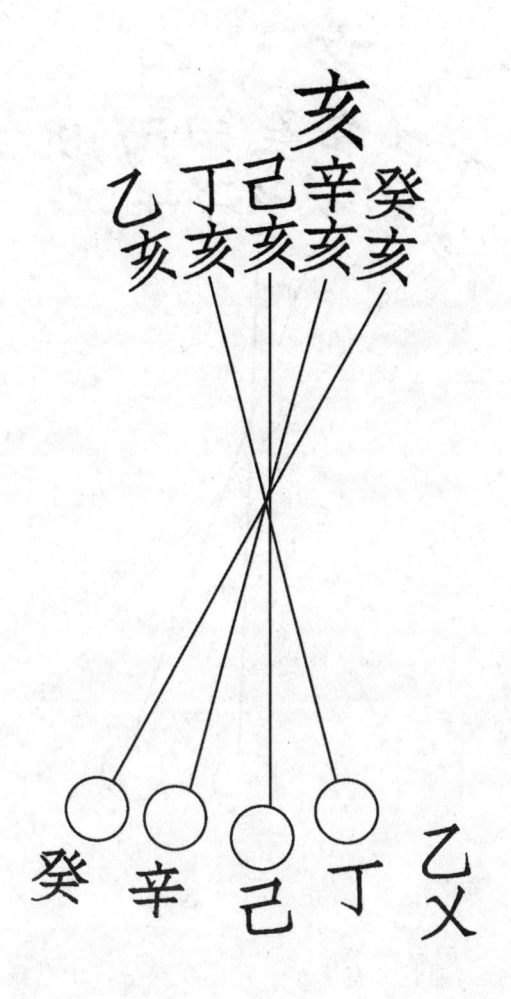

此一亥脉也。细分之，左癸亥辛亥之来，气注于右边；右丁亥己亥之来，气注于左边。子申辰局，丁向兼午吉。○惟丁亥两棺一穴，辛亥两棺一穴，上吉。己亥挨左一棺，癸亥挨右一棺，此两穴皆吉，止可安六棺。乙亥一穴无用，孤孀最多。

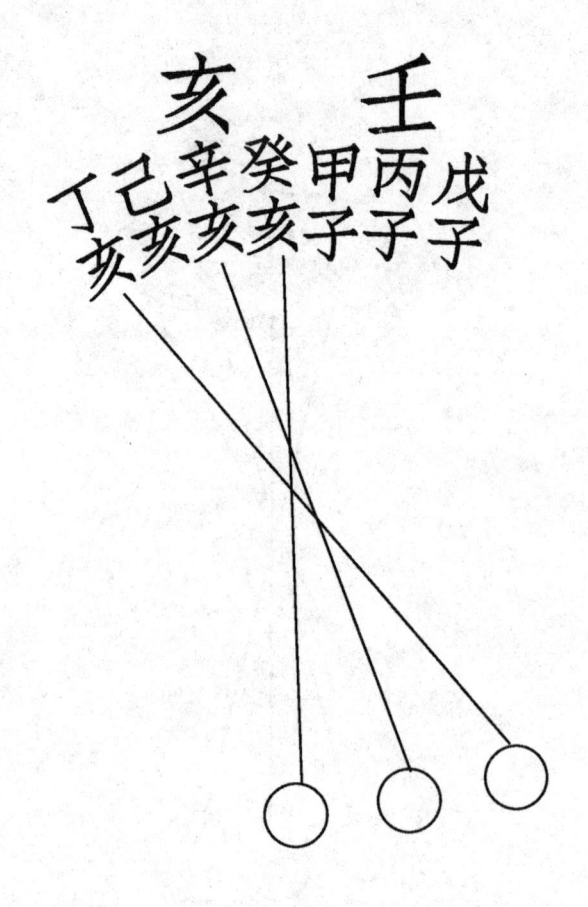

亥　　　壬
丁己辛癸甲丙戊
亥亥亥亥子子子

亥止辛亥一穴，兼乾方有丁亥一穴。今兼壬，止有癸亥一穴，宜挨在左边乘壬半分，大吉。余己亥甲子丙子戊子，勿侵犯。

乾　亥
戊庚壬乙丁己
戌戌戌亥亥亥

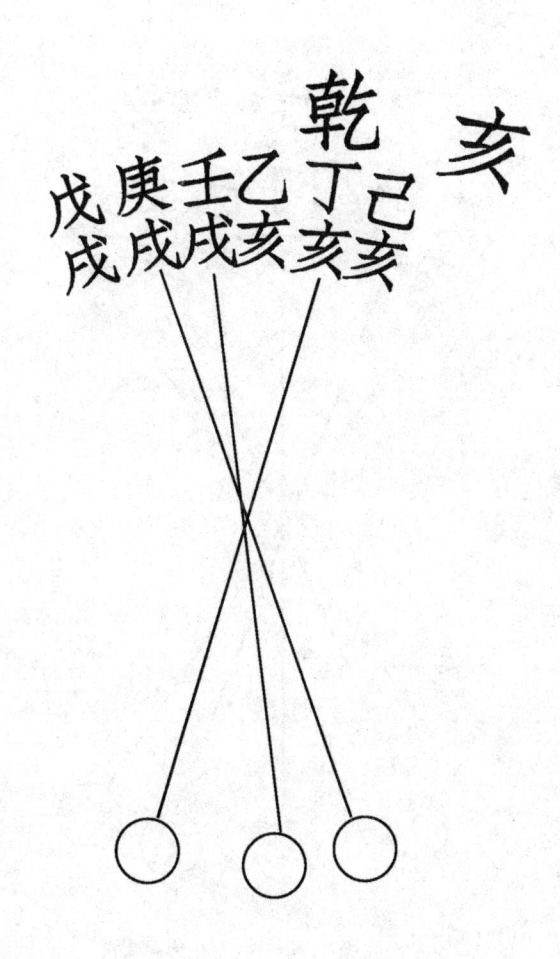

乾宫丁亥一穴贵，壬戌一穴富庚，戌一穴贵，余乙亥戊戌己亥等穴虫水，忌向午，右水倒左辛申坤丁巳乙向，左水倒右壬子丑甲卯辰丙向。

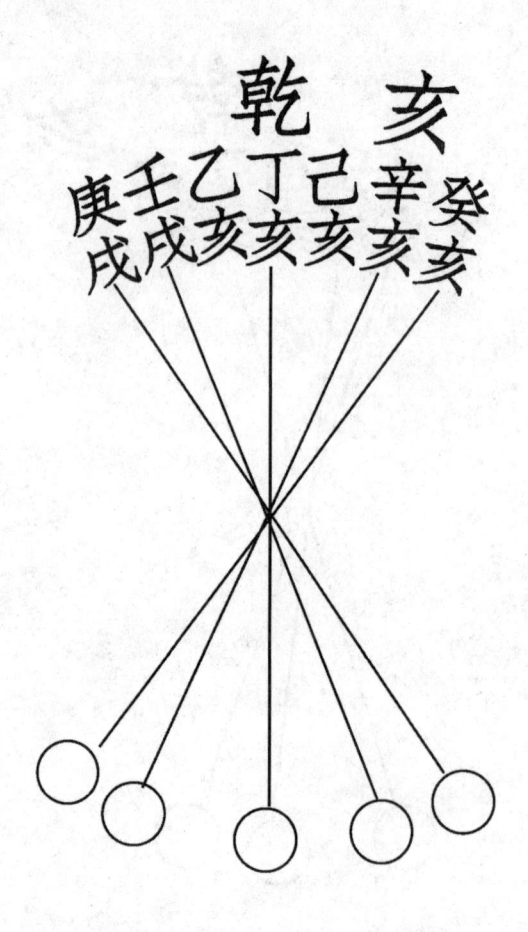

乾　亥
庚壬乙丁己辛癸
戌戌亥亥亥亥亥

　　亥宫辛亥一穴，癸亥一穴，乾宫丁亥一穴，戌宫庚戌一穴，壬戌一穴，余巳亥乙亥戊戌等穴皆死气，生虫水。戌宫二穴富而不贵，止辛亥丁亥全吉。

戌　　　　乾
戊庚壬乙丁己
戌戌戌亥亥亥

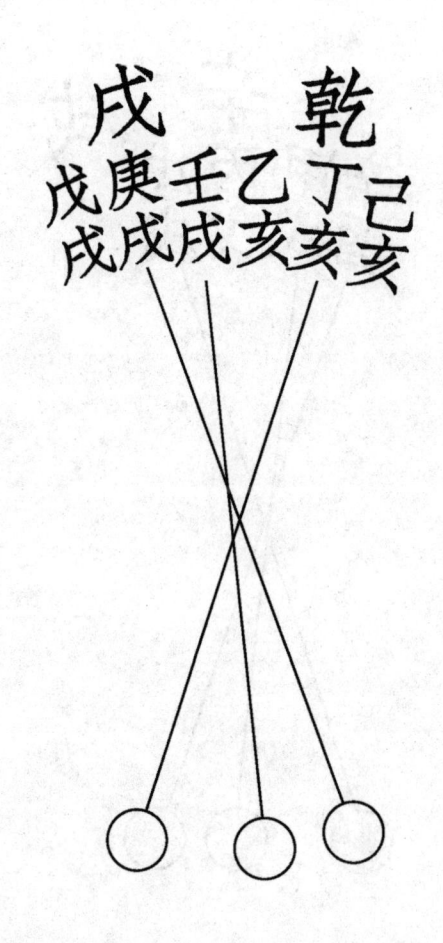

　　乾宫丁亥气注戌边须挨右，乘丁亥左耳受气。右来壬戌庚戌二穴须挨左，俾右耳受气。余戊戌乙亥己亥等穴，死气生虫水，切不可侵占凶气。

辛　戌
辛甲丙戊
酉戌戌戌

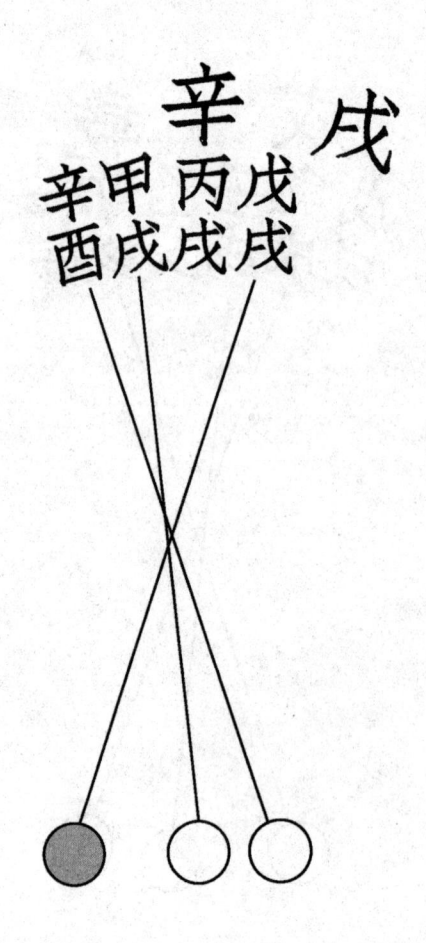

辛宫辛酉半吉，甲戌全吉，丙戌次吉，戊戌纯戌贱气，脱辛贵脉不吉，辛借酉贵穴宜挨，左右耳受之大吉。

辛宫丙戌贵，甲戌富，辛酉富。酉宫己酉贵，丁酉不吉，俱忌巳向火克金，犯贼劫抄灭，余向合局，俱主大贵。辛为天乙贵人，甲第词林。兑少主微仙客。

庚 酉
癸 乙 丁 己
酉 酉 酉 酉

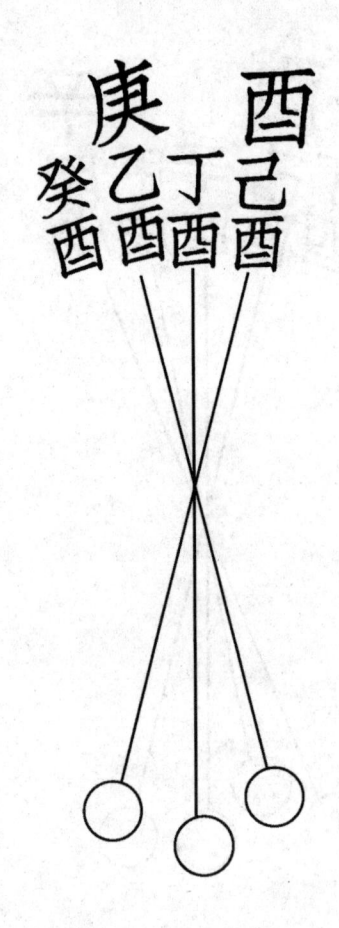

酉宫己酉大贵，丁酉次贵，但忌巳向，犯凶。庚宫乙酉小贵，癸酉不吉。乙丁己酉三穴并排扦之，皆富贵。

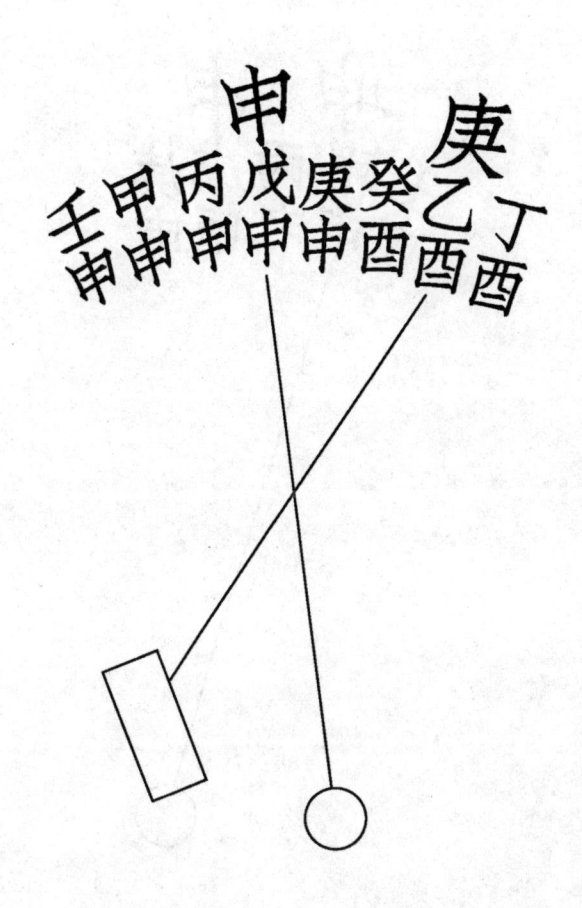

申　　庚
壬甲丙戊庚癸乙丁
申申申申申酉酉酉

庚宫乙酉一穴大贵，申宫戊甲一穴大富，余丁酉癸酉庚申丙申甲申壬申六脉，皆不可乘。左旋庚乙酉脉，左耳受之方吉。

坤　申
壬甲丙戊庚
申申申申申

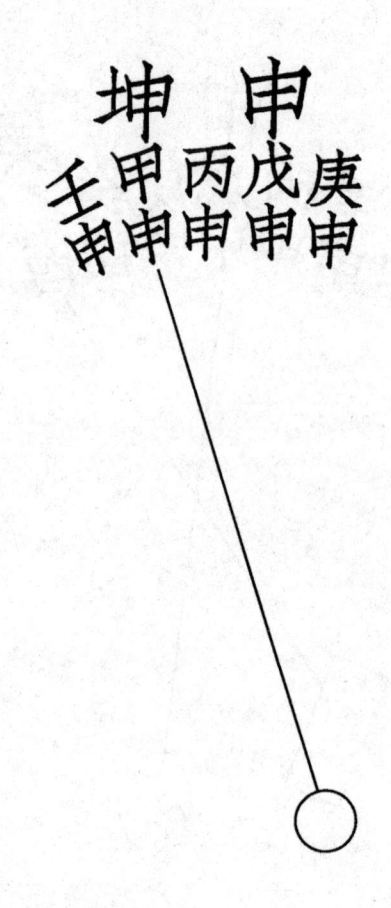

坤宫甲申一穴，注气入棺，少加壬甲立穴，先挨申半分，方乘甲申正坤之气，左水倒右甲兼卯向，忌单向卯，宜辰壬子丑向，右水倒左，宜丁巳巽乙甲兼寅向。

丁　未
辛癸乙丁己
未未未未未

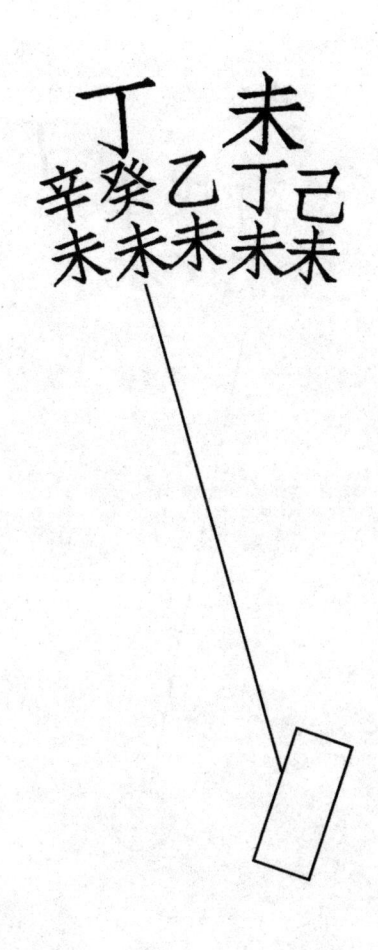

丁宫癸未正丁之气注左，少加未半分，俾右耳受气大吉。余乙辛两未己丁两未俱不吉。若右旋丁宜左耳受。

```
         午        丁
       甲丙戊辛
       午午午未
```

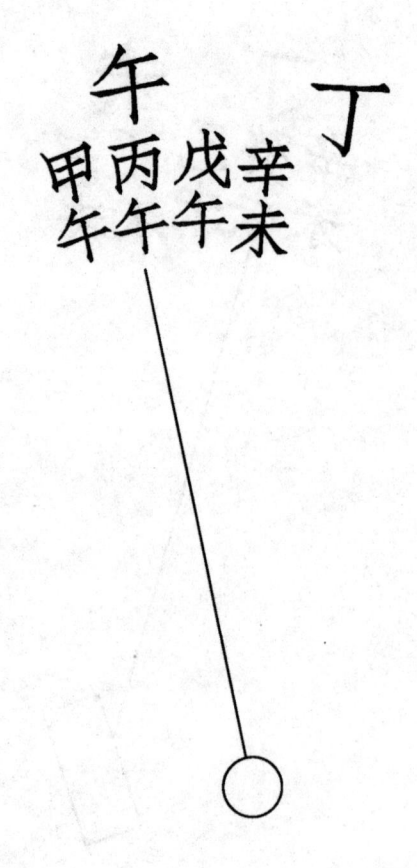

　　午挨左丁丙午一穴，棺头枕加午左丁三分，脚摆挨左臂，右水倒左艮癸辛向，左水倒右丑壬戌向，俱大吉。余甲午戊午辛未己未等穴不必扦。

巽　巳
己辛癸乙丁
巳巳巳巳巳

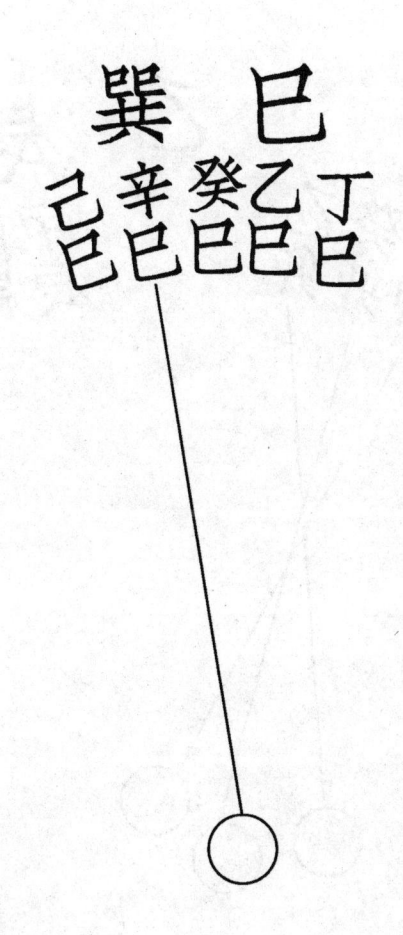

　　巽宫辛巳一穴，注气入棺，少加癸巳，左耳受气，穴挨巳半分，方乘辛巳正巽之气，右倒左，壬兼亥乾辛坤丁庚兼申向，左倒右，壬丑子戌丙午未庚兼酉向。〇辛巳巽脉盈，并排四圹吉。

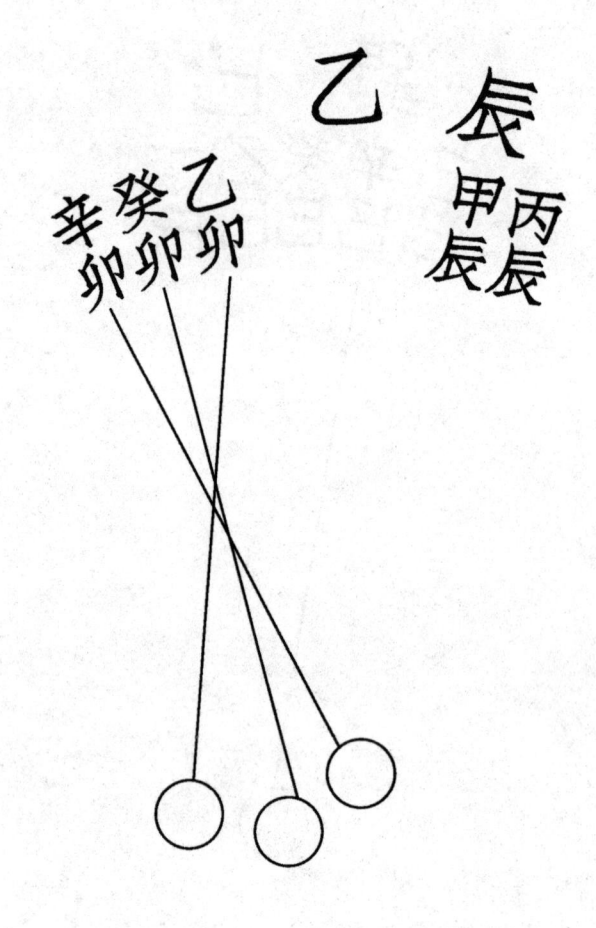

乙宫乙卯大贵，辛卯中贵，癸卯小贵。辰宫甲辰丙辰二穴俱死气生虫水。乙借卯贵，穴挨左扦。

甲 卯 乙
己辛癸乙戊
卯卯卯卯辰

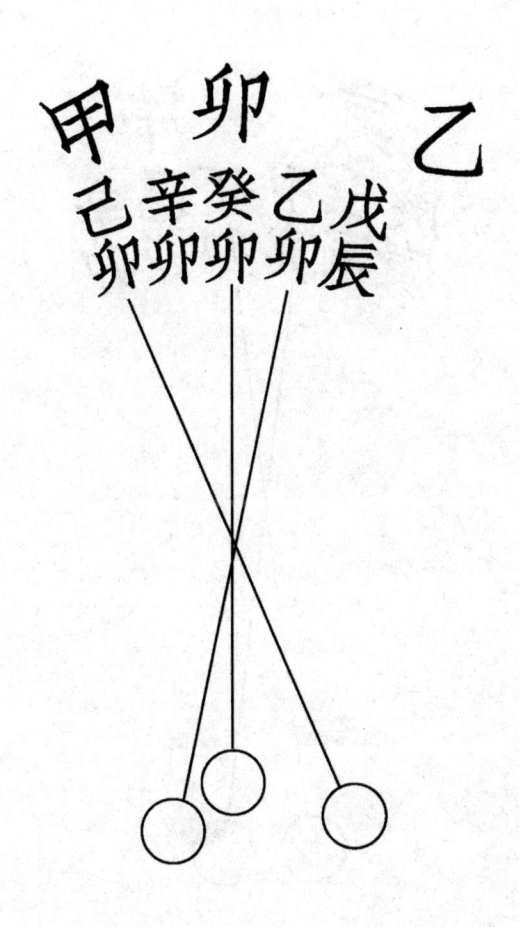

卯挨右，甲己卯一穴棺头枕加卯，右脚摆挨右臂。左水倒右，丙午未庚兼酉向。右水倒左，辛乾坤丁巽巳庚兼申向，俱大吉。余穴不吉。〇己卯穴向合局，亚榜傅胪，寺卿文衡，但不及乙卯癸，卯贵至三公耳。

寅　　甲
庚壬甲丁己辛
寅寅寅卯卯卯

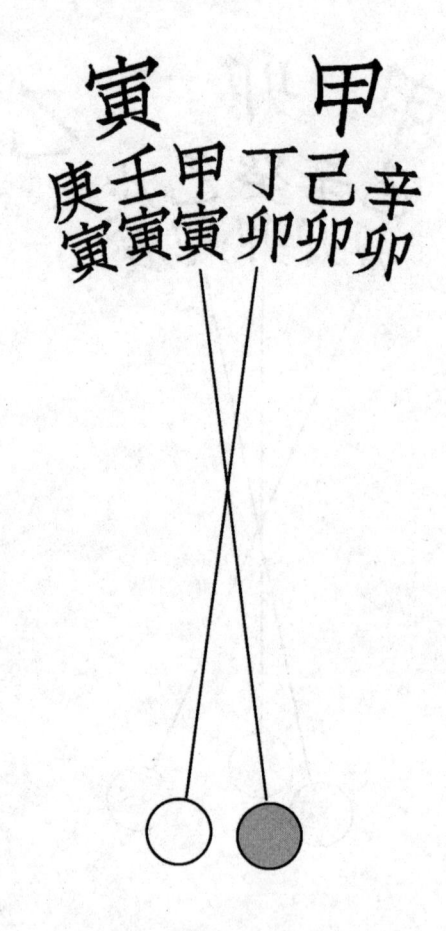

此脉到头三丫如鸡爪形，火盗遭凶。甲宫借卯气挨右扦穴，人财而已。若挨左乘寅气，则至贱不堪。

艮　寅
丙戊庚壬甲
寅寅寅寅寅

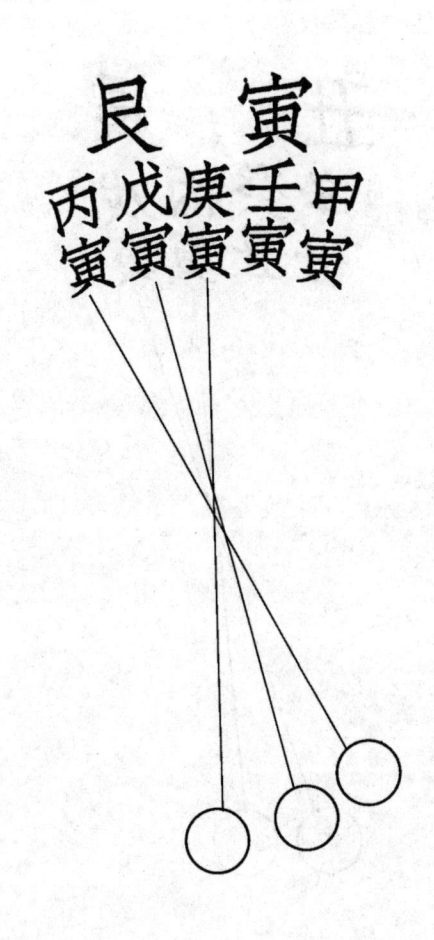

艮宫庚寅气贯从右穴，宜挨左穿右耳受气。左水倒右，庚向兼酉。右水倒左，辛乾亥向庚兼申向。左耳受气，丙午未向，俱大吉。寅宫甲寅壬寅，死气虫水穴。

艮　丑
辛癸丙戊
丑丑寅寅

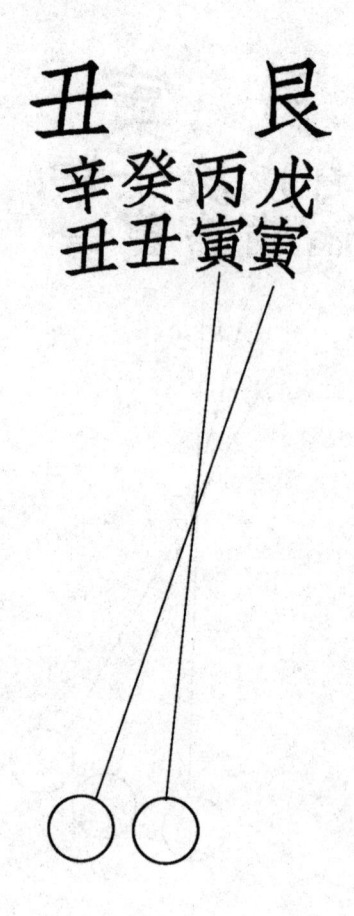

艮宫丙寅一穴，戊寅一穴，气贯从左入穴，宜挨右大吉。右水倒左，丁巽向丙兼巳向；左水倒右，甲卯辰未向丙兼午向庚兼酉向，皆大吉。单寅向不吉。犯火贼抄灭。

癸　丑
乙丁己辛癸
丑丑丑丑丑

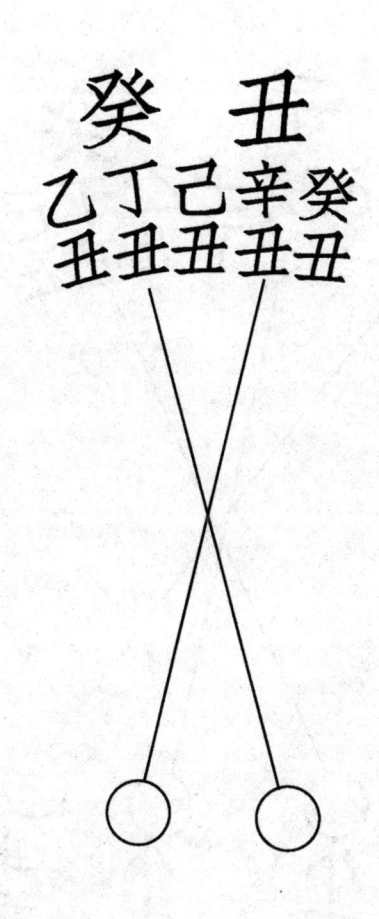

丑宫止辛丑一穴吉，余癸丑己丑凶。癸宫止丁丑一穴吉，余乙丑己丑生虫水。

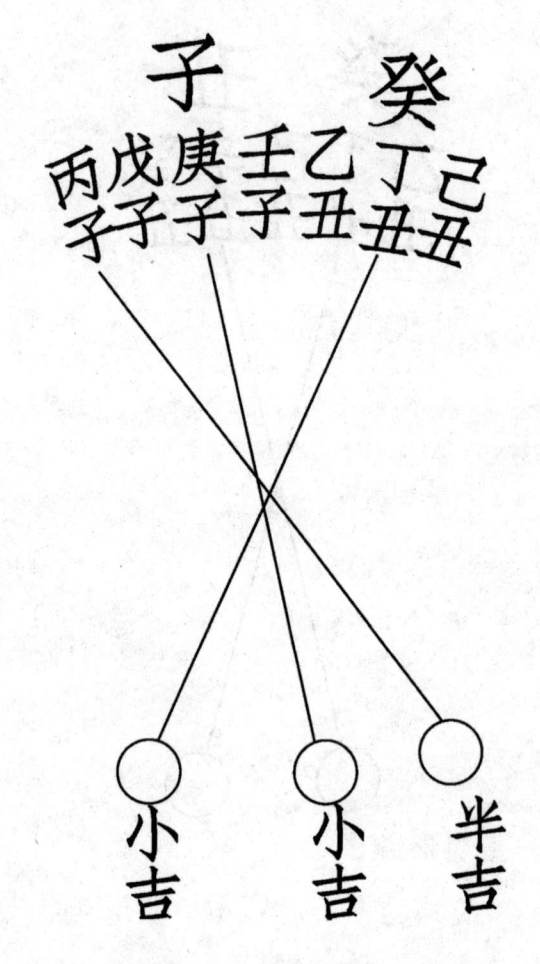

子　　癸
丙戊庚壬乙丁己
子子子子丑丑丑

　　　　小吉　　小吉　　半吉

　　癸脉丁丑一穴，子脉庚子一穴，兼壬丙子一穴，余己丑乙丑壬子戊子四穴俱死气，生水蚁，不可妄扦。

壬　子

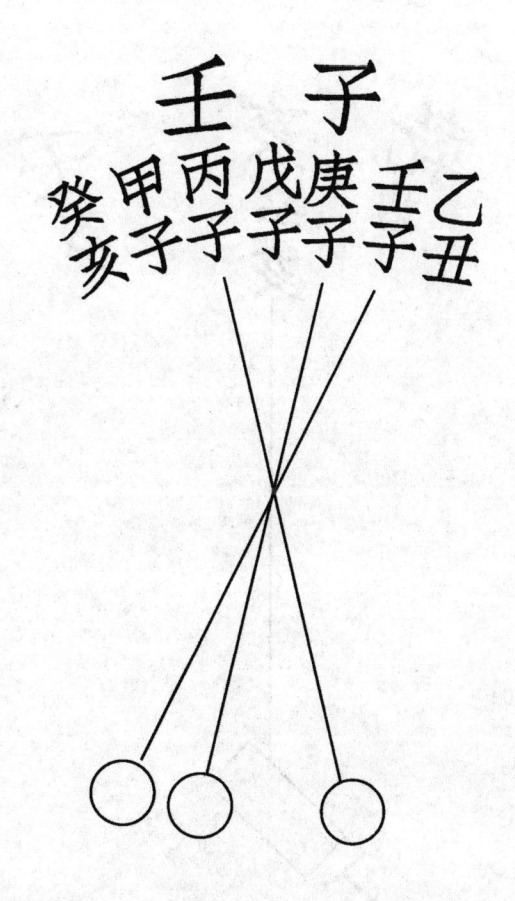

癸甲丙戊庚壬乙
亥子子子子子丑

此壬子来要雄壮，若懒缓则生水，壬宫只丙子一穴挨在左边，右耳受之方吉。子宫止庚子壬子二穴，余水蚁。

收放错加

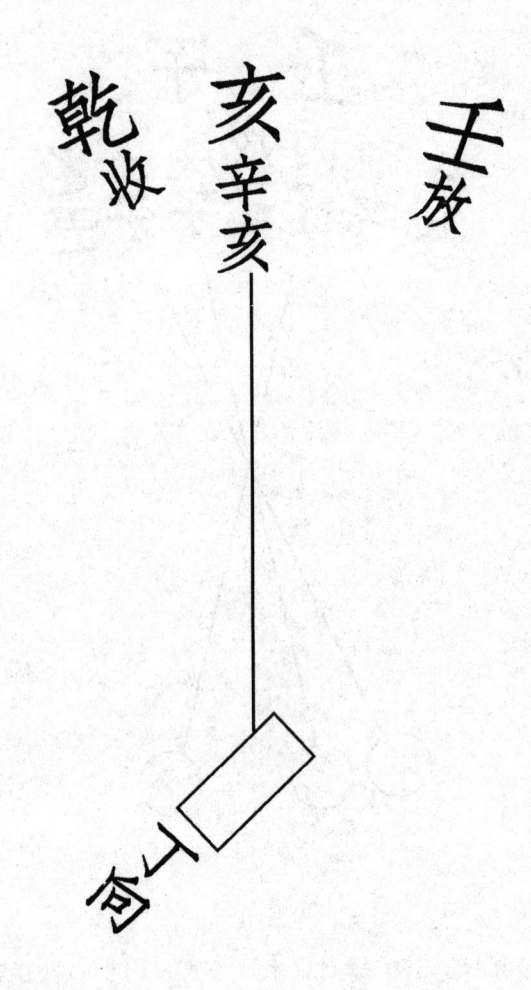

乾收　亥辛亥　壬放

癸山穴先挨右加乾一分，取辛亥正气贯右耳，此左旋亥入首右落者右旋水，子申辰局，主富贵福寿。

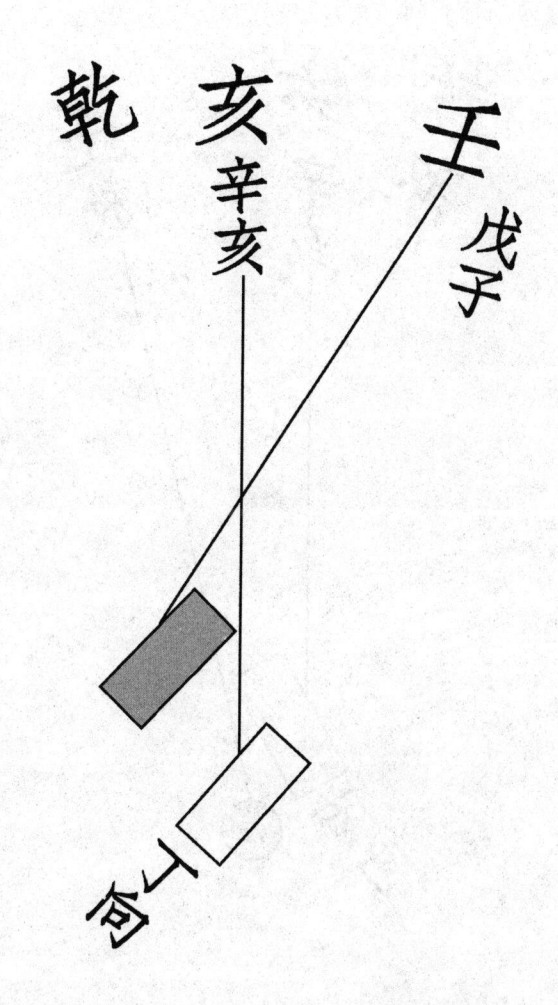

此偏在脉右不挨左加壬，壬气反贯入右耳，而正亥落空，何不就左加壬位一分，单收辛亥清气入右耳乎。要下左三尺地乘受辛亥方大吉。

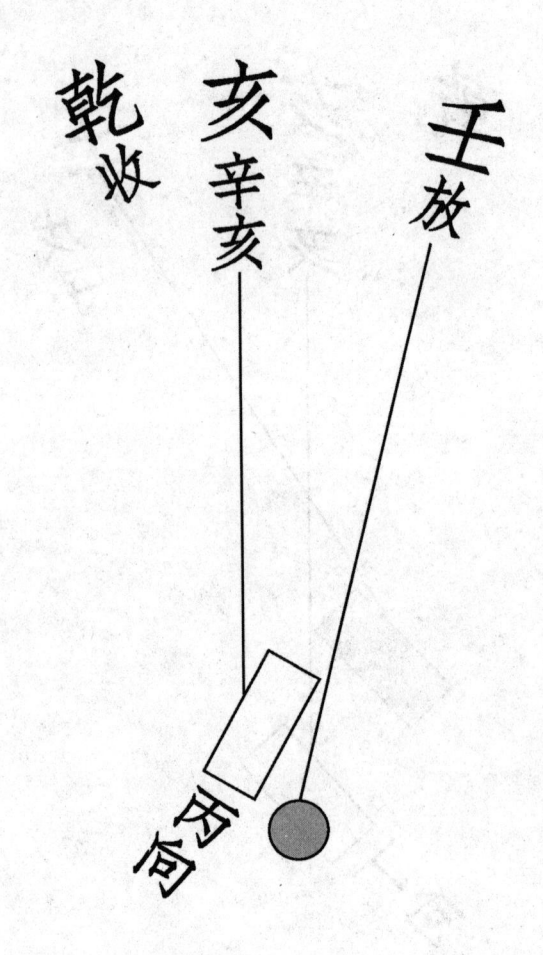

壬山穴先挨右加乾，单收亥气，右耳受辛亥正亥贯穷，勿侵左，要放过壬气，方清纯而应五福。

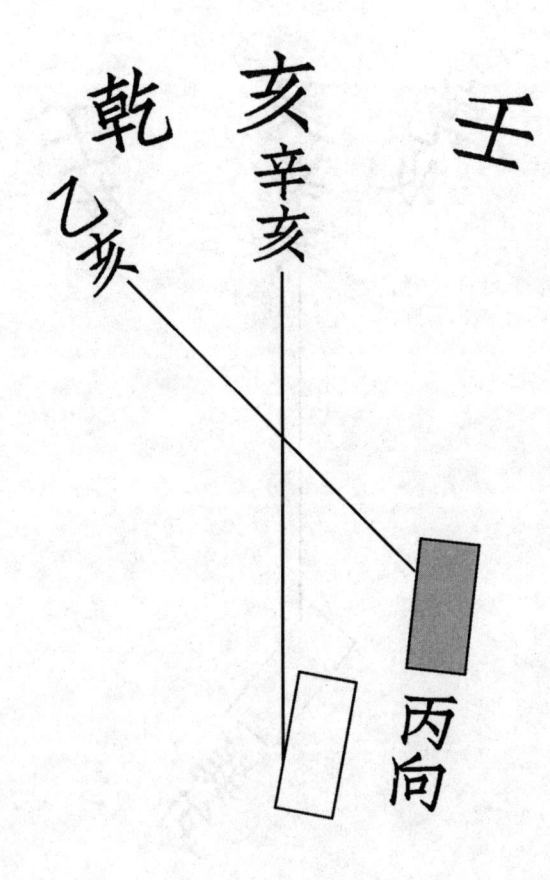

此反加左壬位，放过亥气，不挨右加乾，乾气射入右耳不吉。若挨右加乾半分，则辛亥之气右耳受之，吉。

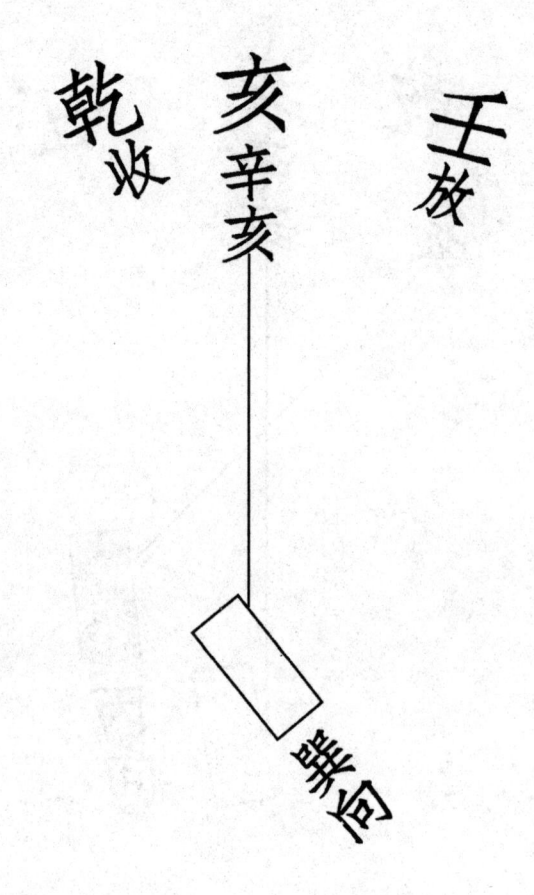

乾山穴先挨左加壬三分，单收亥气贯左耳，放过乾气，微挨西乾位，枕头而脚摆受东壬位，大吉。

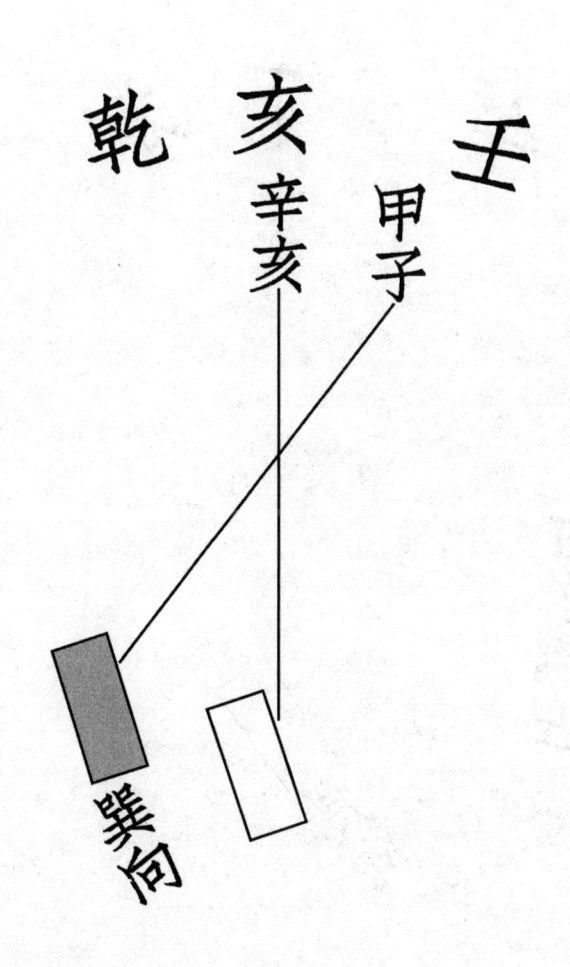

此不挨左加壬，壬气反射入左耳，穴反加乾，放过亥气，特偏右了，何不移左下两尺地，放过亥气，而单收辛亥，俾左耳受之乎。

午　丁　未

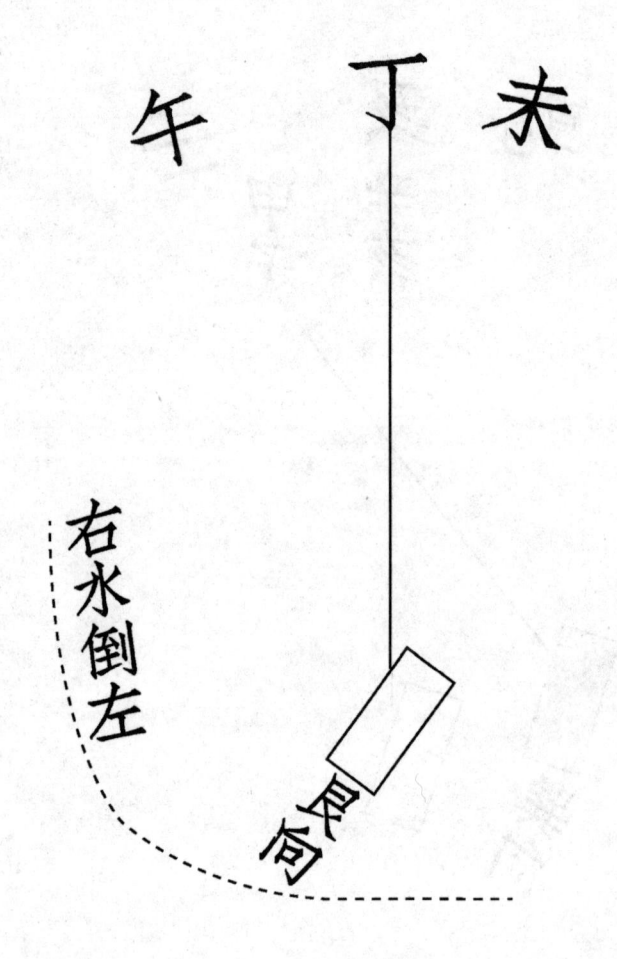

右水倒左

艮向

坤山穴先挨右加午位，下取癸未正丁之气，从右耳入，方得放去未脉之伪气。若不挨右而挨左，下左两尺，脱了丁气，不吉。

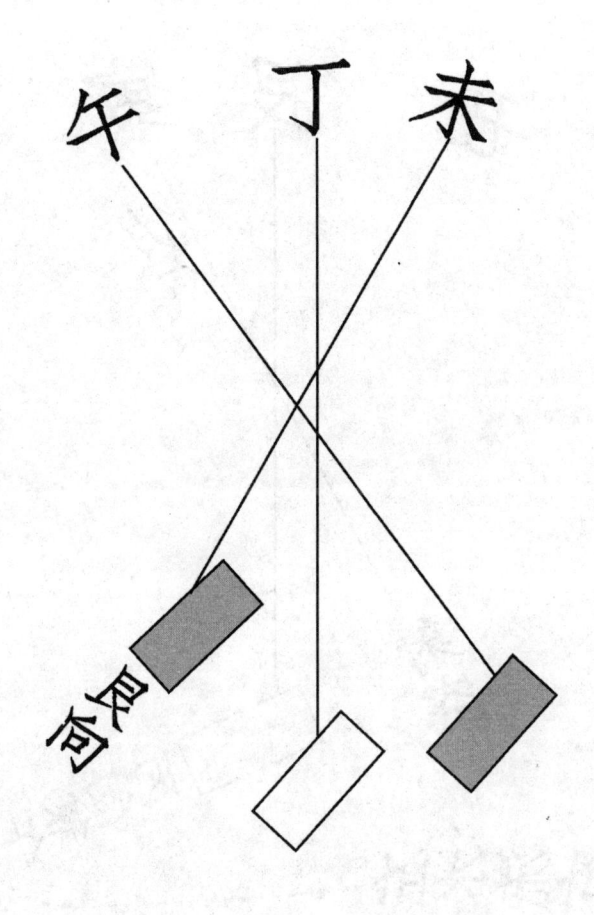

中落之脉防伪气间入之病，丁气不容挨右加午，若加午位提起些，则未气射入右耳，放过了丁气，从头上去了，加午拖下三尺，方脱未而受丁，若偏左加未位，下又收了右来之午气，不吉。丢午点丁方吉。

丑　艮　寅

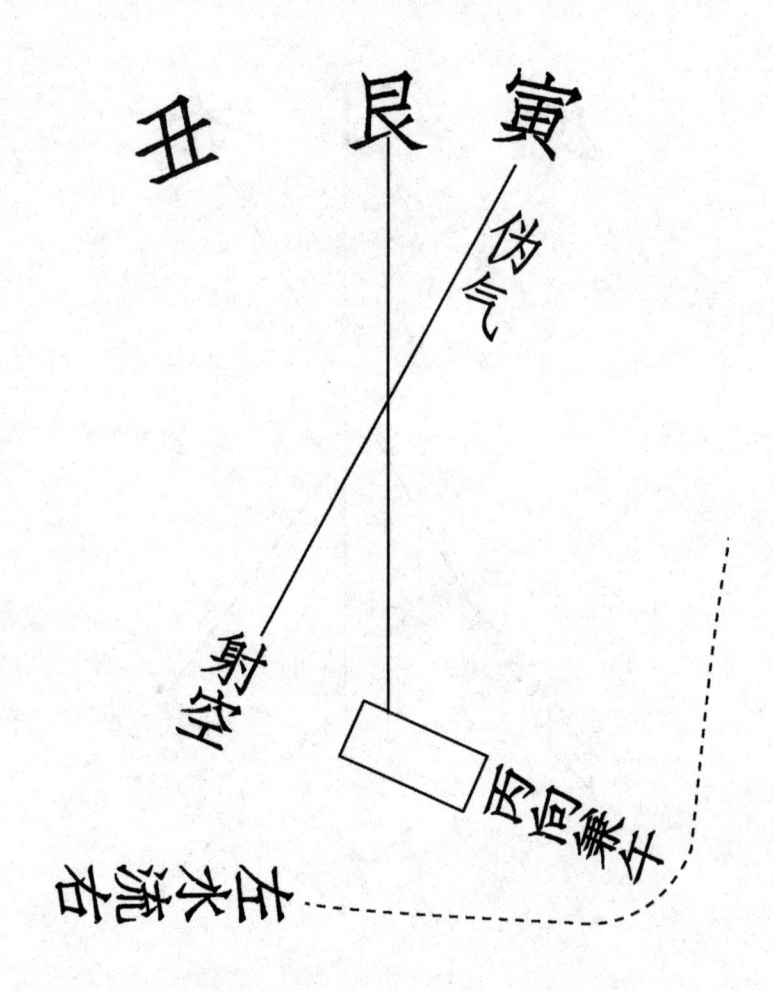

伪气

射气

丙向兼壬

左水流右

艮脉挨左加寅，受戌寅正艮之气，则寅之伪气放过头上去。若不挨左而挨右，提上两尺，尽受了寅气，无用矣。

丑　艮　寅

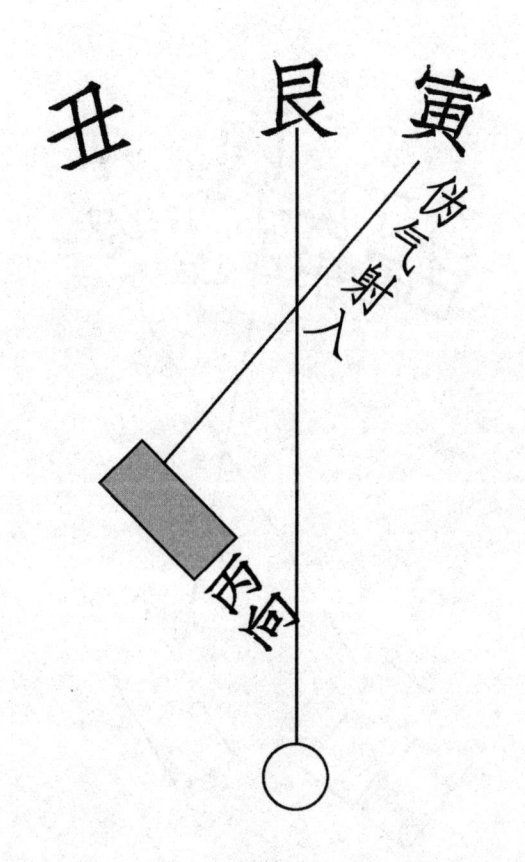

丙向

此不挨左加寅，反挨右加丑，放去艮气而收寅气入左耳，大不吉也。若拖下三尺，挨左受之方脱寅，而乘艮戊寅庚寅丙寅三脉三穴，可容六棺，皆发祥庆。

双行脉扦穴

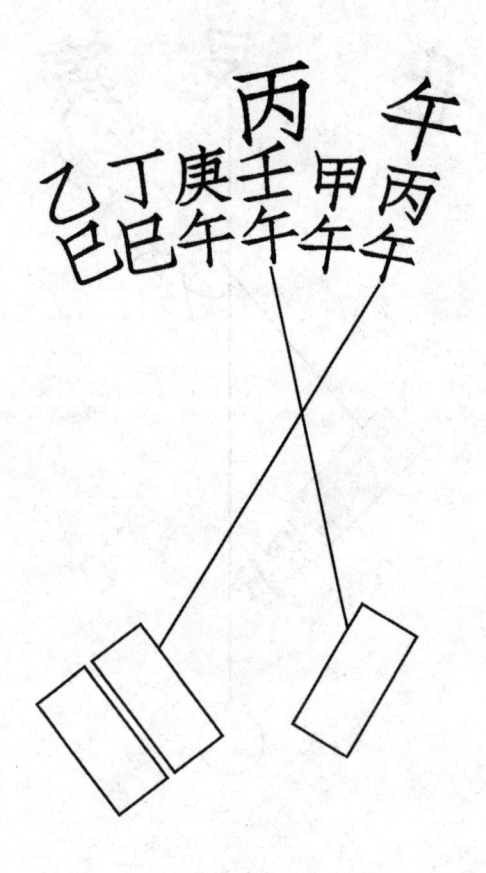

丙午双行脉丢午点丙，取丙午之气贯右耳，一穴两棺俱吉。壬午之气一穴，止可一棺，右耳受之吉。余皆不可乘。午脉最贱。

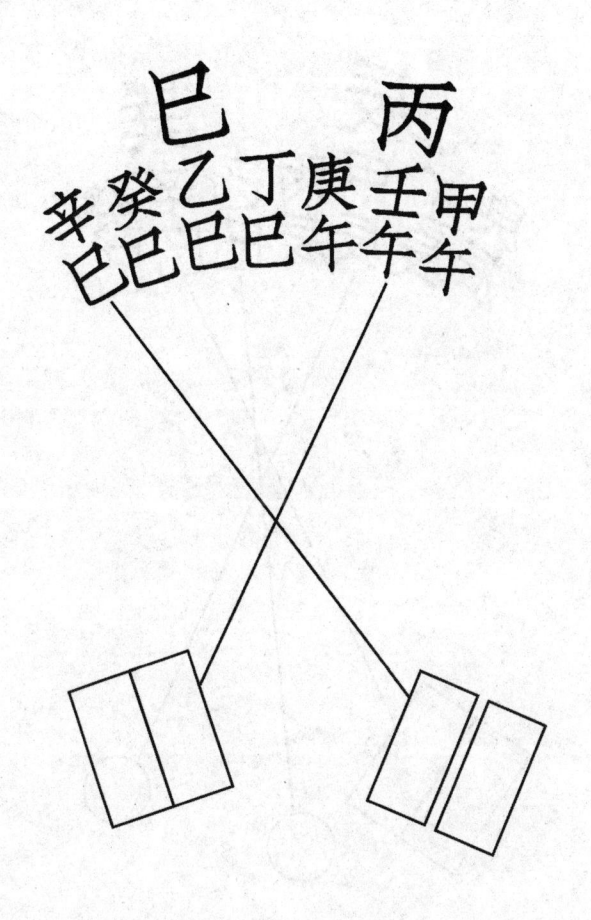

巳丙双行脉入穴，取右来辛巳一脉，两棺一穴，右耳受气吉。取左来壬午一脉，两棺一穴，左耳受气吉。余皆不可乘。

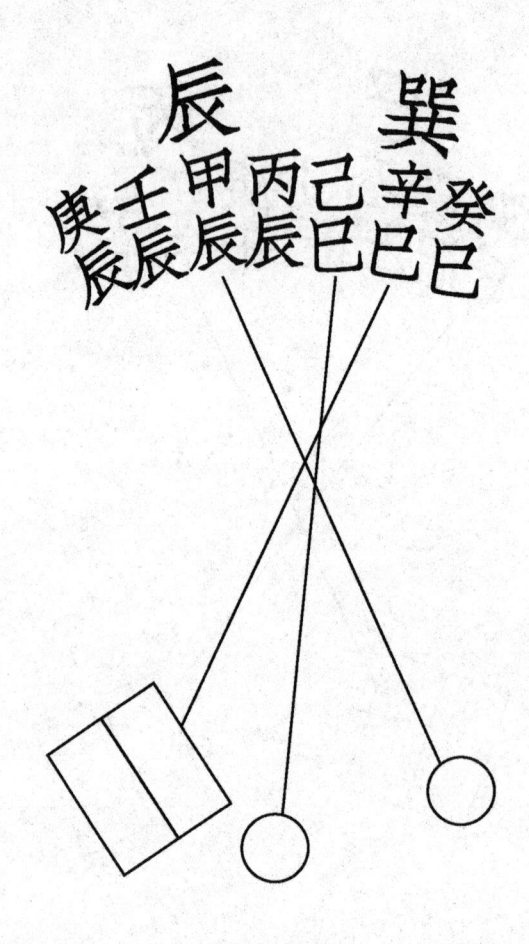

辰　　　巽
庚壬甲丙己辛癸
辰辰辰辰巳巳巳

辰巽双行脉，甲辰一穴在左挨加辰位，右耳受一棺。辛巳正巽一穴在右，挨加辰位，左耳受两棺，皆吉。己巳挨左，辛巳止一棺，吉。巽脉巳酉丑局戌向，同胞鼎甲大宗伯。

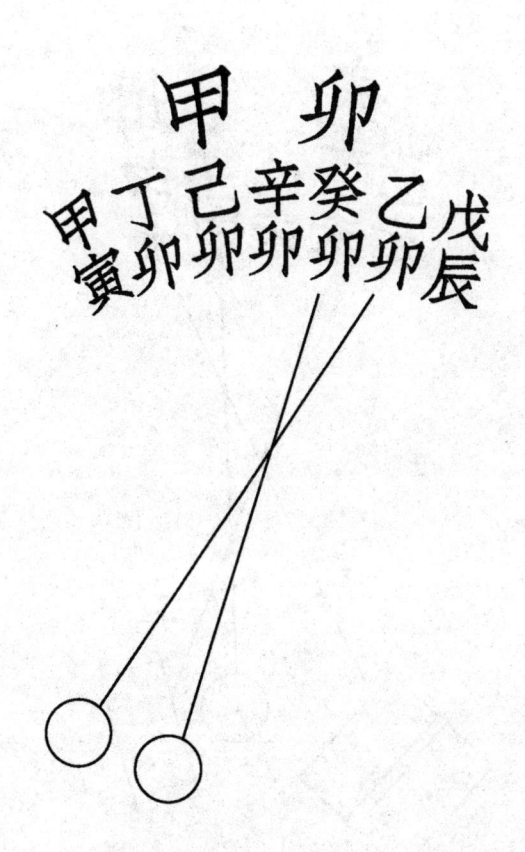

甲卯双行，丢甲点卯，左乙卯癸卯之气注于右边，又要在甲位分下，挨右扦穴，方乘得乙卯癸卯之气。若点左则收甲之伪气，已俱犯虫水。

未　　　坤
乙丁己壬甲
未未未申申

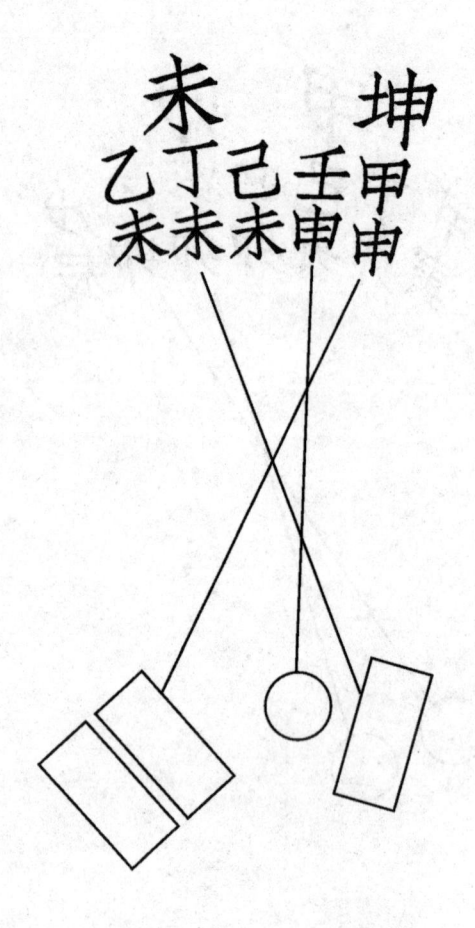

未坤双行脉，丁未一穴在左，挨加坤位，右耳受气吉。甲申一穴在右，挨加未位，左耳受气，两棺皆吉。壬申挨左，甲申止一棺方吉。然亦只主发富或武功名。

脉气对扦

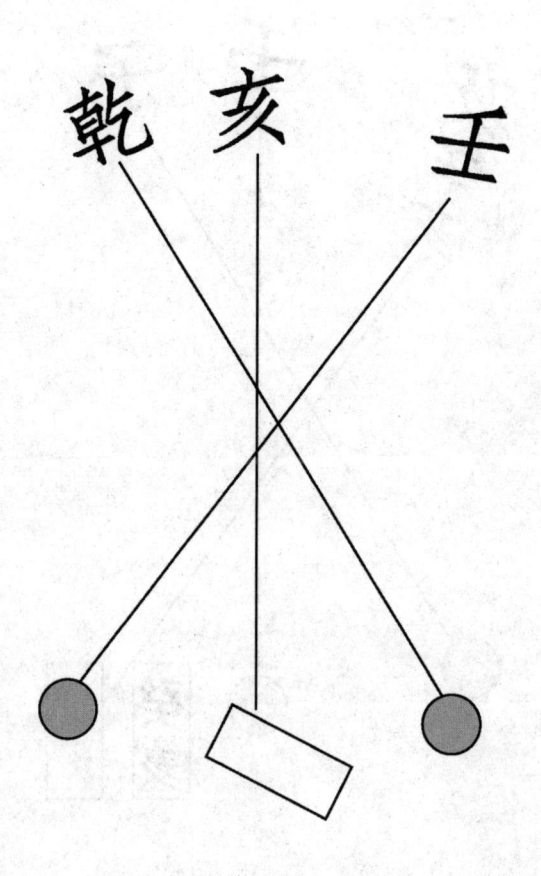

乾 亥　壬

亥脉在脉之巳方扦穴，乘正亥入左耳，大吉。在亥脉之巽方扦穴，则亥为乾气。在亥脉之丙方扦穴，则亥为壬气。俱脱正亥，不吉。

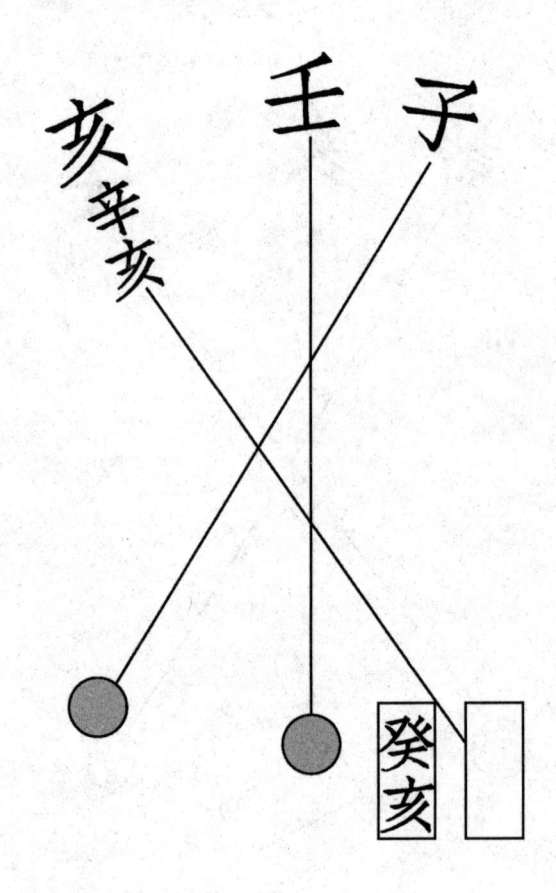

壬脉正中黑埂并当头不可扦，右边子气生水，惟挨左取亥宫辛亥之清气贯入右耳，方出富贵。癸亥一穴，亦富贵。

壬　子　癸

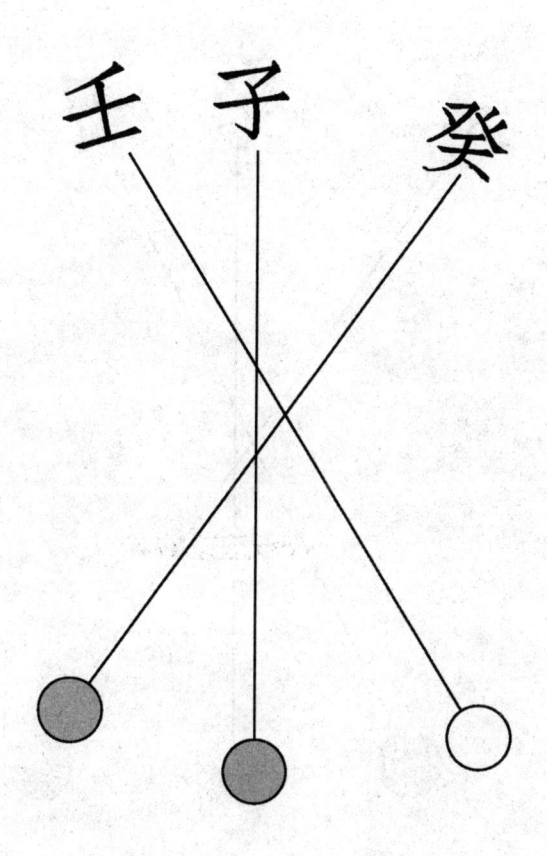

坎脉在脉之午方扦穴，子气不吉。在脉之丁方扦穴，癸气不吉。惟在脉之丙方扦穴，斯受真壬气。左右耳受皆吉，以壬近亥也。

子　　癸　丑

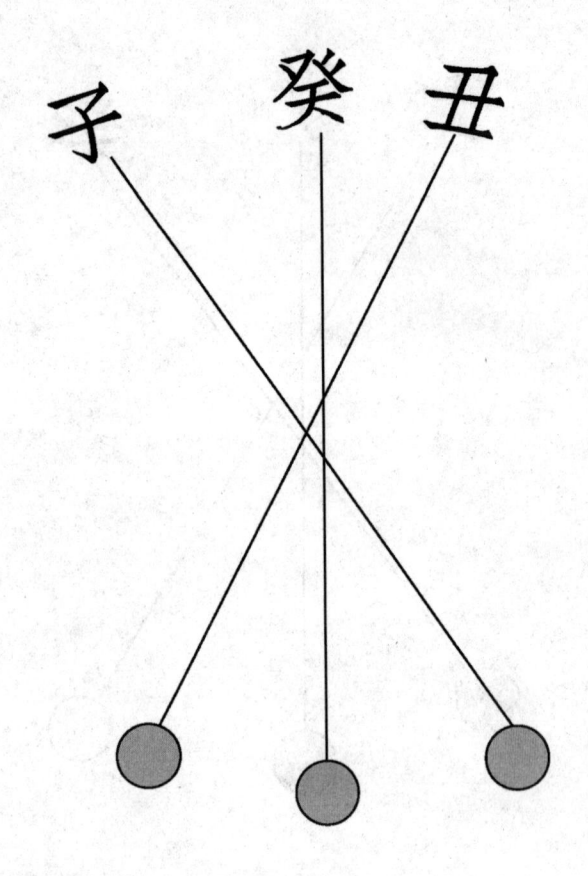

癸脉必雄壮，如狮头象脑，有泡赶来方真。出黄须黄发，人财而已。在脉之未方扦穴僧尼小弁，在脉之午方扦穴双胎六指，若直硬粗蛮主出贼盗。

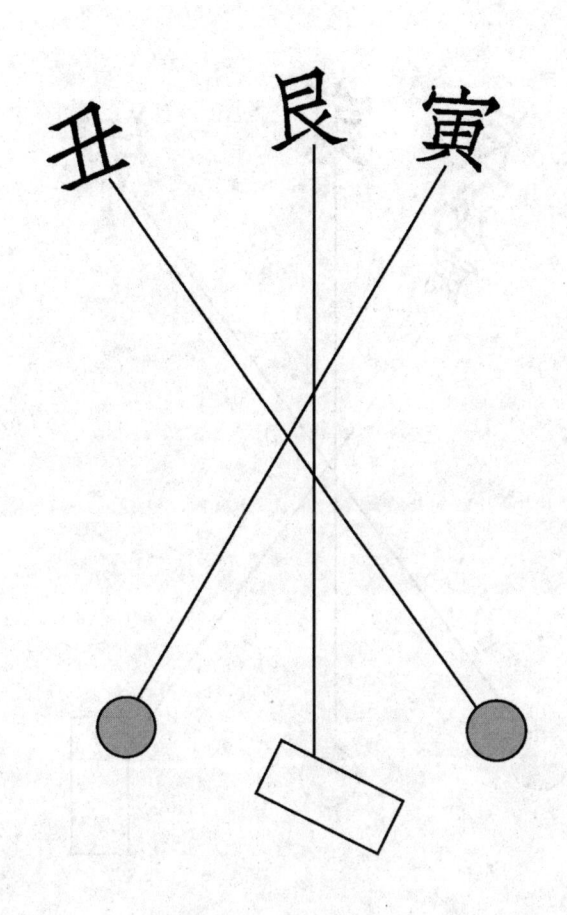

艮脉在脉之申方扦穴，艮也变为寅气。在脉之未方扦穴，艮也变为丑气。俱不吉。惟在脉之坤方扦穴，斯为真气，入左耳上吉。

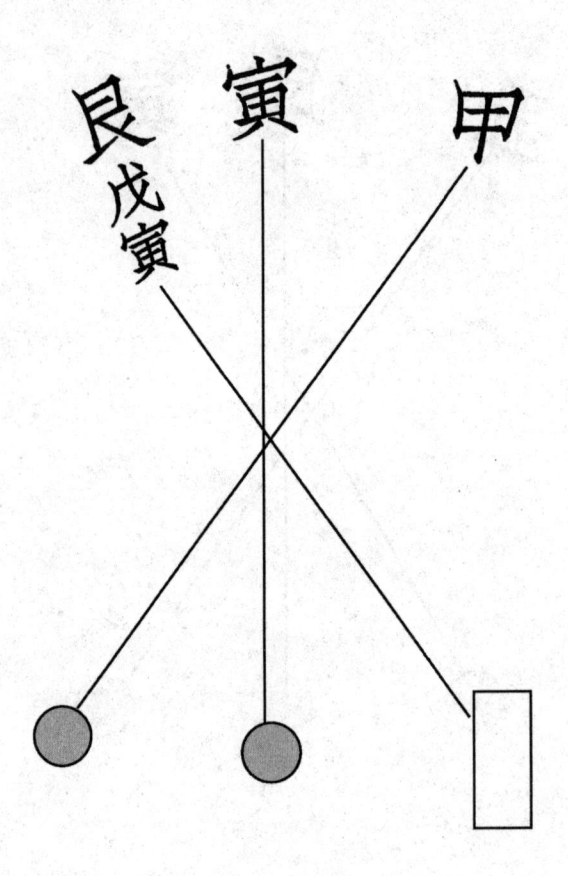

寅脉在脉之申方扦穴，至贱至凶。在脉之庚方扦穴，至贱无用。惟在脉之坤方扦穴，寅变为艮气，右耳受之，可以发富出贵。

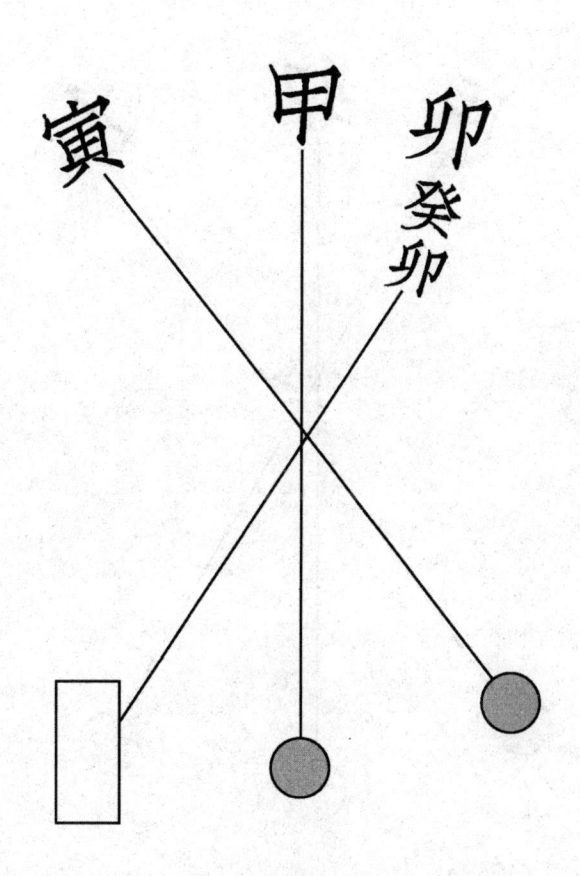

甲脉在脉之庚方扦穴至贱无益，在脉之申方扦穴，甲变寅，气大凶。惟就脉之酉方扦穴，变乘卯气，左耳受之，出富贵。寅甲二脉穴，虫水易生，兼犯火盗疯瘫。

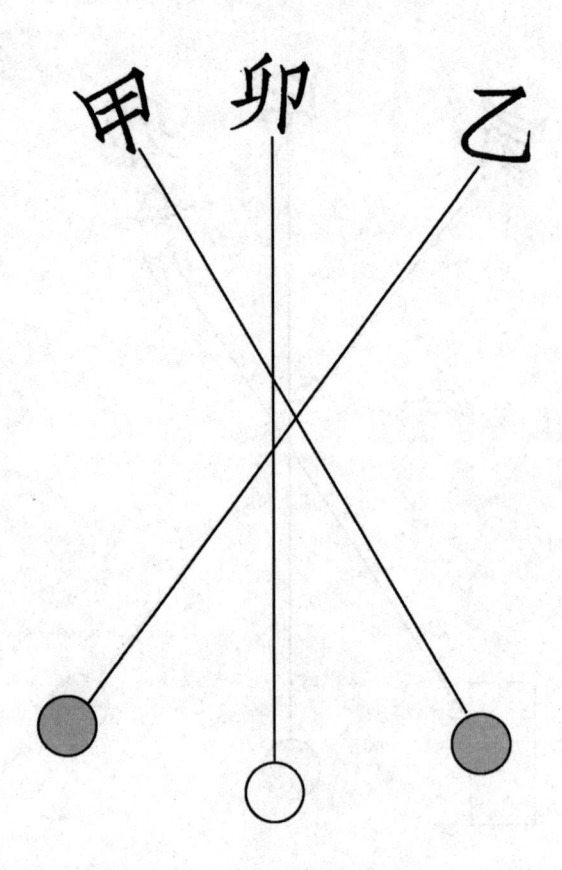

卯脉在脉之辛方扦穴，卯出变为乙气；在脉之庚方扦穴，卯出变为甲气，不吉。惟在脉之酉方扦穴，斯为真卯气，左右耳受皆吉。

卯癸卯　乙　辰

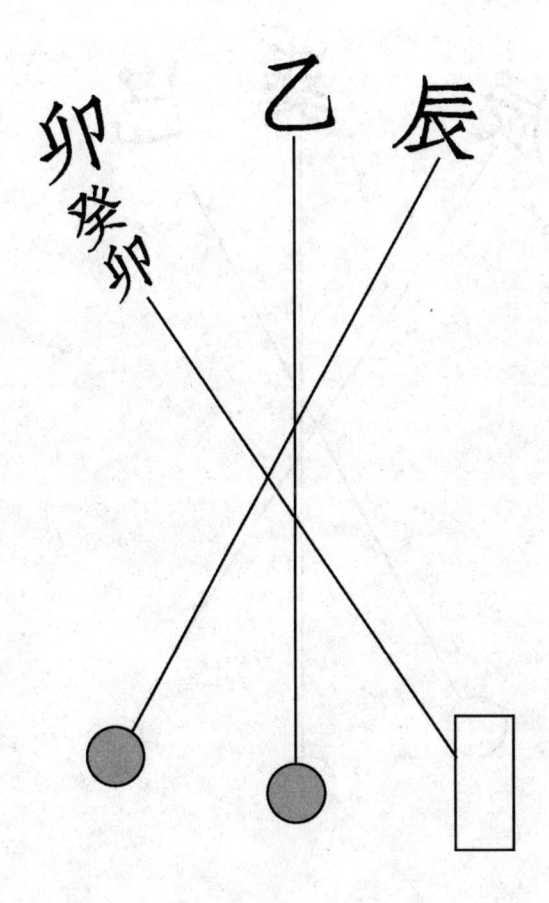

乙脉不过裱褙画匠，若在脉之戌方扦穴，僧道尼姑无后。惟在脉之酉方扦穴，乙变卯气，右耳受之，可发人丁财禄官贵。

辰　巽　巳

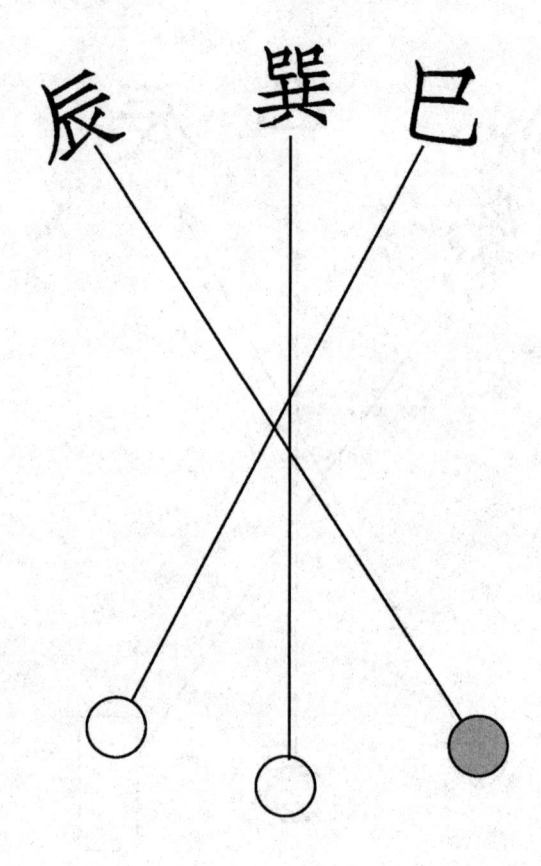

巽脉在脉之戌方扦穴，巽也变为辰气，不吉。在脉之亥方扦穴，巽也变为巳气，小吉。惟在脉之乾方扦穴，斯受真巽气，左右耳受皆吉。

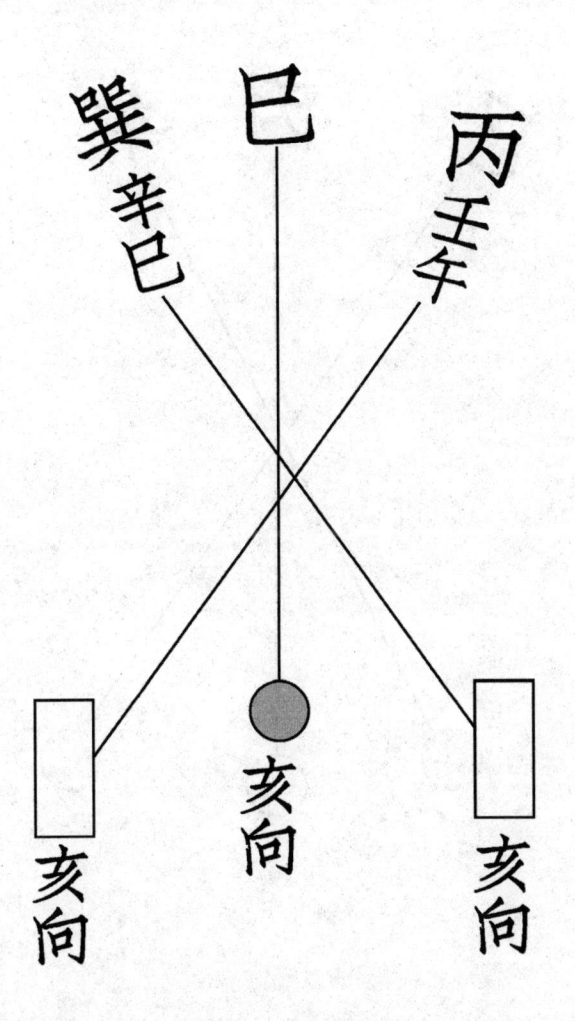

巳脉直受，冲脑不吉。如卯亥未木局堂案只宜亥向，惟挨左取巽气，或挨右取丙气，扦作亥向始吉，免气冲脑顶之弊。故中一穴凶，左右吉。同此一峦头，饶减与直受悬殊。

巳　丙　午

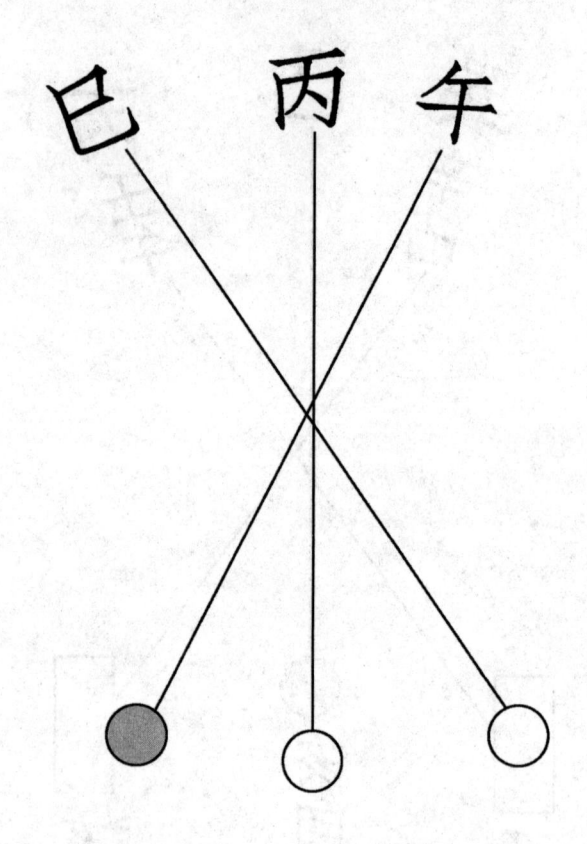

丙脉在脉之子方扦穴，丙变午气，不吉。在脉之亥方扦穴，丙变巳气，小吉。惟在脉之壬方扦穴，斯受真丙气，左右耳乘之皆吉。

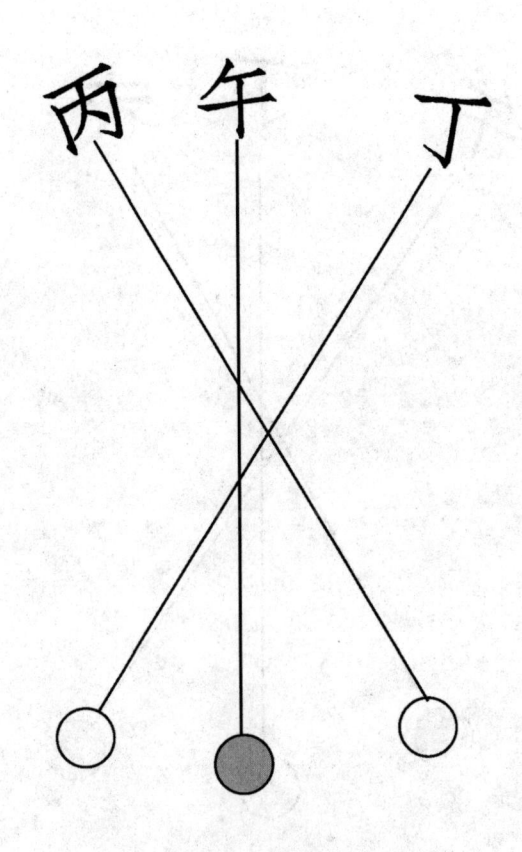

单午脉不吉，若在脉之壬方扦穴，午变丙气；在脉之癸方扦穴，午变丁气，收丙丁正气入左右耳，皆吉。若放脱丙气丁气，止乘午气，凶。

午　丁　未

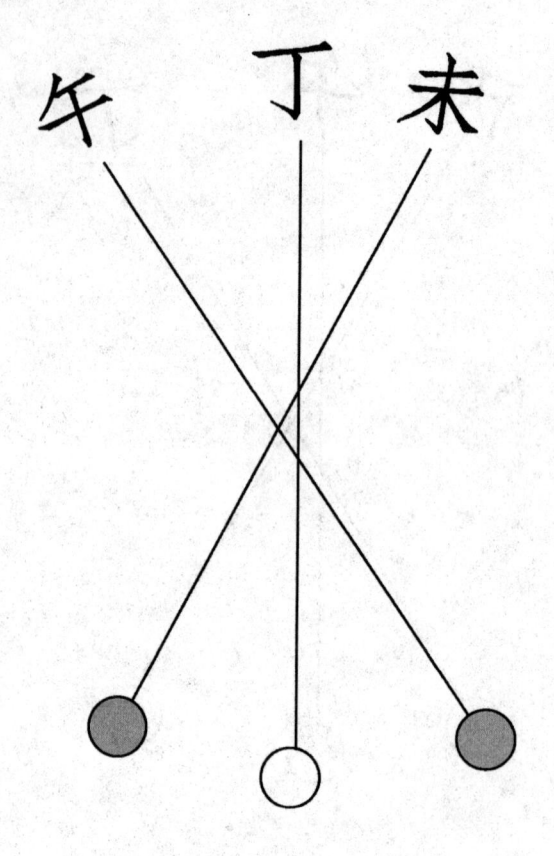

丁脉在脉之丑方扦穴，丁也变为未气。在脉之子方扦穴，丁也变为午气。惟在脉之癸方扦穴，斯为真丁气，左耳右耳受皆吉。

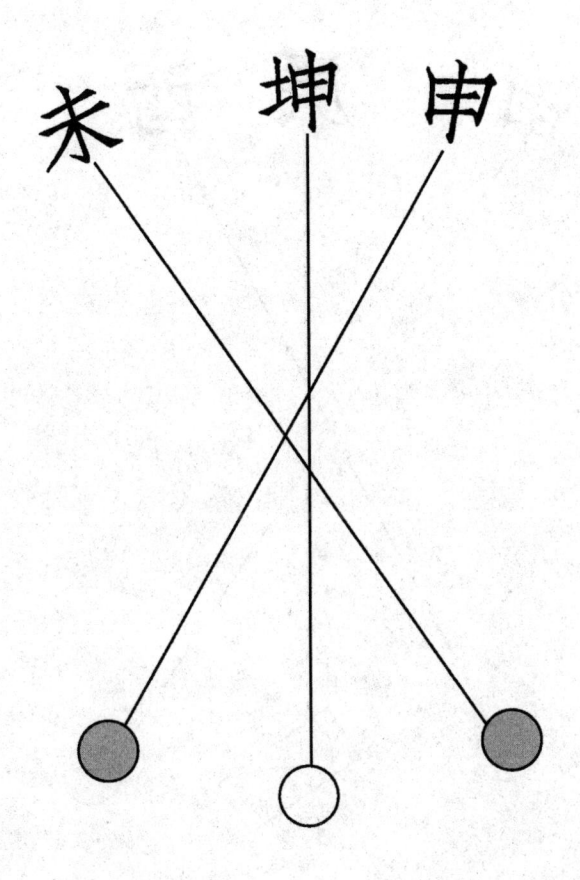

坤脉在脉之艮方扦穴，真坤气，骤发富。若在脉之寅方扦穴，坤变申气；在脉之丑方扦穴，坤变未气，皆不吉。须分透地甲申乘之。

申　庚　酉

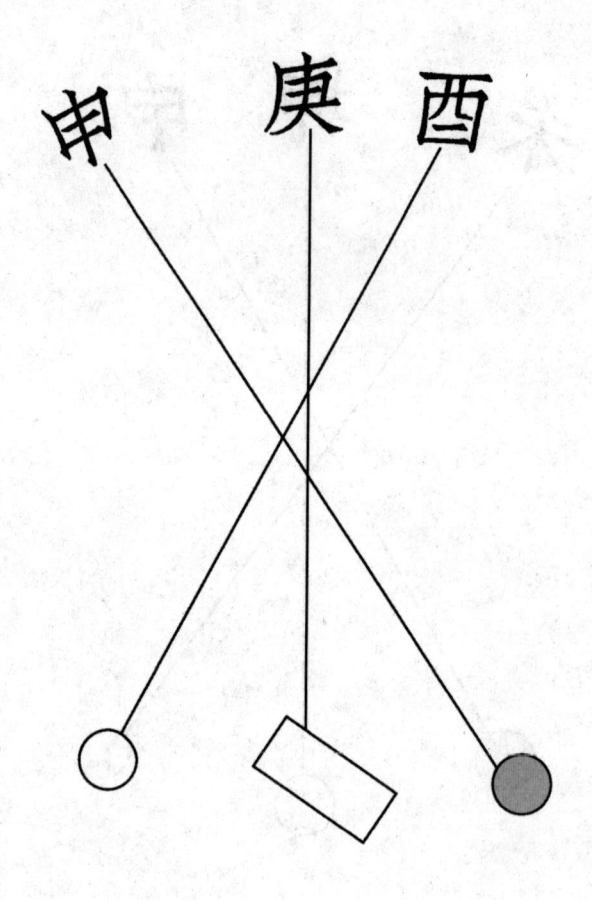

庚脉在脉之甲方扦穴，真庚气，入左耳上吉。在脉之卯方扦穴，庚变酉气，次吉。若在脉之寅方扦穴，庚变申气，不吉。脱申挨酉方吉。

庚　酉　辛

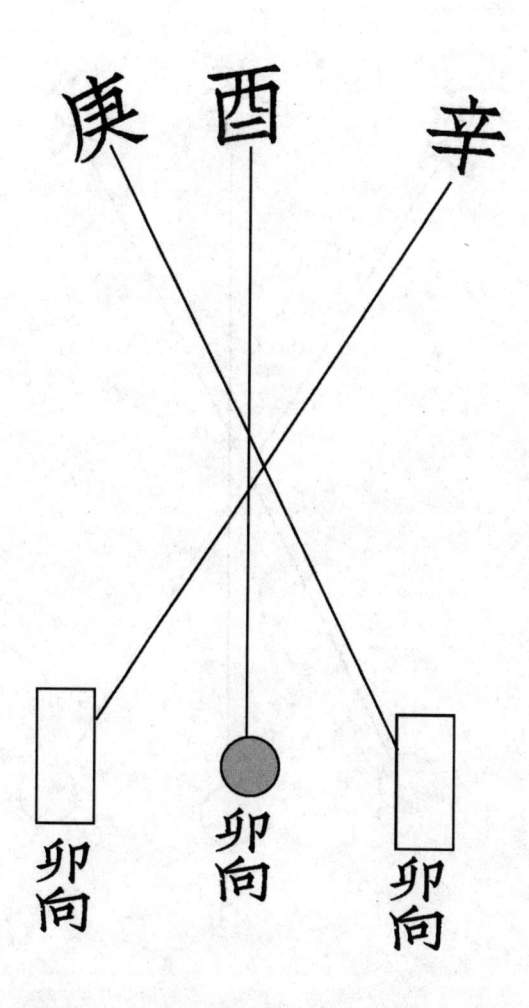

卯向　卯向　卯向

直脉直向气冲脑凶。或左或右，借气斜受。此本一酉脉，在脉之乙方扦穴，则酉为辛气；在脉之甲方扦穴，酉又为庚气，乃吉。辛下一穴借庚气入右耳，庚下一穴借辛气入左耳。

酉　辛　戌

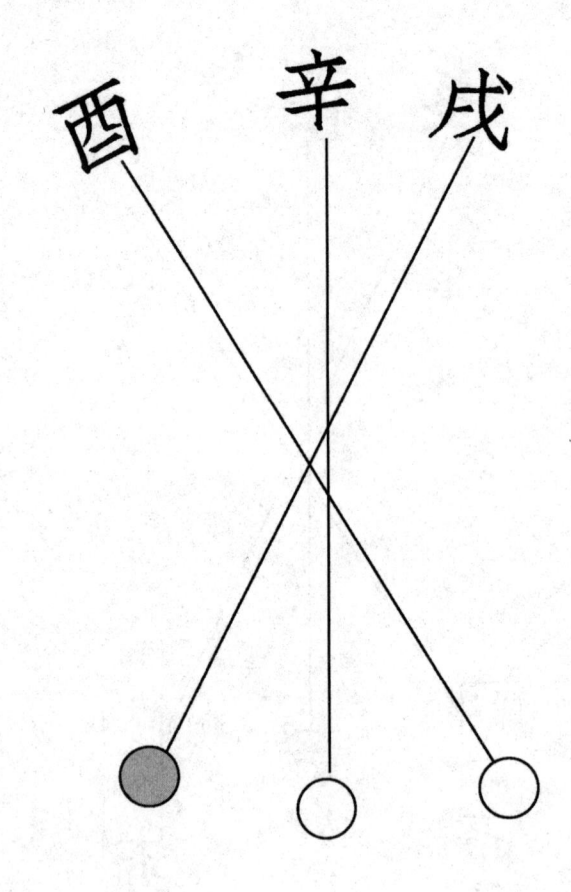

辛脉在脉之辰方扦穴，辛变戌气，不吉。在脉之卯方扦穴，辛借酉入，大吉。至在脉之乙方扦穴，斯受真辛气入左耳右耳，皆全吉。

辛丙戌　戌　乾

戌脉至贱,无可扦穴,即就右边乘了乾气,亦不吉。惟就左边挨取右来辛气,方可扦一穴。若不脱戌乾之气,则出人夹杂不利。

耳腰受气

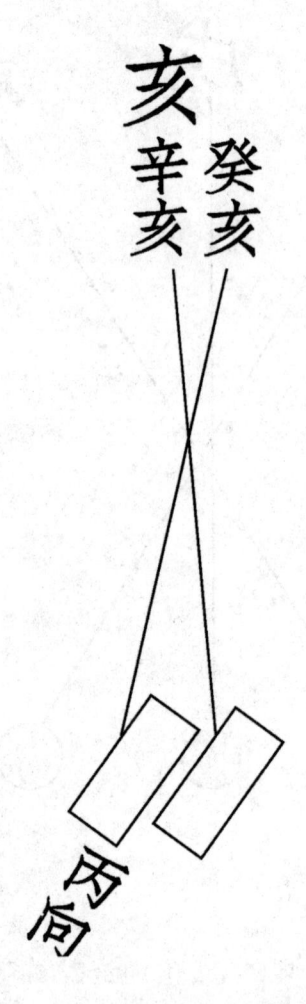

亥
辛癸
亥亥

丙向

　　右旋亥脉入首左落左旋水，亥卯未局丙向兼午穴，挨左加壬位分下，一取辛亥注左一穴，一取癸亥注右一穴，俱右耳受之，但辛亥棺上七寸癸亥棺下七寸方妙。〇如是寅午戌局，亦丙向兼午，但穴挨右加乾位，下取辛亥气贯右耳，紫绶金章，簪缨济济。

亥辛亥

庚兼酉

右旋亥脉入首左落左旋水，巳酉丑局，庚向兼酉，酉向加辛，或兼庚，穴挨左取辛亥正气贯右腧，人丁昌炽，卓有才名；凤池瀛台，世受恩宠。

亥辛亥

未向

右旋亥脉入首左落左旋水，寅午戌局，丑山未向，穴挨左取辛亥正气贯右腧，文雅风流，巨富显贵；词林宗伯，簪缨济楚。

亥辛亥

卯向

　　右旋亥脉入首右落左旋水，亥卯未局，卯向兼甲兼乙皆可穴。挨右取辛亥正气贯左耳，人丁秀丽，文武双全，富贵绵长。卯酉科二五八大旺。

亥
癸亥
辛亥

穿乾山

左旋亥脉入首右落右旋水，酉巳丑局巽向兼巳穴，挨左加壬位半分，取癸亥之气贯左耳，官资荣显，富贵清高；世族大家，文武封诰。

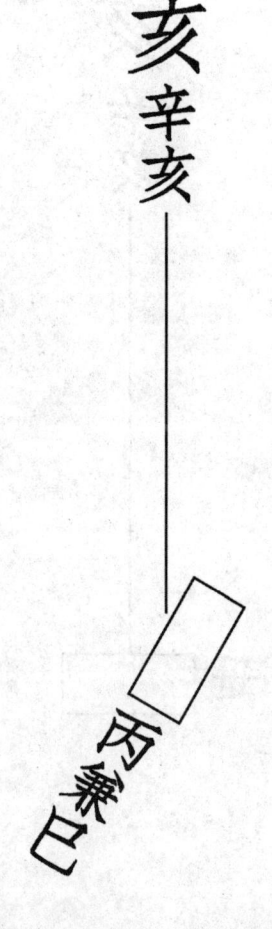

亥辛亥

丙兼巳

　　左旋亥脉入首右落右旋水，酉巳丑局丙向兼巳穴，挨左加壬半分，取辛亥之气贯右项，阀阅光耀间里。

亥辛亥

申向

左旋亥脉入首左落右旋水，子申辰局申向兼庚兼坤皆可穴。挨右加乾一分，取辛亥正气贯右腰，人丁昌盛，房分均匀；才子神童，福寿富贵。

壬

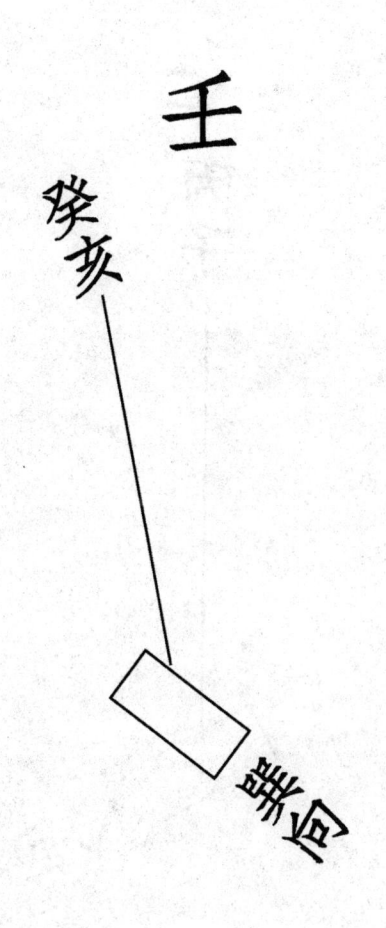

癸亥

巽向

左旋壬脉入首右落右旋水，酉巳丑局巽向加巳，穴挨右加亥位二分，取癸亥之气贯左耳，人丁旺盛，财帛充裕，功名显荣，福寿绵远，男女俱秀贵。

壬丙子

入痧

左旋壬脉入首右落右旋水，酉巳丑局坐辛向乙或兼卯或兼辰，穴挨左加子位半分，取正壬丙子脉贯左腰，人丁英发，财富官贵，文武显耀。

壬

癸亥

申向庚向亦吉

丁向

左旋壬脉入首左落右旋水，子申辰局，丁向加午，穴挨右加亥二分，取癸亥之气贯右项或右耳上吉。壬脉丁向，丁与壬合，主孝友和谐，科甲高官。○或申向兼坤兼庚，或庚向兼申，穴挨左加子半分取丙子正壬之气贯右耳，主人丁繁衍，财禄功名俱盛。

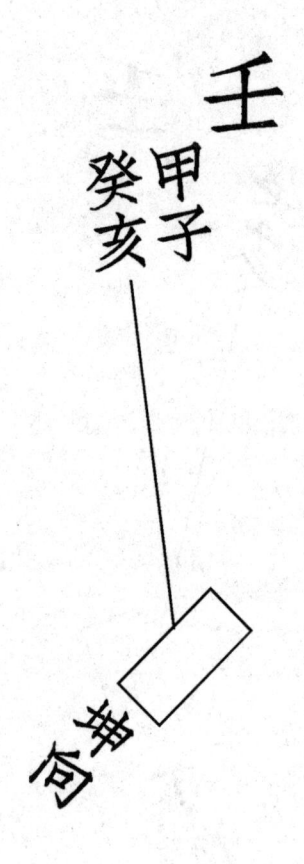

左旋壬脉入首左落右旋水，子申辰局，坤向兼申或兼未，穴挨右加亥二分，取癸亥壬脉贯右腰，出人高长肥大，福禄悠久，声名远播。

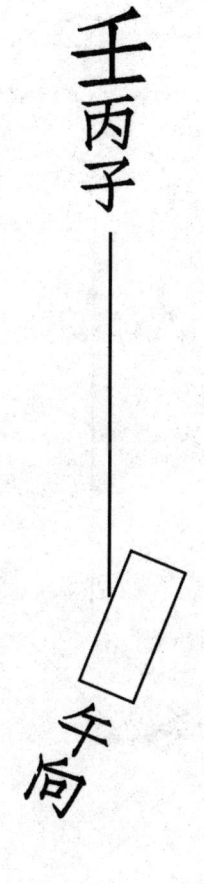

右旋壬脉入首左落左旋水，寅午戌局，穴挨右加亥半分，取丙子正壬之气贯右耳，上吉。午向兼丙或兼丁，皆可富贵荣华，名振乡土，文武俱显。

子庚子

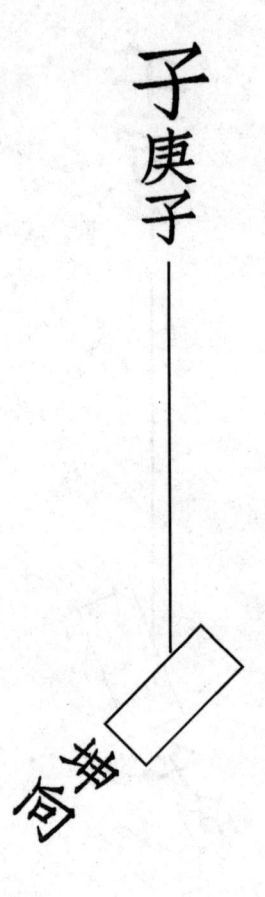

坤兼

　　左旋子脉入首左落右旋水，子申辰局，坤向兼申，穴挨右加壬一分，取正子庚子气贯右耳，孕生六指，男女双胎，家多田园，文武名显，身壮者大富。

左旋子脉入首右落右旋水，酉巳丑局，坐辛向乙，穴挨右加壬一分，取庚子正子之气贯左耳，牛田大旺，财禄丰盈，子孙贤良，女多才德，福寿高长。

癸丁丑

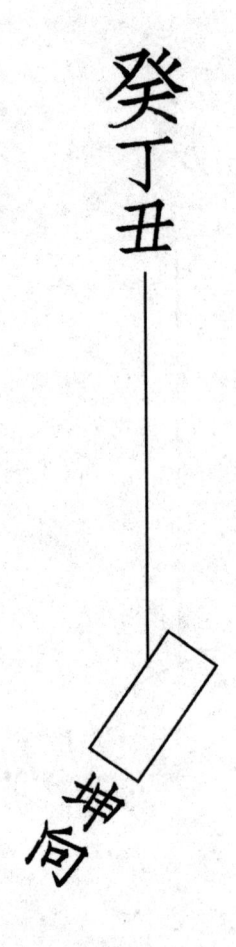

坤向

　　左旋癸脉入首左落右旋水，子申辰局，坤向兼申，穴挨右，微加子，取丁丑正癸之气贯右耳，富贵风流，人丁昌炽，福寿延长，多中武科。

癸丁丑

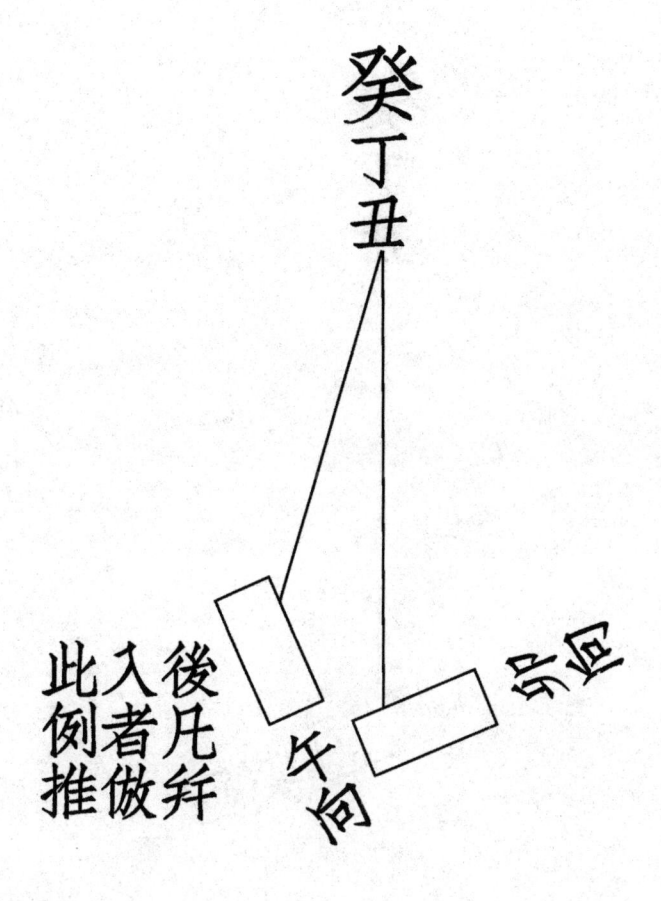

此例推
入者做
後凡弁

午向

卯座

　　右旋癸脉入首右落左旋水，亥卯未局，卯向兼甲或兼乙，穴挨右加子位半分，取丁丑正癸之气贯左耳，子孙繁多，双生六指，大富小贵，奴仆成群。〇或午兼丙穴，挨左加丑位，亦取丁丑正癸之气贯左耳，主出人雄豪大富，水利盐税之职。

癸丁丑

辰向

　　右旋癸脉入首右落左旋水，亥卯未局，辰向兼乙穴，挨右加子位一分，取丁丑正癸之气贯左腰，辰向兼巽二分俱吉，主人财发旺武功名。

丑辛丑

艮向

　　右旋丑脉入首右落左旋水，寅午戌局丙向兼午，穴挨左加艮位，取辛丑脉气贯左耳，多田园，旺武职僧纲道纪或内官，发富。

丑辛丑

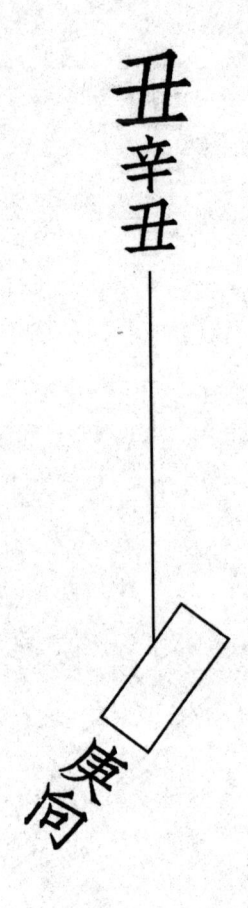

庚向

　　左旋丑脉入首左落右旋水，子申辰局，庚向兼申，穴挨右微加癸，取辛丑之气贯右耳，布帛染造，起家巨富，文武功名。

艮戊寅　庚寅

庚向同

卯寅

卯寅

　　左旋艮脉入首右落右旋水，卯亥未局，亥向兼乾或兼壬，穴挨右，取庚寅之气贯右耳穴在右，取卯寅之气入右耳穴在左，皆大富贵。〇如入首左落子申辰局，庚向兼申穴，挨左加寅一分，取庚寅之气贯右耳，文武将相，世受荣封，男女齐贵。

艮戊寅

丁向

　　左旋艮脉入首右落右旋水，子申辰局，丁向兼午，穴挨左加寅一分，取戊寅正艮之气贯左耳，朱紫满朝堂，荣华耀闾里，魁梧体大，显宦。

艮
戊寅
丙寅

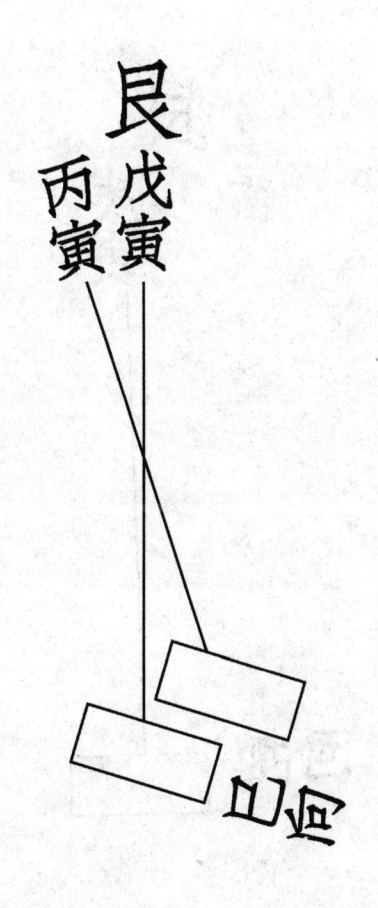

丑向

　　左旋艮脉入首右落右旋水，酉巳丑局，丑向兼巽或兼丙或丙向兼巳，皆吉。穴挨右加丑取丙寅之气贯左耳，或取戊寅之气贯左腰，俱主大富大贵，吏礼中堂。

艮庚寅

乾向

　　左旋艮脉入首横落左来，右出右旋水，卯亥未局，乾向兼亥穴，挨左加寅二分，取庚寅之气贯右腰，骤发福，堆金积玉，三考官职，举贡生员最多。

艮戊寅

兼辰

　　左旋艮脉入首横落左来，右出右旋水，酉巳丑局，巽向兼巳或兼辰，穴挨右取戊寅正艮之气入左腧，屋润家肥，荣华显贵。

艮戊寅

辛酉

　　左旋艮脉入首横落右来，左出右旋水，卯亥未局，辛向兼酉或兼戌皆可，穴挨右微加丑位半分，取戊寅之气入右腰，荣名厚禄，翰院流芳。

艮
戊　庚
寅　寅

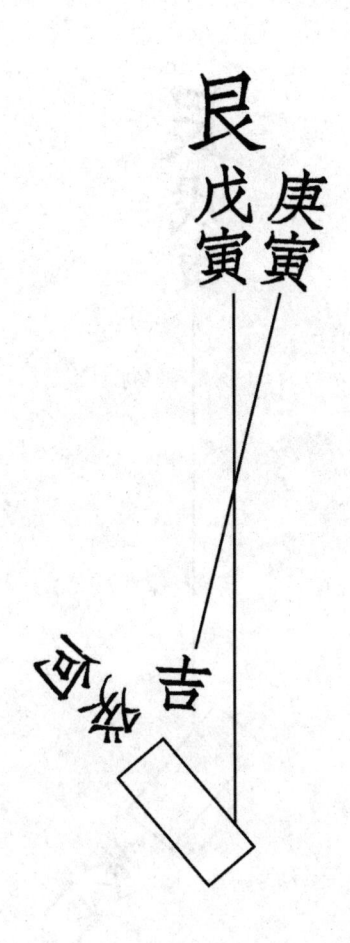

癸向　吉

左旋艮脉入首右落侧结，坐水右旋水，午寅戌局，癸向兼子，穴挨左加壬寅位，下取戊寅正艮之气贯右项，科甲魁元，府道州县最多，户工之职，巨富，庄田质库遍诸省。

艮戌寅

未向

　　右旋艮脉入首右落左旋水，寅午戌局，未向兼坤或兼丁皆吉。穴挨左加寅一分，取戊寅正艮之气贯左耳，长贵久富，春官学士，府道更多。○如亥卯未局，辰向兼乙，穴挨寅位，亦取戊寅之气贯左耳，主武将兵权万里。

艮
丙寅

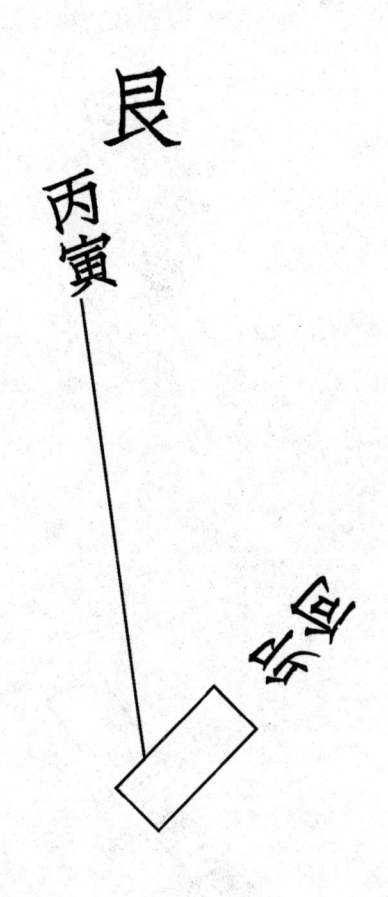

乙卯

右旋艮脉入首右落左旋水，亥卯未局，卯向兼甲或兼乙皆可，穴挨右加丑半分，取丙寅之气贯左项，双榜联捷，人丁繁衍，富寿崇高。

艮
丙寅

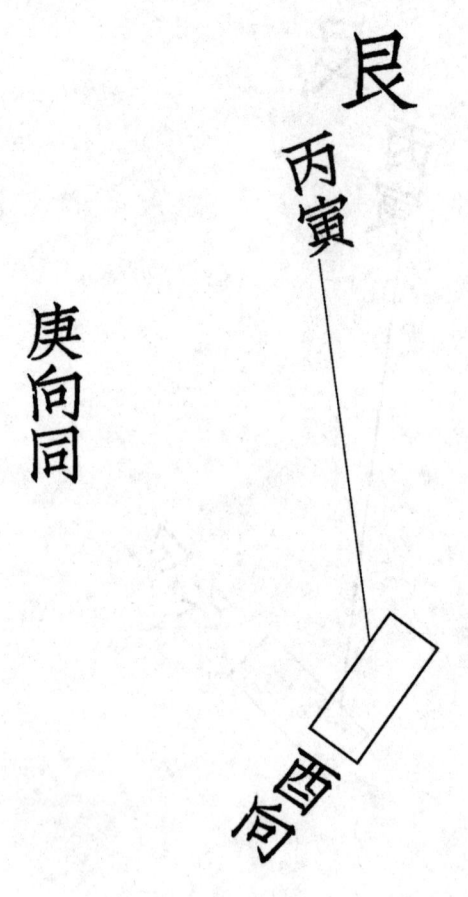

庚向同

兑酉

　　右旋艮脉入首右落左旋水，巳酉丑局，酉向兼庚或兼辛皆可，穴挨右加丑一分，取丙寅之气贯右耳，簪缨阀阅，福禄悠久。〇如入首右落左旋水，巳酉丑局，庚向兼酉，穴亦挨右，加丑一分，取丙寅之气贯右耳，富贵文武，官班世家，大族荫袭。

艮戊寅

戊寅

右旋艮脉入首横落左来，右出左旋水，寅午戌局，丙向兼午，穴挨右取戊寅正艮之气贯左耳或左腰，富贵文名，子午辰戌，科第贤宦，庙食千古。

寅壬寅

坤向

　　左旋寅脉入首右落右旋水，子申辰局，坤向兼申或兼未，穴挨左微加申位，取壬寅气贯左耳，发富贵最速。

寅
甲寅

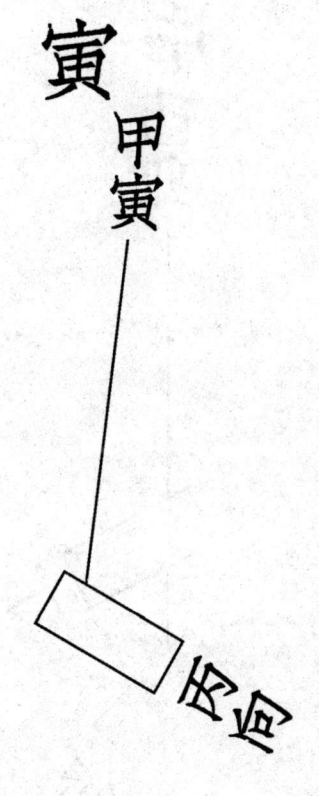

丙午

　　右旋寅脉入首右落左旋水，寅午戌局，丙向兼午，穴挨左取甲寅正气贯左耳，主发人财。若三丫形犯火盗，便不必扦。

甲己卯

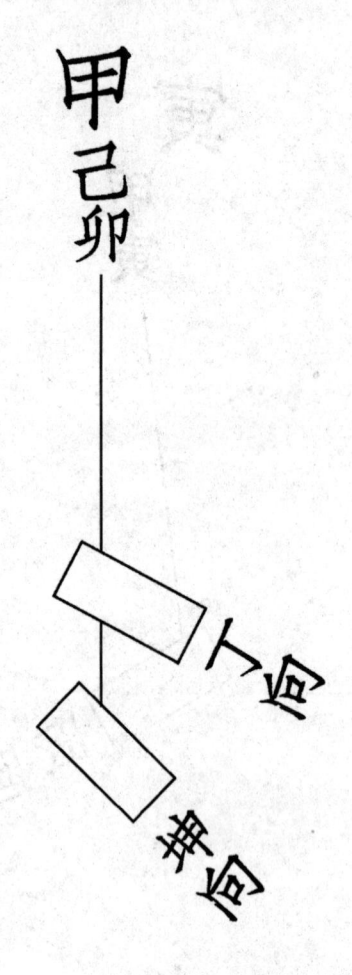

丁向

坤向

左旋甲脉入首右落右旋水，子申辰局，坤向丁向皆可。穴挨右微加寅，取己卯正甲之气贯左耳，人财易兴，旺武功名。

甲己卯

乙乾

左旋甲脉入首左落右旋水，卯亥未局，乾向兼亥，或亥向加乾，或壬向加亥，穴挨右微加寅，取已卯之气贯右腰，主人丁繁盛，家业兴隆，武贵杂职。

卯癸卯

亥向

　　左旋卯脉入首左落右旋水，卯亥未局，亥向兼乾或兼壬，穴挨右微加甲，取癸卯之气贯右耳或右腰，文采风流，多后雅之士，科第蝉联富万金。〇如入首右落，作辛向兼戌或兼酉，皆吉穴。亦挨右加甲半分，取癸卯正气贯右耳，主先文后武，荣华满门。

卯癸卯

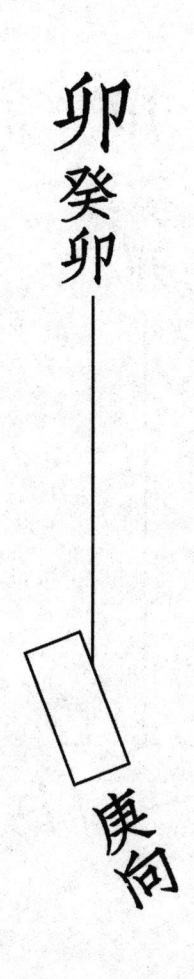

庚向

左旋卯脉入首右落右旋水，子申辰局，庚向兼申，穴挨左微加乙位，取癸卯正气贯左耳，持节边疆，掌生杀之权，总督经略，出将入相，公侯伯甚多。

卯癸卯

丁向

　　左旋卯脉入首横落左来右出旋水，子申辰局，丁向兼午，穴挨右取癸卯之气贯左耳或左腰，文武科甲，千楼百库，紫阁丹扉，荫袭绵长。

卯
乙卯

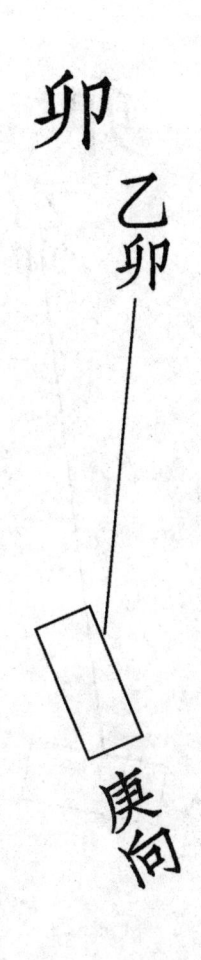

庚向

右旋卯脉入首右落左旋水，巳酉丑局，庚向兼酉穴，挨右微加甲位，取乙卯之气贯左耳，人丁千百富仓廒，文武双全出将相，福厚寿长，朱紫盈廷。

卯
乙卯

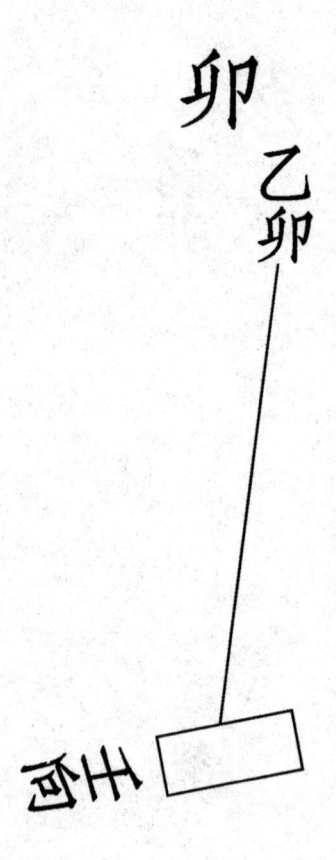

壬向

右旋卯脉入首右落左旋水，申子辰局，壬向兼子，穴挨左微加乙，取乙卯正卯之气贯右腧，发富发族甚旺，文武功名显耀。

卯 乙卯

丙向

右旋卯脉入首横落左来，右出左旋水，寅午戌局，丙向兼午，穴挨右微加甲位，取乙卯正卯之气贯左耳或左腰，大吉。丁繁财旺，翰林抚台。尚书中堂，世代受封荫。

卯

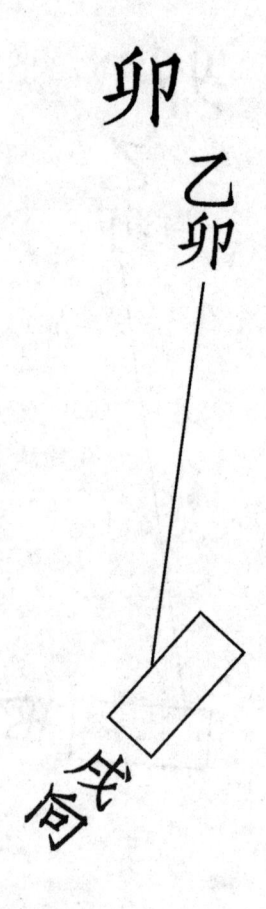

乙卯

戌向

　　右旋卯脉入首横落右来，左出左旋水，巳酉丑局，戌向兼辛，穴挨左微加乙，取乙卯之气贯右腰，鼎甲巨富，显贵文武，诰封无穷。〇右耳受气多，葬亦同此应验。

乙庚辰

庚向

右旋乙脉入首右落左旋水，巳酉丑局，庚向兼酉，穴挨左，取庚辰正乙之气贯左耳，主人丁大旺，孝义忠良，中等富贵。

乙庚辰

坤向

　　左旋乙脉入首横落左来，右出右旋水，子申辰局，坤向兼申，穴挨右，取庚辰正乙之脉贯左腰，主富贵招赘。

辰甲辰

乾向

　左旋辰脉入首左落右旋水，卯亥未局，乾向兼亥，穴挨右，微加乙位，取甲辰正气贯右耳，巨富，典库广开，但人丁不旺。

辰甲辰

坤向

左旋辰脉入首右落右旋水，子申辰局，坤向兼申，穴挨右，微加乙位半分，取甲辰正气贯左腰，发富最悠久。

巽辛巳

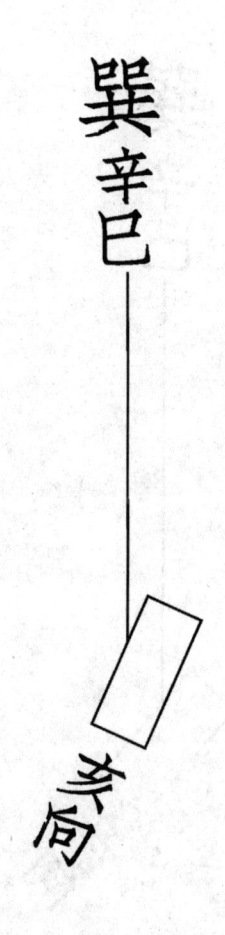

亥向

　　左旋巽脉入首左落右旋水，卯亥未局，亥向兼乾，穴挨左加辰半分，取辛巳正巽之气贯右耳，巨富大贵，出人英杰，多文雅风流，诗酒仙客。

巽辛巳

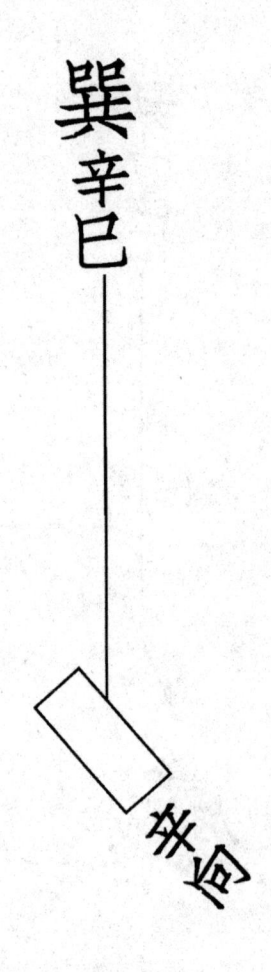

辛向

　　左旋巽脉入首右落右旋水，卯亥未局，辛向兼酉或加戌皆吉。穴挨左加巳一分，取辛巳贯左耳，京堂罗列，历任督抚。

巽辛巳

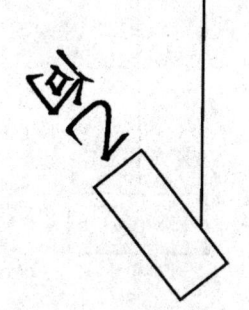

乙向

左旋巽脉入首右落右旋水,酉巳丑局,乙向兼卯,穴挨左,加巳取辛巳正巽之气贯右项,荣任阙廷,官班近侍,贵爵满门。

巽辛巳

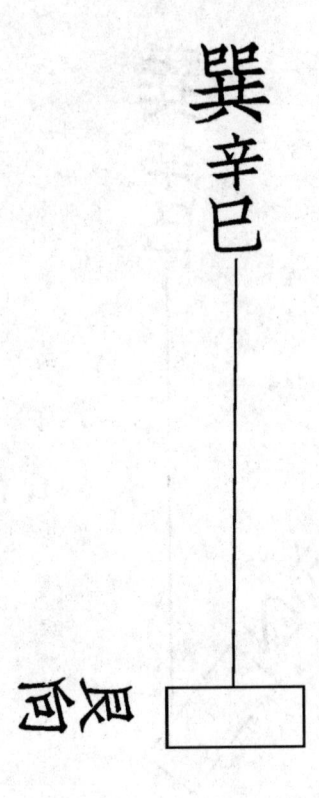

艮向

左旋巽脉入首横落右旋水，午寅戌局，艮向兼寅兼丑皆吉。穴挨左，加巳一分，取辛巳正巽之气贯右腰，诗礼文章，富足金珠，多近侍爵位。

巽辛巳

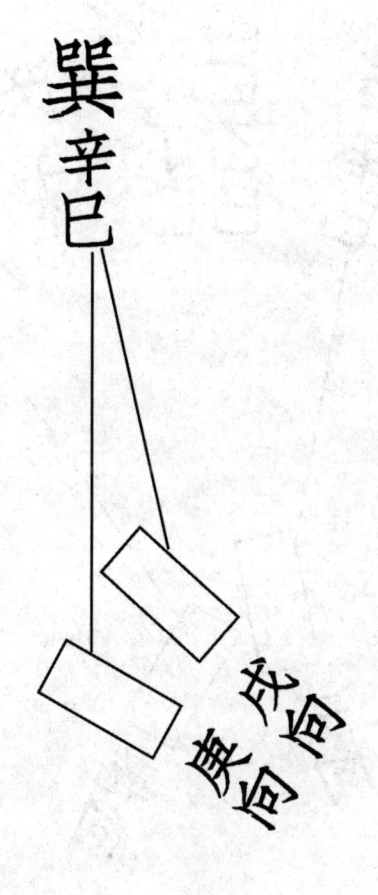

戌向
庚向

右旋巽脉入首左落左旋水，巳酉丑局，戌向庚向，穴挨下取辛巳正巽之气贯左耳，孝和忠义，人丁繁昌，翰林学士，文武重权，但不宜作单酉向。

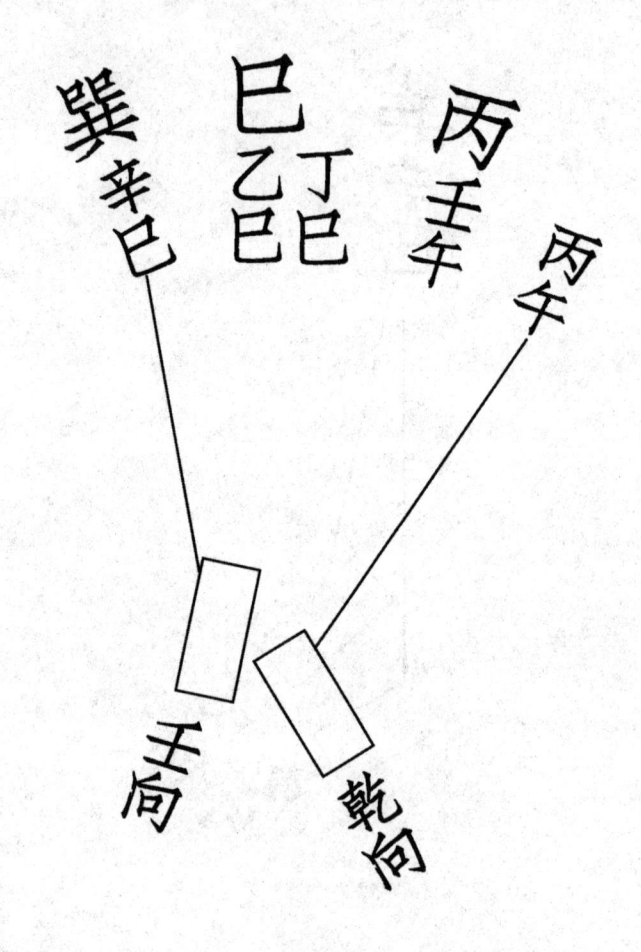

左旋巳脉入首右落右旋水，卯亥未局乾向兼亥，挨左丙取丙午壬向兼亥，挨右巽取辛巳，富贵催官，男女荣华，英雄豪杰最多。

巳乙巳　丁巳　壬午

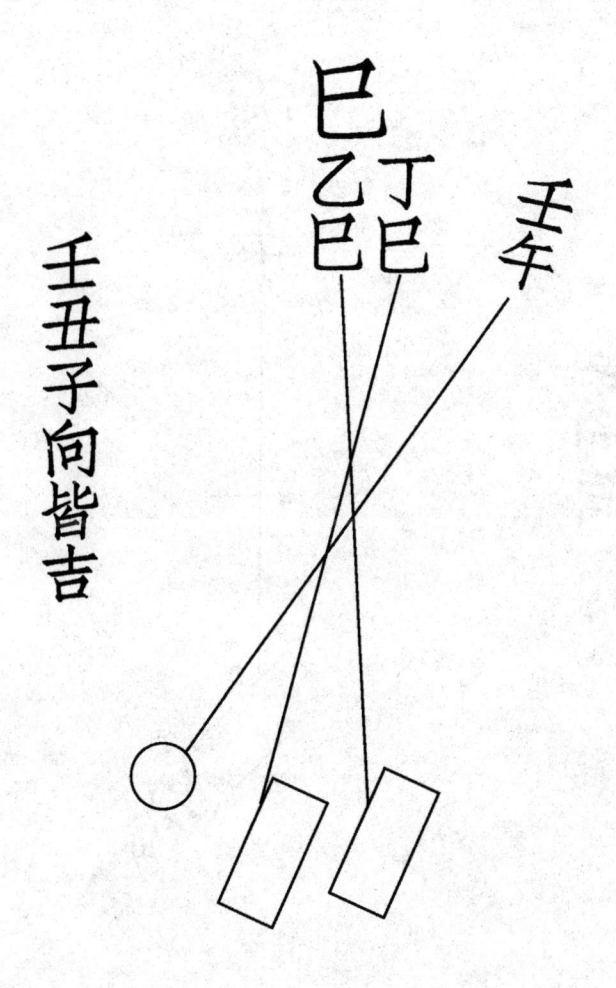

壬丑子向皆吉

右旋巳脉入首左落左旋水，申子辰局，壬向兼子丑向兼癸子向兼癸，穴挨左，取壬午贯右耳，或挨右取丁巳乙巳贯右耳，人丁衣禄，三考功名。

丙壬午

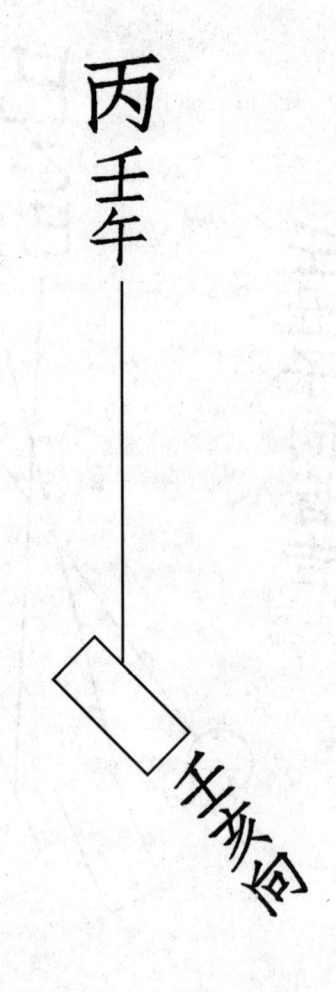

辛向同

壬丙向

　　左旋丙脉入首左落右旋水，卯亥未局，壬向兼亥，亥向兼壬，乾向兼亥，辛向兼戌，或兼酉穴，挨左取壬午正丙贯左耳，礼兵官爵，巨富绵延。○如入首右落，卯亥未局，辛向兼酉，穴挨左加午半分，取壬午气贯左腰，出英才名士，大富显贵，人丁千百，庄田万顷，台阁甚多。

丙壬午

艮寅

　　左旋丙脉入首右落右旋水，午寅戌局，艮向兼寅，穴挨右加巳一分，取壬午正丙之气贯右腰，人丁旺而家资富，催官贵，吏户礼曹，权要执政。

丙壬午

庚向

右旋丙脉入首右落左旋水，巳酉丑局，庚向兼酉穴，挨左加午一分，取壬午正丙之气贯左腰或左耳，大旺人丁，催官发富，才子文人，福禄最厚，多兵刑工曹。

午丙午

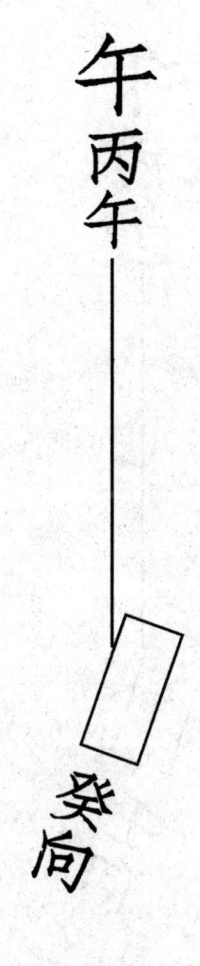

癸向

左旋午脉入首右落右旋水，午寅戌局，癸向兼子，穴挨右，加丙半分，取丙午贯右耳，骤富，武职高强。

午丙午

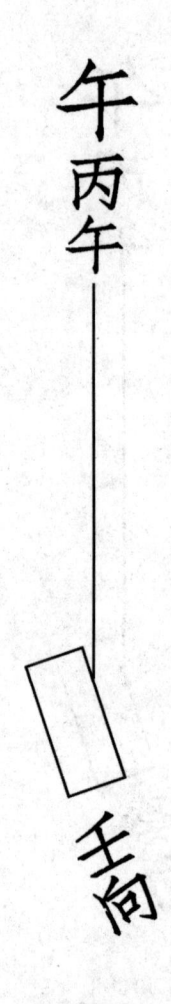

壬向

　　右旋午脉入首右落左旋水，申子辰局，壬向兼子，穴挨左加丁二分，取丙午正气贯左耳，催官可至公候，武职兵权，将军总戎。

丁癸未

辛向同

癸向

　　左旋丁脉入首右落右旋水，卯亥未局，亥向兼乾或兼壬，穴挨左加未一分，取癸未正丁之气贯左耳，催官发富，寿长福洪，翰林学士。或辛向兼戌兼酉皆吉。穴挨右加未，亦取癸未正丁之气贯左耳，丁财大旺，功名尊荣，福寿绵长。

丁癸未

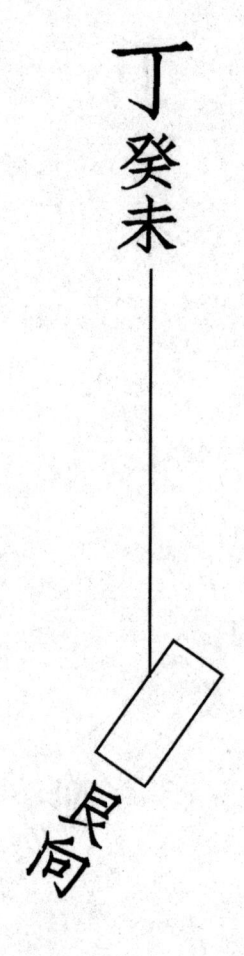

艮向

　　左旋丁脉入首右落右旋水，午寅戌局，艮向兼寅，穴挨右加午一分，取癸未正丁之气贯右耳，阁学抚军，总戎布政，福寿多禄位。

丁癸未

甲

右旋丁脉入首左落左旋水，亥卯未局，甲向兼卯，穴挨右加午一分，取癸未正丁之气贯右耳，大发人丁，寿高福厚，衣禄充足，功名遂意，孝子顺孙，旌表门闾。

丁癸未

壬向亦吉

酉向

　　右旋丁脉入首横落左来，右出左旋水，巳酉丑局，酉向兼庚或兼辛，穴挨左加未一分，取癸未正丁之气贯左耳，子孙发秀，五福俱全。如入首右落，申子辰局，壬向兼子，穴挨左加未半分，亦取癸未正丁之气贯左耳，孝义忠良，发富出贵，人丁旺盛，寿禄绵长，房分均匀。

未丁未

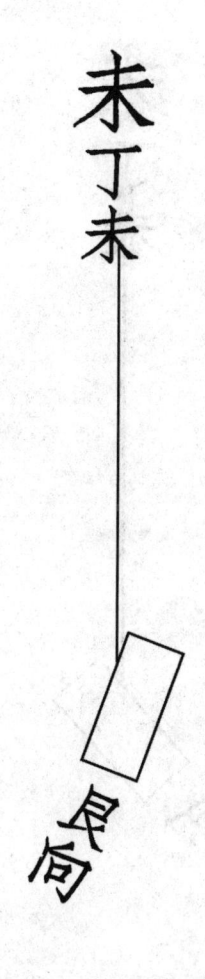

艮向

左旋未脉入首左落右旋水，午寅戌局，艮向兼寅，穴挨右，微加丁，取丁未正气贯右耳，僧道荣贵发富。

未丁未

甲向

右旋未脉入首右落左旋水，亥卯未局，甲向兼卯，穴挨右加丁，取丁未之气贯右耳，僧道发富，法教受官，田产广多。

坤甲申

癸向

　　左旋坤脉入首右落右旋水，午寅戌局，癸向兼子，穴挨左加申半分，取甲申正坤之气贯左耳，发横财，进庄田，武官福厚。

坤甲申

乙向

　　左旋坤脉入首右落右旋水，酉巳丑局，乙向兼辰，穴挨左，取甲申正坤之气贯右耳，田地广，进横财，常招武职，大富。

坤甲申

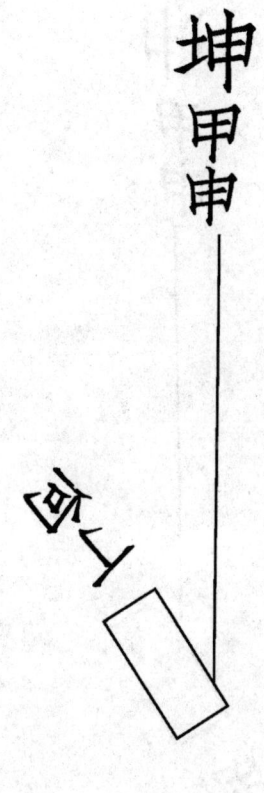

丁向

左旋坤脉入首侧落右旋水，子申辰局，丁向兼午，迎朝，穴挨右加未，取甲申正坤之气贯右项，富堪敌国，男女期颐，巡抚布政，户工兵刑，多尚书。

坤甲申

甲向

　　右旋坤脉入首左落左旋水，亥卯未局，甲向兼卯，穴挨左加申，取甲申之气贯右耳，发富开典，货殖繁兴。

坤甲申

丑向

　　右旋坤脉入首右落左旋水，申子辰局，丑向兼艮，穴挨左加申，取甲申正坤气贯左耳，内助贤良，起家牛田，臣富文武，阁院高升。

申
戌申

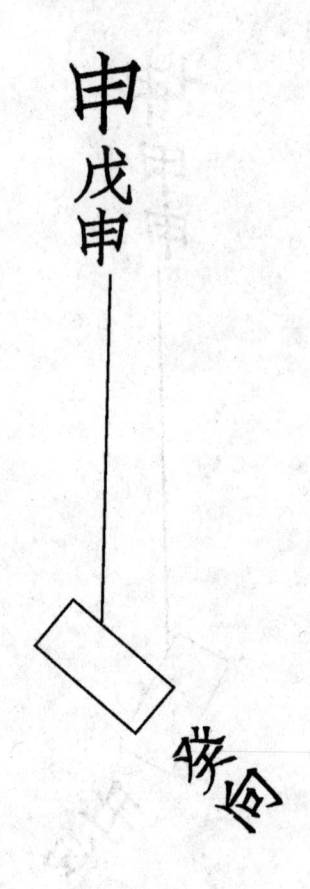

癸向

　　左旋申脉入首右落右旋水，午寅戌局，癸向兼子，穴挨右，微加坤，取戌申正脉贯左耳，家资丰盈，纳奏功名。

申戌申

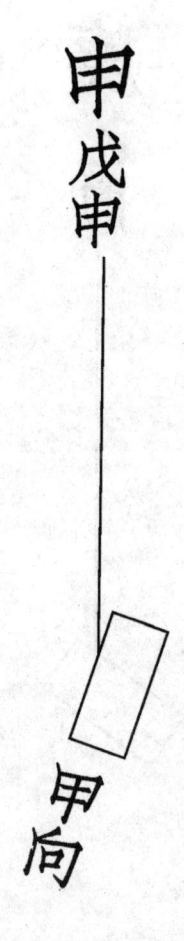

甲向

　　右旋申脉入首左落左旋水，亥卯未局，甲向兼卯，穴挨右加坤一分，取戌申脉贯右耳，人财丰隆，寿长福厚。

庚乙酉

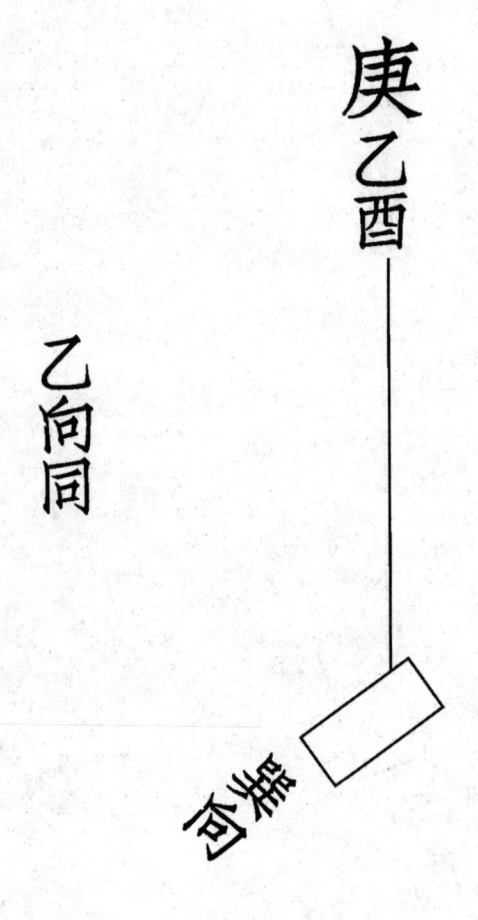

乙向同

巽加

　　左旋庚脉入首左落右旋水，酉巳丑局巽向兼巳，穴挨左，加酉，取乙酉正庚之气入右耳，才子文人入翰林，福禄洪大，后出武，掌兵权，三法司官最多。如乙向兼辰或加卯，穴亦挨左加酉，取乙酉之气入右耳，孝友忠义，富贵荣显，文武世家。

庚乙酉

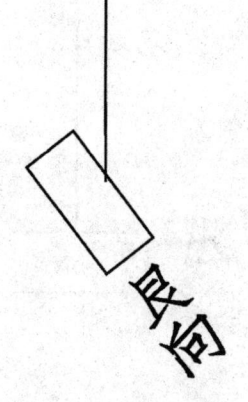

癸向同

艮向

　　左旋庚脉入首右落右旋水，午寅戌局，艮向兼寅，穴挨左加酉一分，取乙酉之气入左耳，文武双全，家业宽广，学臣礼户刑部。○如癸向兼子，穴挨左加酉，取乙酉正庚之气入左耳，主和气春风，文武富贵。

庚乙酉

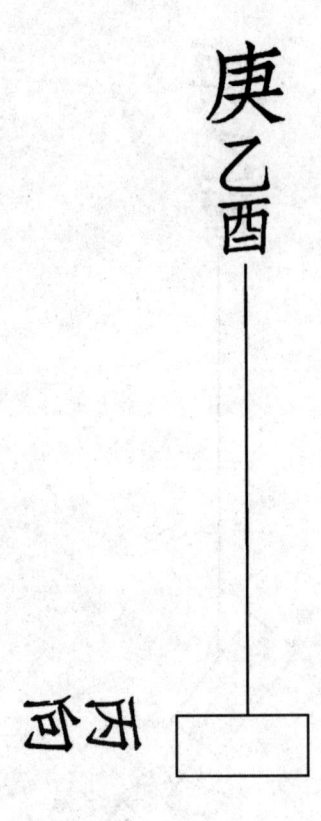

丙向

左旋庚脉入首横落右旋水，酉巳丑局，丙向兼巳，穴挨左加酉，取乙酉正庚之气贯右腰，紫绶金章富万箱，刑曹按察，大理总宪，兼理粮饷。

庚乙酉

卯向

　　右旋庚脉入首左落左旋水，亥卯未局，卯向兼甲或加乙，穴挨右加申一分，取乙酉正庚之气入右耳，文武高擢，大富贵，多刑名爵位。

酉己酉

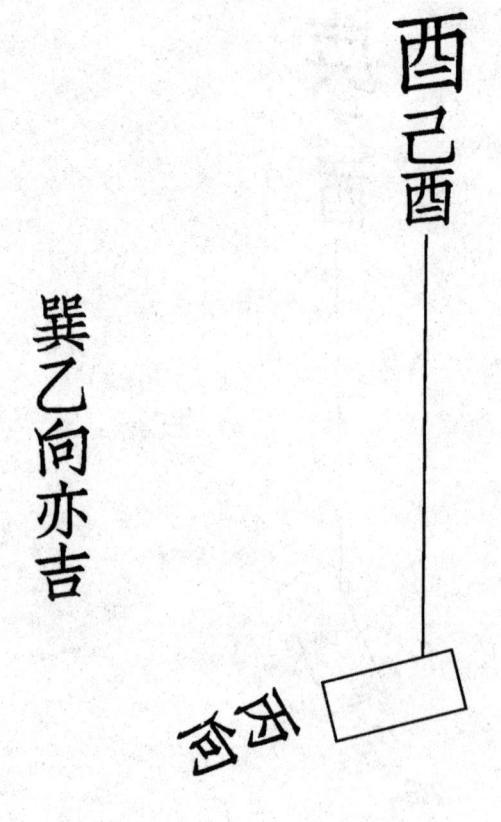

巽乙向亦吉

丙奇

　　左旋酉脉入首右落右旋水，酉巳丑局，丙向兼巳，穴挨左加辛，取巳酉正兑之气入右耳，富贵极品福寿长。○如巽向兼辰，穴挨右加庚，亦取巳酉正兑之气入右耳，男女才名，豪富翰林卿尹。○如入首左落作乙向兼辰，穴亦挨右，加庚一分取正兑脉贯右耳，主少年科第，大富。

酉己酉

艮向

左旋酉脉入首左落右旋水，午寅戌局，艮向兼寅，穴挨右加辛，取巳酉壬兑之气入左耳，文章典州郡，发大富，后多榜眼探花，吏礼内阁傅保。

酉己酉

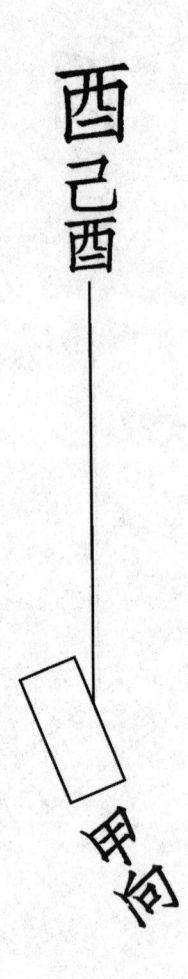

甲向

　　右旋酉脉入首左落左旋水，亥卯未局，甲向兼卯穴，挨右加庚，取巳酉正酉之气入左耳，人丁大旺，财帛兴隆，中贵宠荣，外任司院尊显。

酉己酉

辰向

　　右旋酉脉入首左落左旋水，亥卯未局，辰向兼乙，穴挨左加辛，取已酉正兑之气入右耳，发富进产人孝和，才子文人，阁学典试，世代甲第贤宦，庙食不朽。

辛丙戌

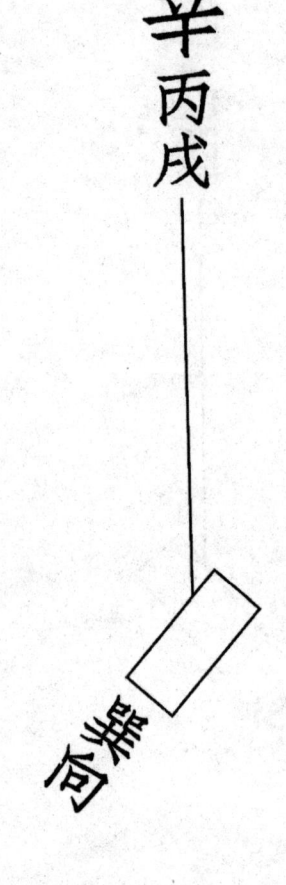

丙向同

巽向

左旋辛脉入首左落右旋水，酉巳丑局，巽向兼巳，穴挨右微加酉，取丙戌正辛之气贯右耳，及第纡紫绶。〇如入首右落，丙向兼巳，穴挨左加戌，亦取丙戌正辛之气入右耳，福寿高，富贵显。

辛丙戌

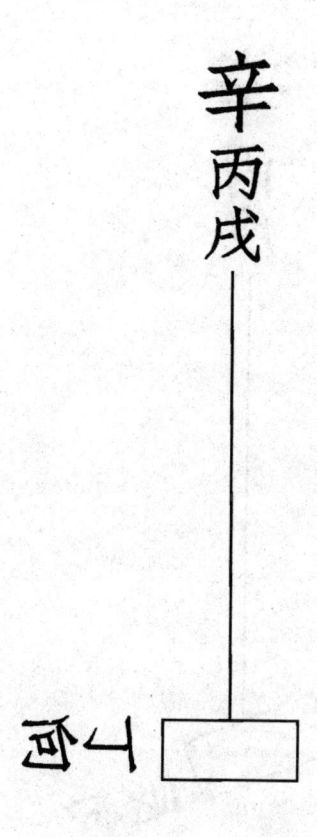

乙卯

左旋辛脉入首横落右旋水，子申辰局，丁向兼午，穴挨左加戌，取丙戌正辛之气贯右腰，俊雅福寿，贵多鼎甲，宰执朝纲。

辛丙戌

艮寅

　　左旋辛脉入首斜落右旋水，午寅戌局，艮向兼寅，穴挨左加戌，取丙戌正辛之气贯左腰，阁学宗伯，大富。

辛丙戌

丙命

右旋辛脉入首左落左旋水，寅午戌局，或亥卯未局，丙向兼午穴，挨左取丙戌入右耳，富贵兴隆，后文士科第不休，台臣荫袭无穷。

辛丙戌

卯向

右旋辛脉入首右落左旋水，亥卯未局，卯向兼甲，穴挨左加戌一分，取丙戌之气贯左耳，巡警防御，多英俊。

辛丙戌

未向

右旋辛脉入首横落左旋水，寅午戌局，未向兼丁，穴挨左加戌，取丙戌辛气贯注右耳右腰，宗伯大理监院。

右旋辛脉入首横落左旋水，申子辰局，丑向兼癸，穴挨右加酉，取丙戌辛气贯左腧，骤富，武总兵，文阁部，多都堂之职。

戌庚戌

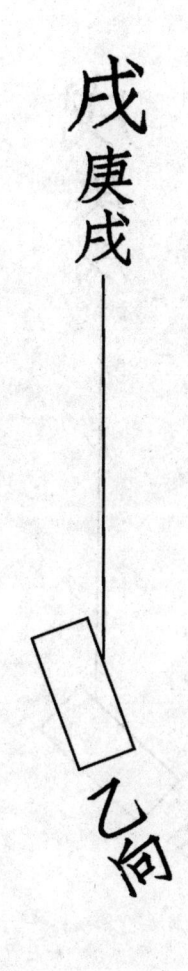

乙向

　　左旋戌脉入首右落右旋水，酉巳丑局，乙向兼卯，穴挨右加辛，取庚戌正气贯左耳，巨富武官显要。

戌庚戌

丙向

右旋戌脉入首左落左旋水，寅午戌局，丙向兼行，穴挨右加辛，取庚戌正戌之气贯右耳，大富小贵，旺人丁。

乾丁亥

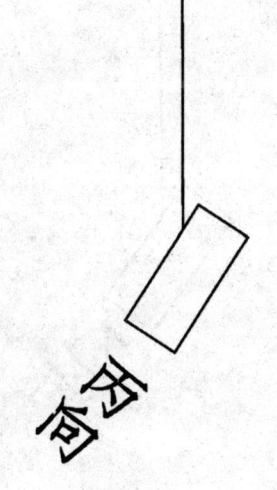

丁向同

丙向

　　左旋乾脉入首右落右旋水，酉巳丑局，丙向兼巳，穴挨左加亥，取丁亥之气贯右耳，文武高官，五福全。〇如入首左落，子申辰局，丁向加未，穴亦挨左，加亥取丁亥之气入右耳，主豪富武贵。

乾丁亥

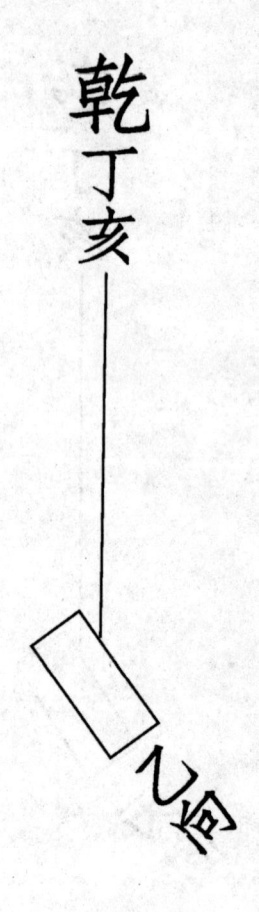

乙向

左旋乾脉入首右落右旋水，酉巳丑局，乙向兼辰穴，挨右加戌，取丁亥正乾之气贯左耳，发富，英豪武将。

乾丁亥

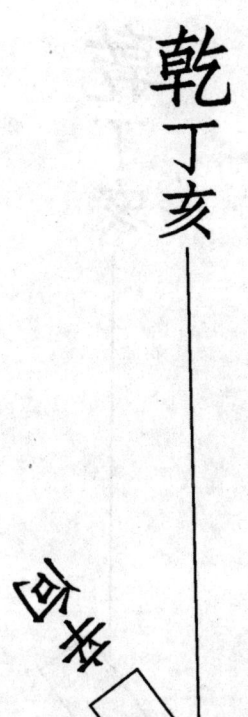

辛向

左旋乾脉入首侧落右旋水，卯亥未局，辛向兼酉穴，挨左加亥，取丁亥之气贯右项，翰詹科道，铨衡文武，提督学政，大富大贵。

乾丁亥

甲向亦吉

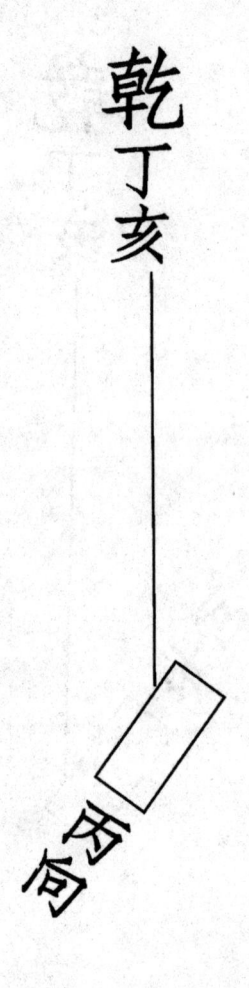

丙向

　　右旋乾脉入首左落左旋水，寅午戌局，丙向兼午，穴挨左取丁亥之气贯右耳，出人豪杰，富贵福寿。○如入首右落左旋水，亥卯未局，甲向兼卯，穴挨右加戌，变取丁亥之气贯左耳，武功雄豪，发富。

惟生发丁

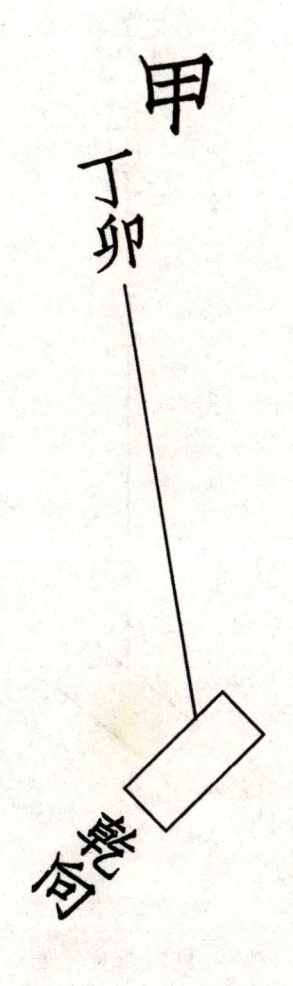

甲
丁卯

辛向亦吉

乾命

　　左旋甲脉，生在乾卯亥未局，乾向，先长生子，次仲生子，催丁发财，应亥卯未年命福禄旺。
　　甲脉辛向，甲木养在辛卯亥未局，先催长仲人丁，后催三房人丁，主衣禄充足，有长寿之子。

丙 壬 午

癸向亦吉

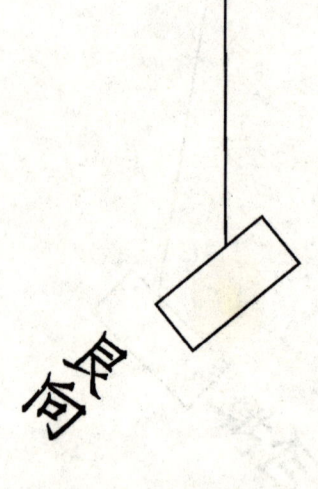

艮

左旋丙脉生在艮方午寅戌局，艮向兼寅，先长旺丁，次季多贵子，仲房子孙富贵。

丙脉癸向，丙火养在癸午寅戌局，先催长房人丁，次催仲房人丁，后旺季房人丁，俱主富福寿。

庚

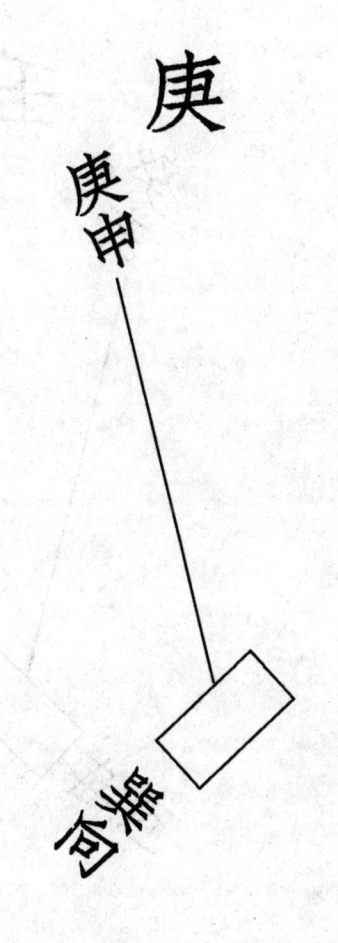

庚申

乙向亦吉

巽耀

左旋庚脉生在巽方酉巳丑局，巽向兼巳，长房先发人丁，二房更多贵子，季最盛发族。

庚脉乙向，庚金养在乙酉巳丑局，先催仲季两房之子，不能催孟房之孙，催亦只单传，三代后一子生两子，两子又各生两子，而后丁乃繁昌。

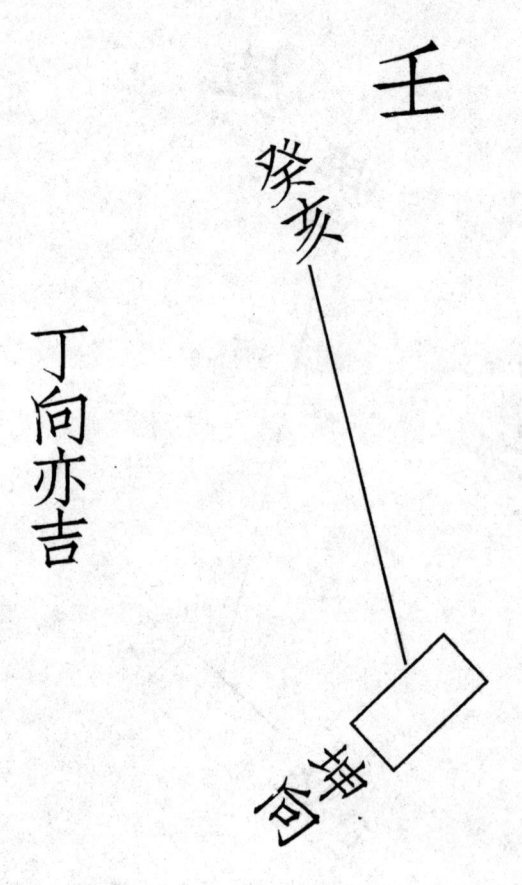

左旋壬脉生在坤方，子申辰局，坤向兼申，先长生子，次季多子，仲之行二者少孙。

　　壬脉丁向，壬水养在丁子申辰局，先长旺丁，次季旺丁，后仲旺丁，俱主福禄寿，才名盛著。

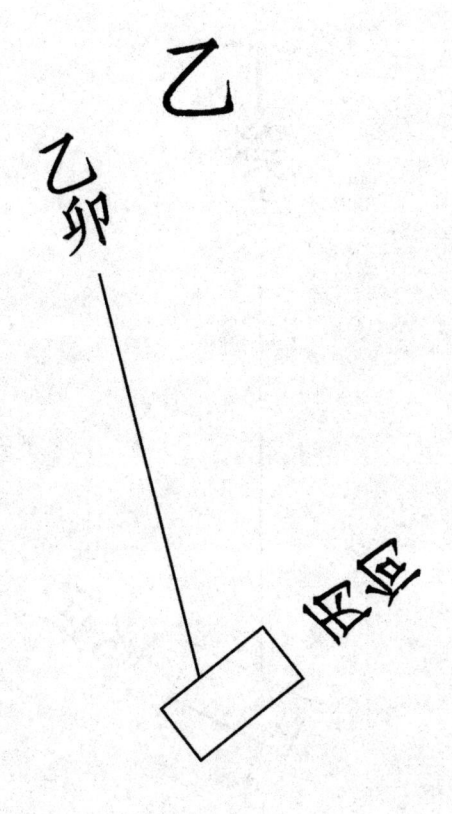

右旋乙脉生在丙方，寅行戌局，丙向兼午，长仲季三房催生富寿贵子。

丁癸未

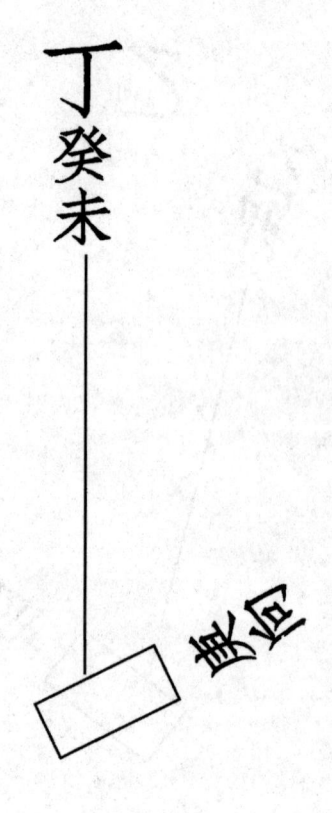

庚向

右旋丁脉生在庚方，巳酉丑局，庚向兼酉，先催孟房生贵子，仲房更多富贵之子，季房一贵男。

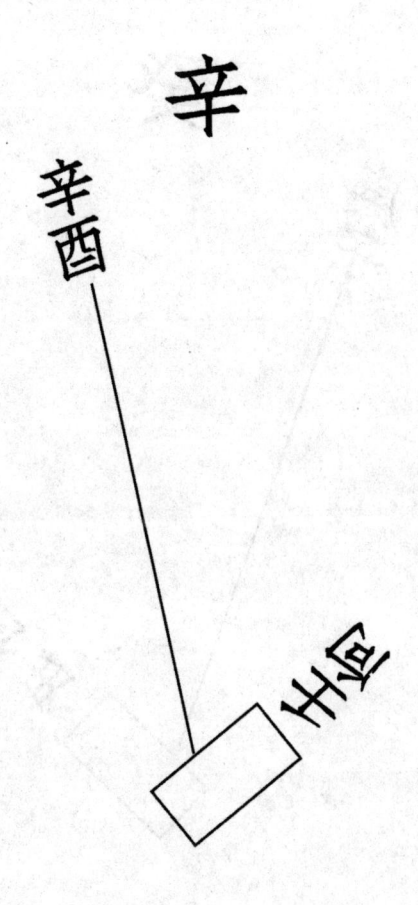

辛脉壬向申子辰局催生最速。先孟次仲末季，房分均匀，俱主生贵子，少年发科甲。

癸

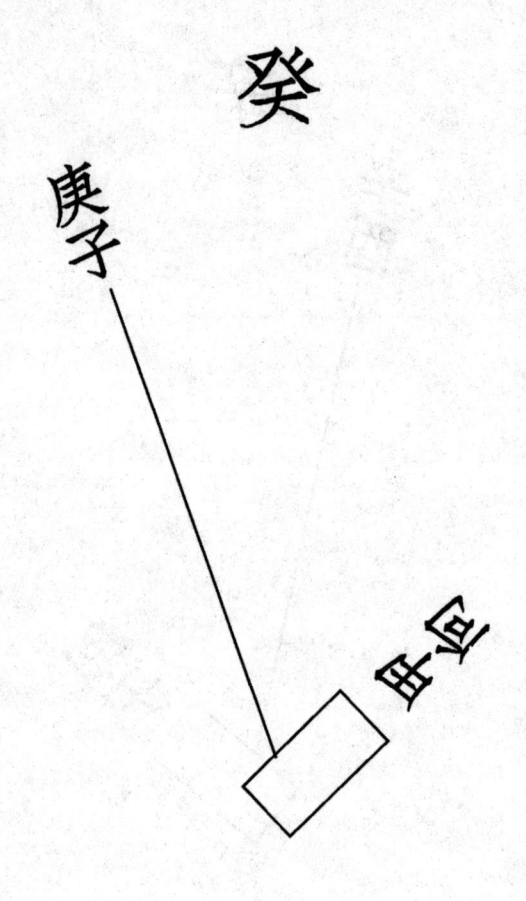

庚子

甲卯

癸脉四向生在甲卯亥卯木局，先催仲房人丁，次发旺季房，生富寿之子。长房略迟。

绝灭不育

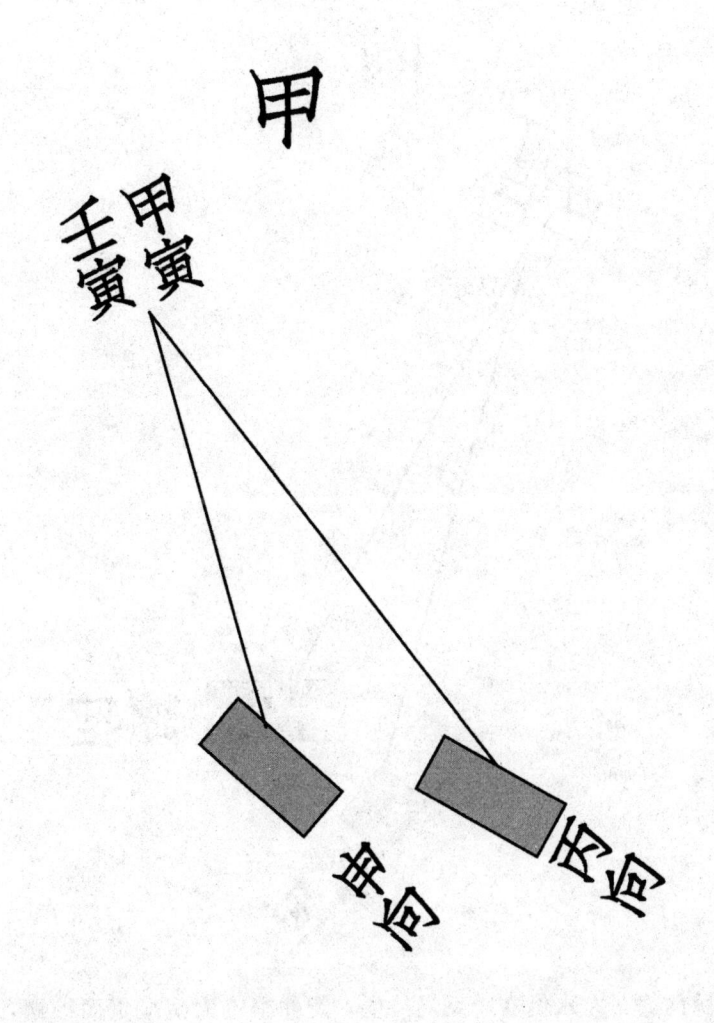

甲

甲寅

壬寅

申向

丙向

甲脉向申，左水倒右，冲亥生方，左之死墓水来，长房乏嗣，仲亦重妻克子。〇丙向兼午，右水倒左，墓绝流，破生养，不但孟房子殇，季亦难免孤独。

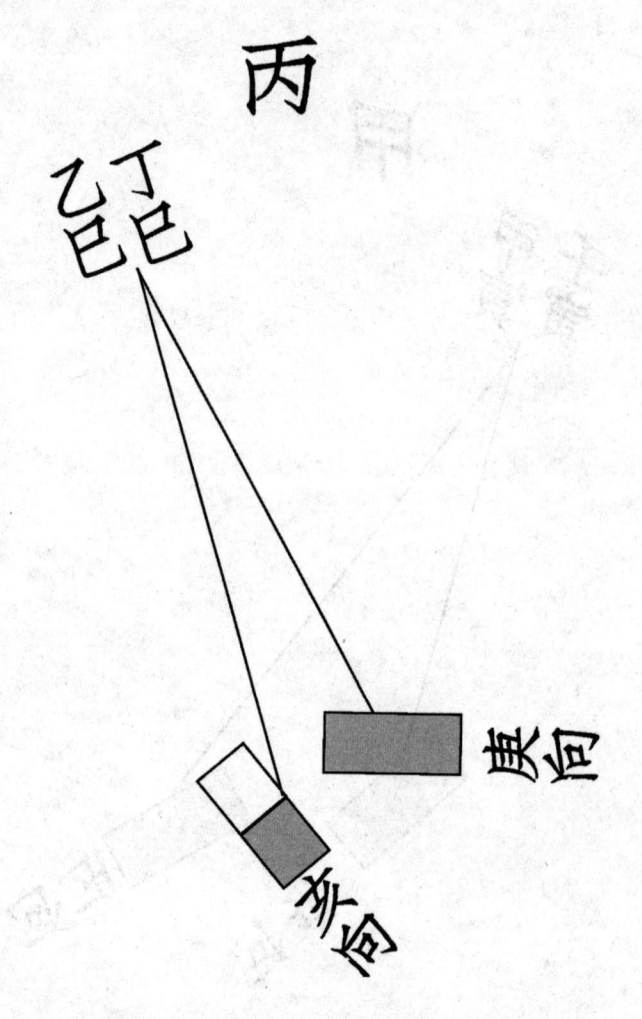

丙脉向亥，左水倒右，反局冲生，孟仲季难大富显贵而绝嗣，只有女嫁豪郎，财产尽为所有。○庚向兼酉，右水倒左，死来冲生，长房子频夭亡，三房纵有人丁，终亦无传。

庚

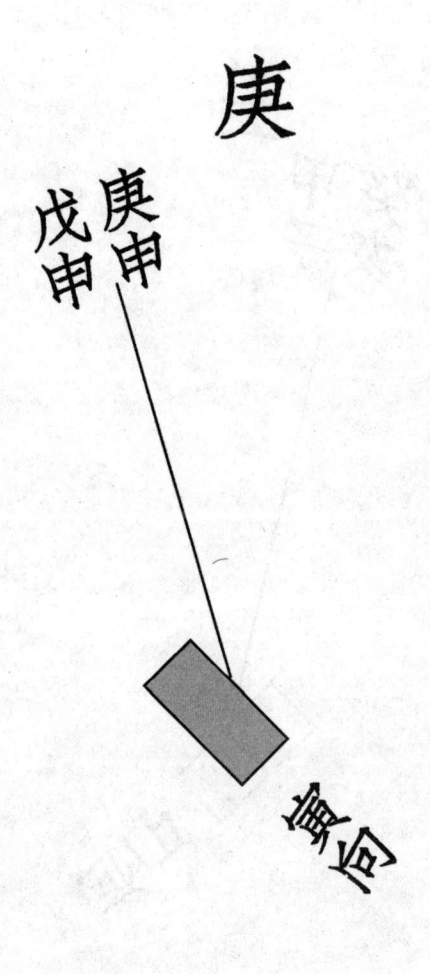

庚申
戊申

寅向

庚脉向寅，左水倒右，反局冲生，不但长无一命之寄，仲季亦多生而不育，终绝。

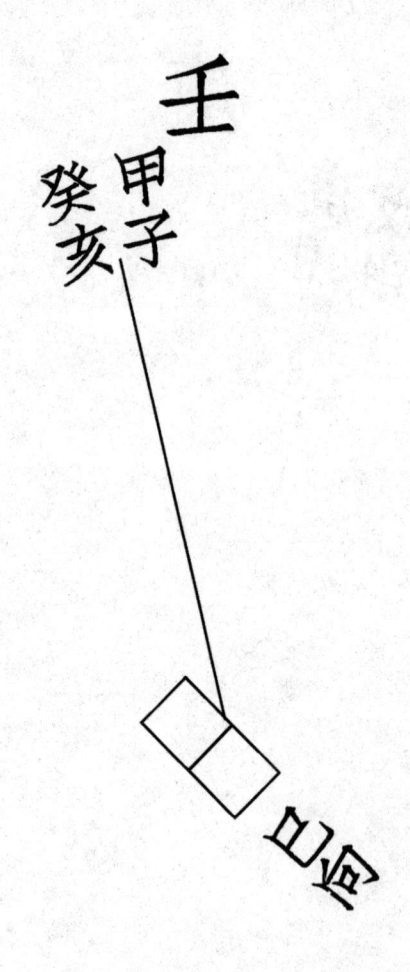

壬脉巳向，左水倒右，虽发财富重妻妾，长房先灭，三房亦绝，行四同孟乏嗣，破局二五房亦无后。

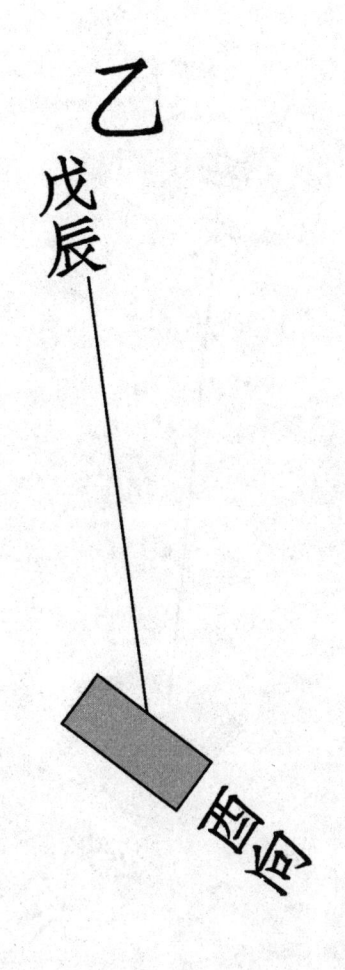

乙脉向酉，右水倒左，反局冲生，不但二房无传，长季亦多生而不育，双寡绝嗣，财产女婿瓜分。

丁
辛未

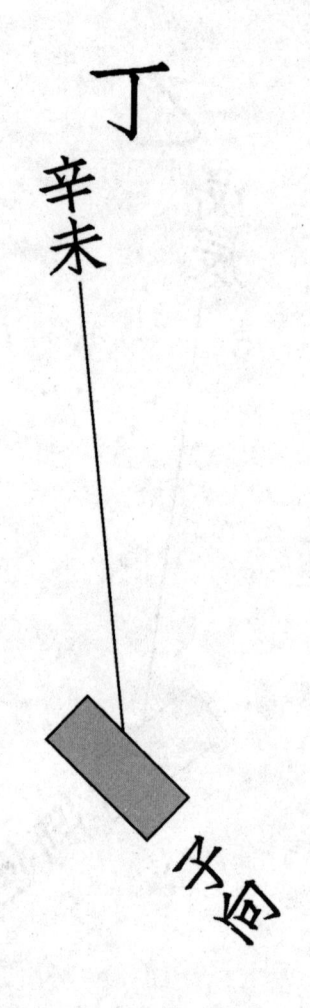

子向

丁脉子向，右水倒左，父寿长而重妻，子命殇而绝代，二房先灭，孟季无一孙传代。

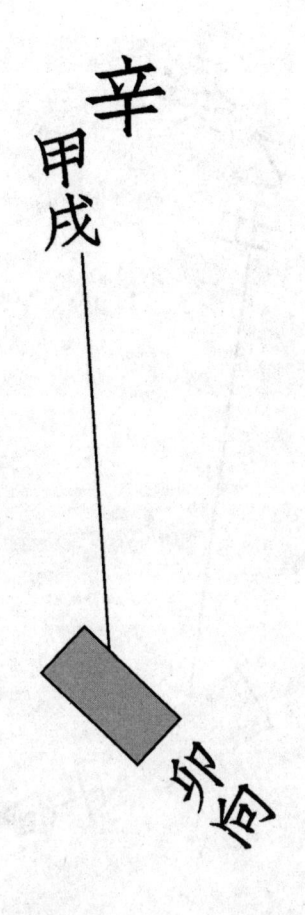

辛脉卯向，右水倒左，死墓水上堂，孟仲虽生而不存，先绝长，次绝仲，水冲前尽绝。

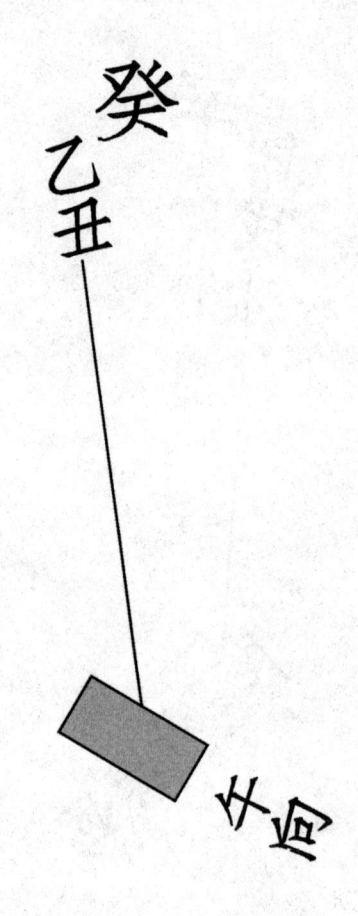

癸脉午向,右水倒左,冲卯生方,二房先绝,孟房重妻亦无子,以右墓绝水来,季房绝嗣。

丙庚午

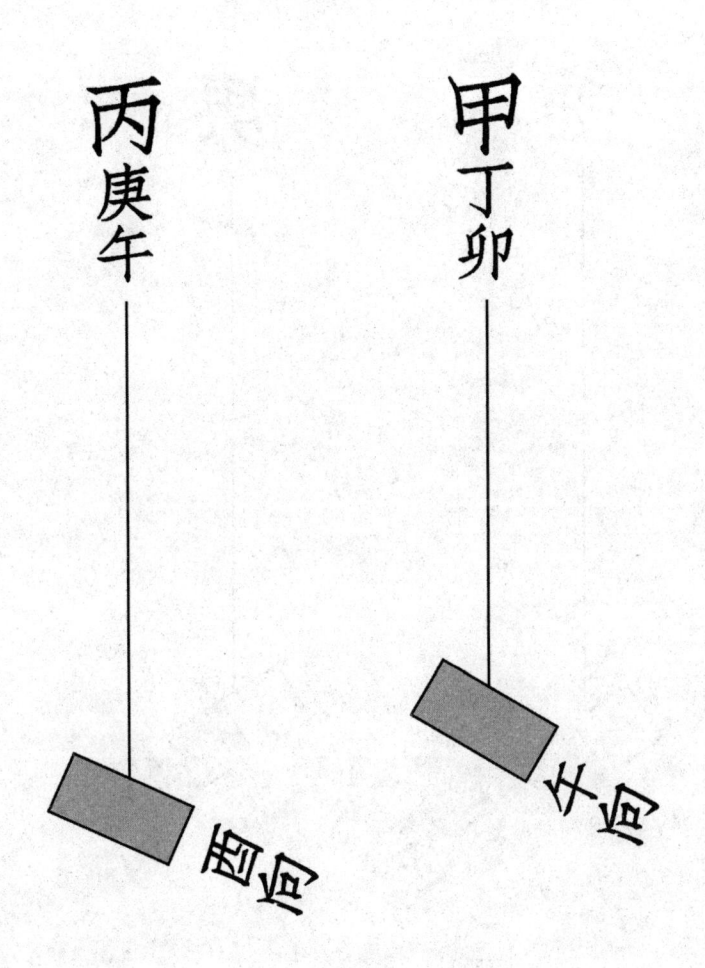

甲丁卯

酉向

午向

甲脉午向，丙脉酉向，俱右水倒左，仲支杀，先绝二房，生水去绝孟房，墓水来绝三房。

壬　　　　　庚

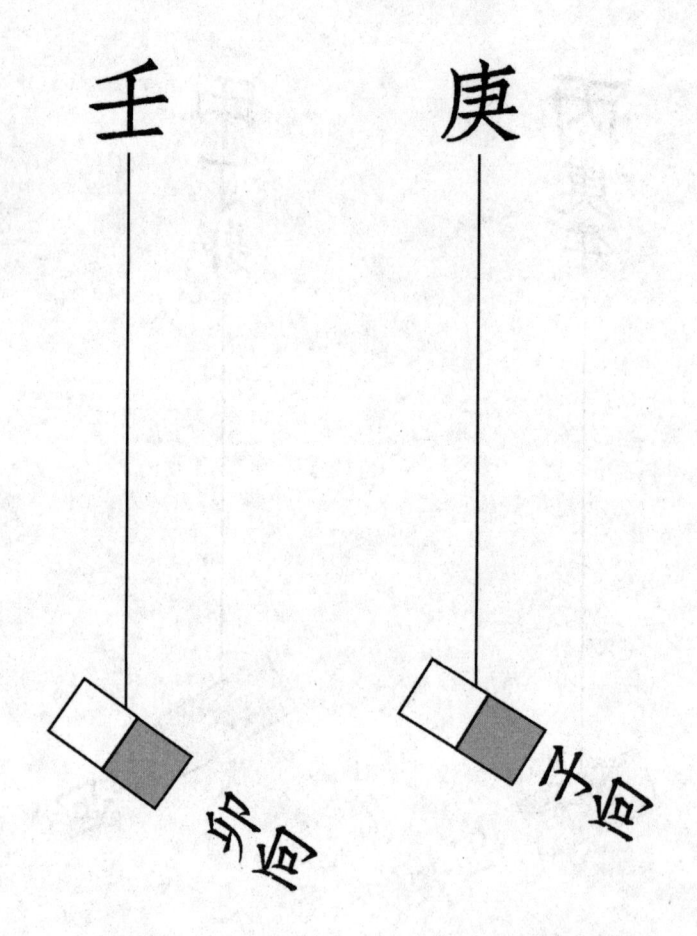

卯向　　　　子向

　庚脉子向，壬脉卯向，俱右水倒左，反局冲生，又仲支煞，孟仲富贵而无子。

辛丙戌

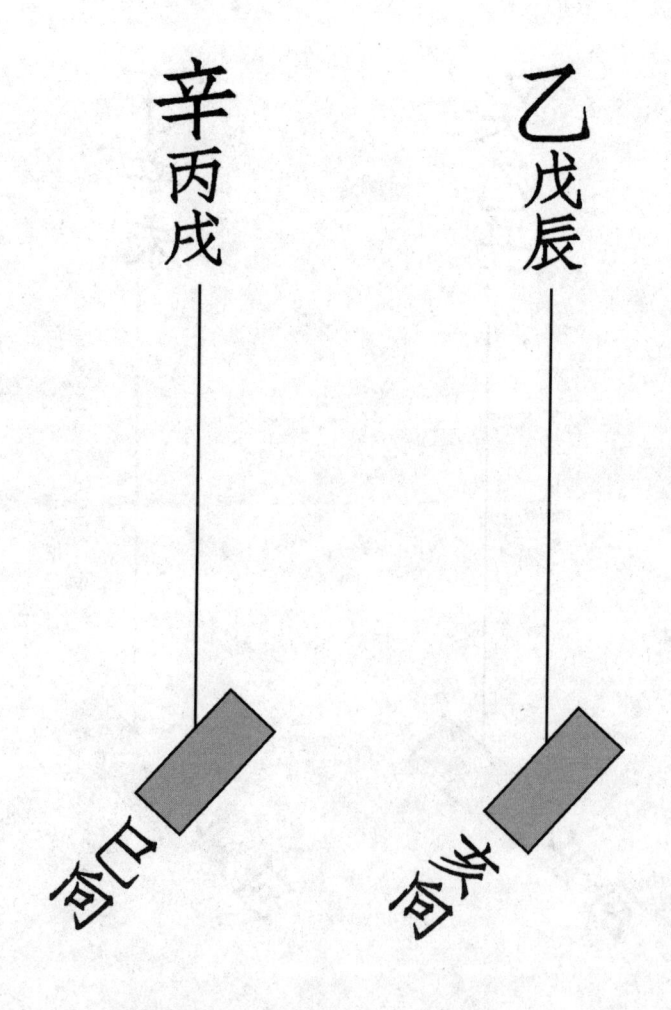

乙戊辰

乙脉亥向，辛脉巳向，俱左水倒右，反局冲生，先绝长房，仲季亦孤。

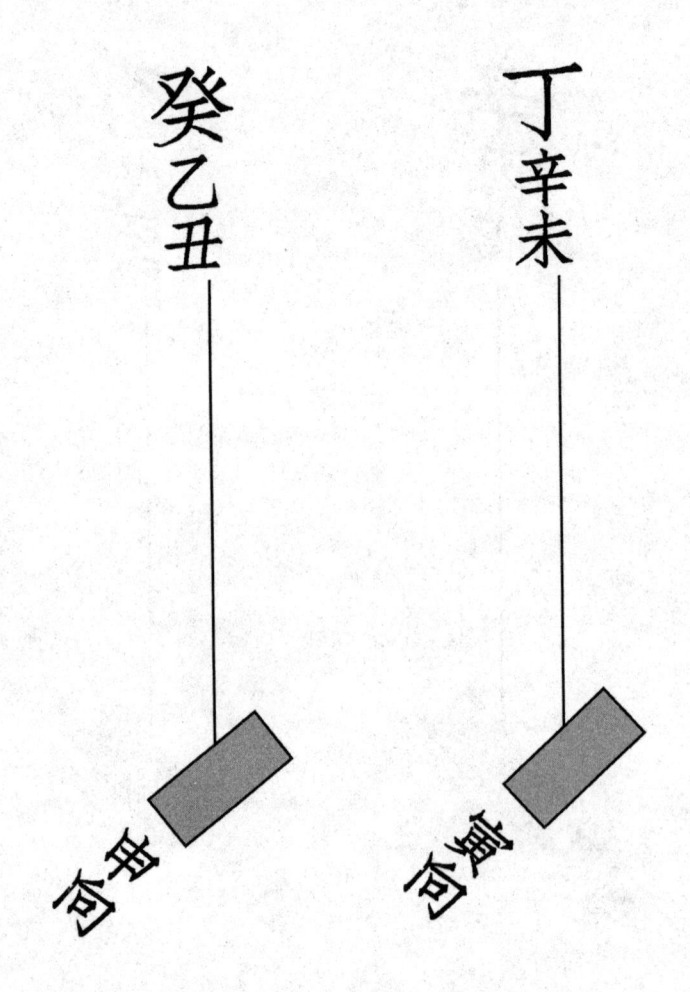

癸乙丑

丁辛未

命申

命寅

丁脉寅向，癸脉申向，俱左水倒右，反局冲生，孟伶仃，仲季孙无传。

火盗奸淫

寅壬寅

戊寅

午向

午向

寅脉午向，火盗官刑，虽发人财武贵，而命盗大案常遭，且出奸淫军贼响马火焚，大凶。

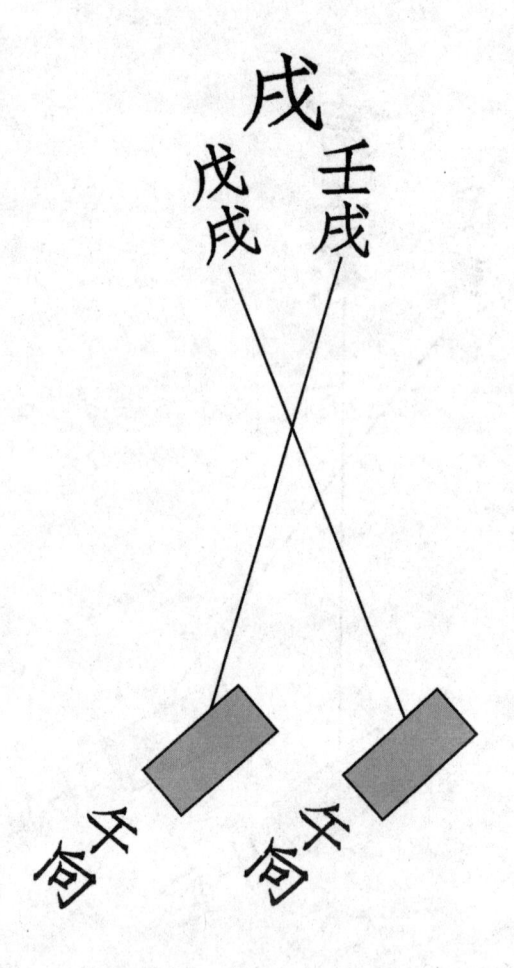

戌脉戊午分金向，人财武弁，难免贼劫大盗回禄火灾，死于非命。寅午戌焚尸。

　　又如未脉卯向反局，雷火伤命者甚多。附识于此。

子
戊子

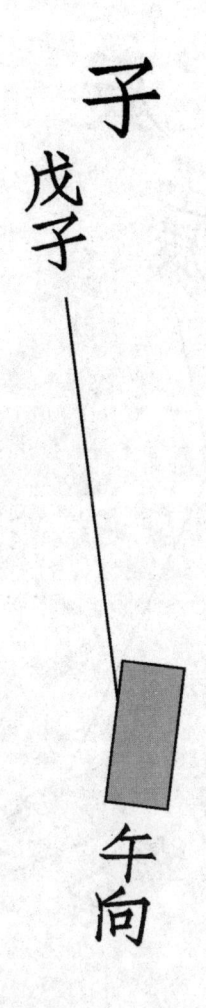

午向

　　子脉戊午向名天地分，虽有人丁衣禄，先出恶人害众成家，后出奸淫盗贼劫掠人财，俱主犯罪枭首。

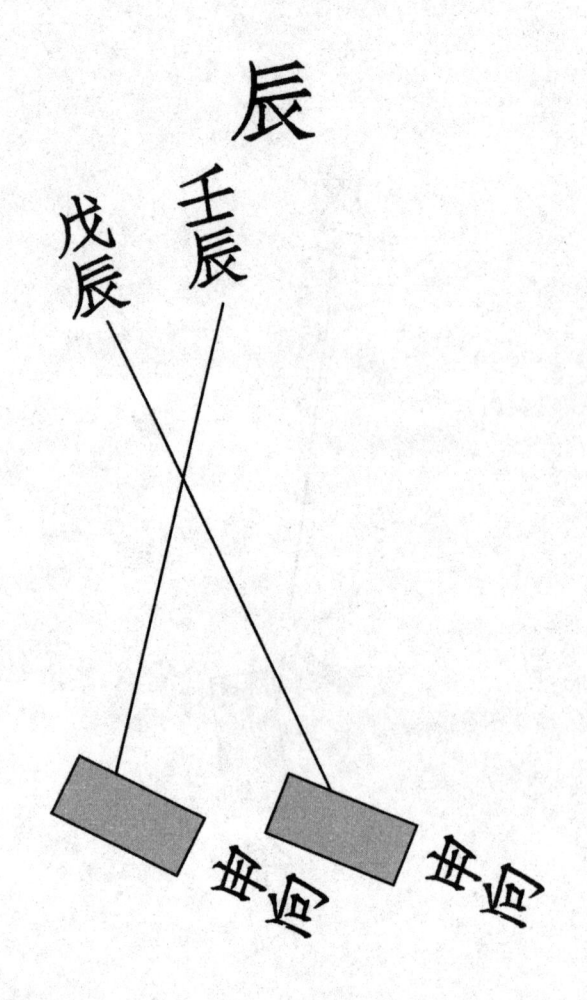

辰脉申向，左水倒右，多死于水，响马大盗，强劫抄掠，害众成家，妇女娼妓，法场磔裂。

午
甲午

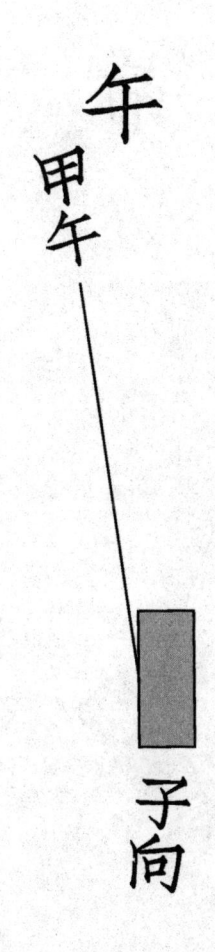

子
向

　　午脉戊子分金向，人丁衣食虽有，而子孙拐带撇白掏摸偷盗，不免牢狱火贼枭首。

申

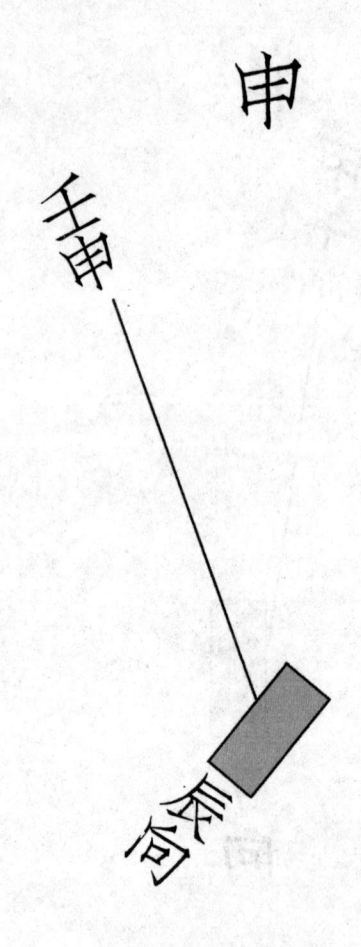

壬申

辰

申脉辰向，水中溺死，子孙乞丐，多为盗贼娼妓，僧尼犯奸，男女淫乱，五伦混沌，偷窃充军，终犯刑戮。

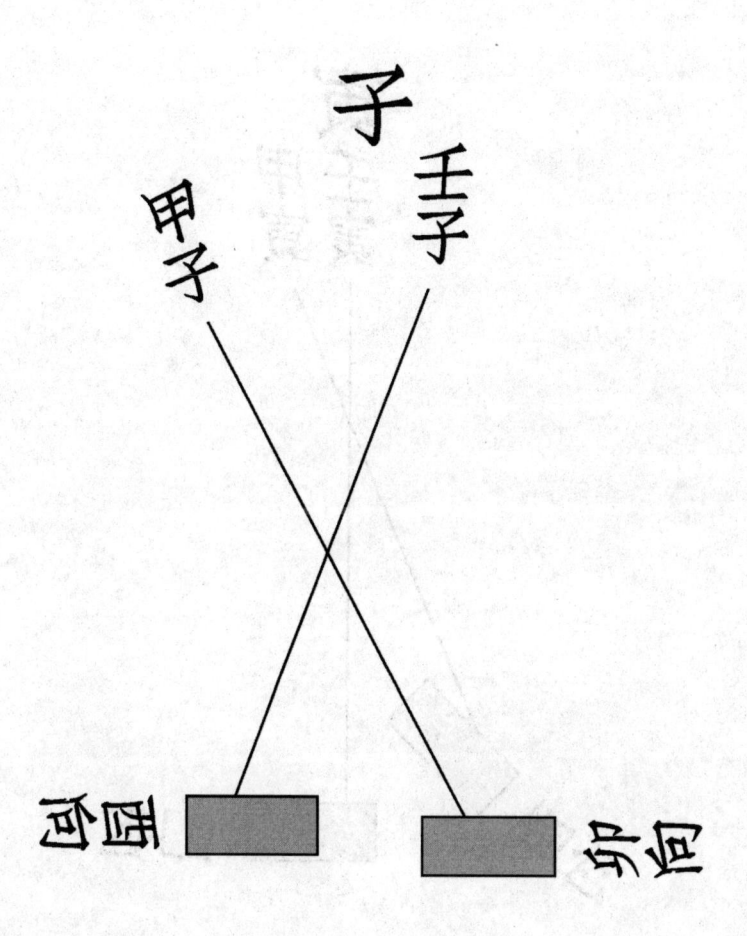

左旋壬子脉，右水倒左，扦酉向，奸淫谋杀夫命，女凌迟，男绞斩。
　　甲子脉卯向，右水倒左，姊妹皆淫谋杀夫命，凌迟碎剐，绝后无根，二房大凶败。

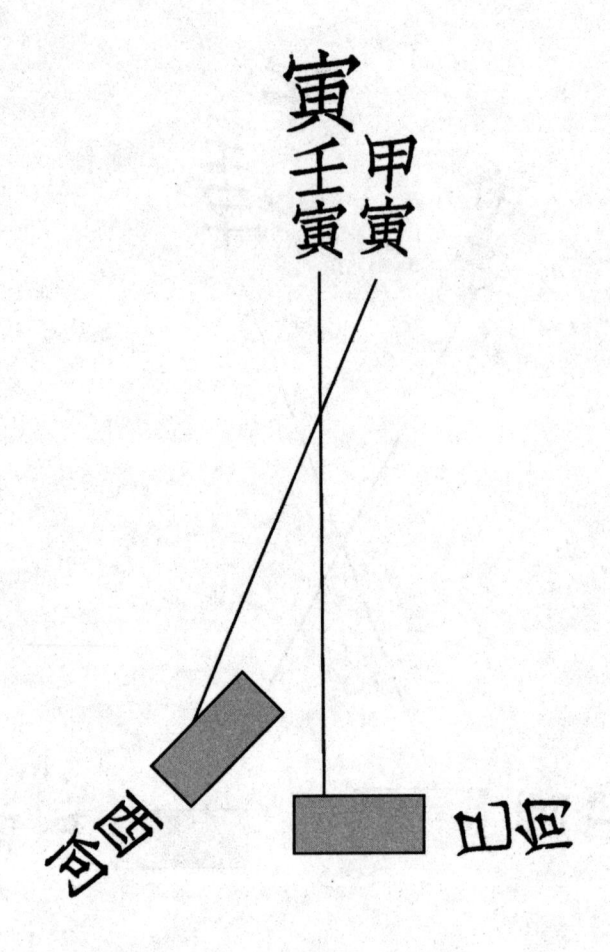

壬寅脉巳向，左水倒右，五伦混乱，奸淫凶败，长房灭嗣，女妇娼妓，唱婆戏婆，滥贱私奔。

　　甲寅脉酉向，右水倒左，才貌娇冶，长舌逞奸，淫恶凶暴，谋死多命，犯牢狱刀割死。

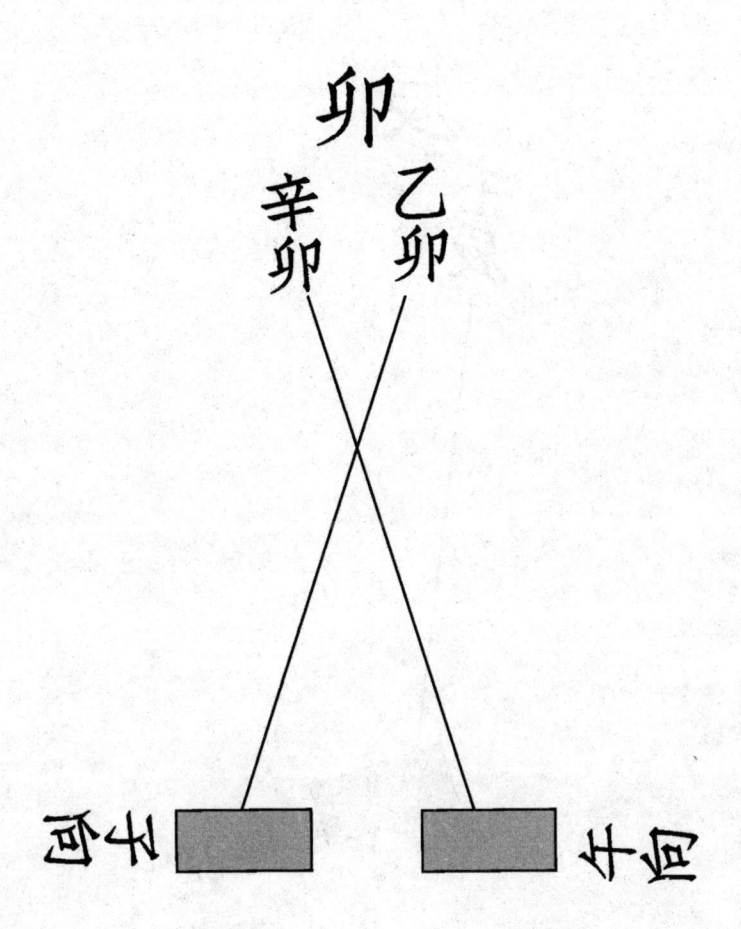

右水倒左，辛卯脉午向，淫恶凶暴，暗伤几命，鸩毒痨药，终犯刀剐。

乙卯脉子向，偷盗私淫，背夫拐逃，奸犯牢狱，刑伤屠毒，二房剐割死。

辰脉申向，左水倒右，尼姑秀丽，美人妖娆，奸猾淫亵，暗伤人命，凌迟死。

巳乙巳

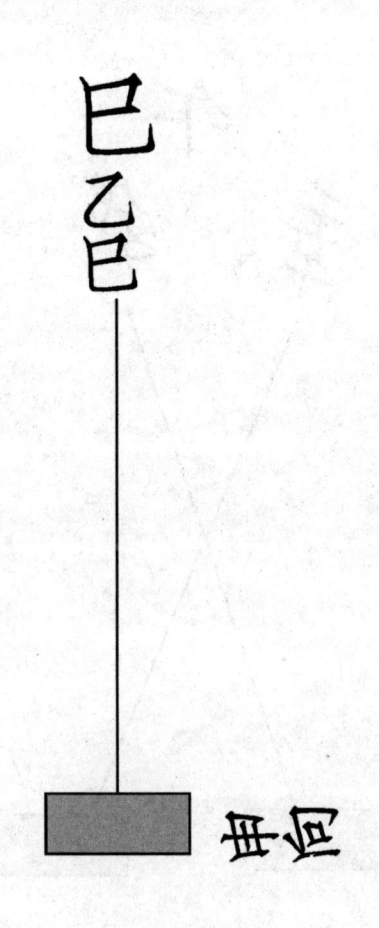

申向

　　巳脉申向，左水倒右，美女娇媚，多犯奸淫，谋杀亲夫凌迟死。长房多妓女。

全本地学答问

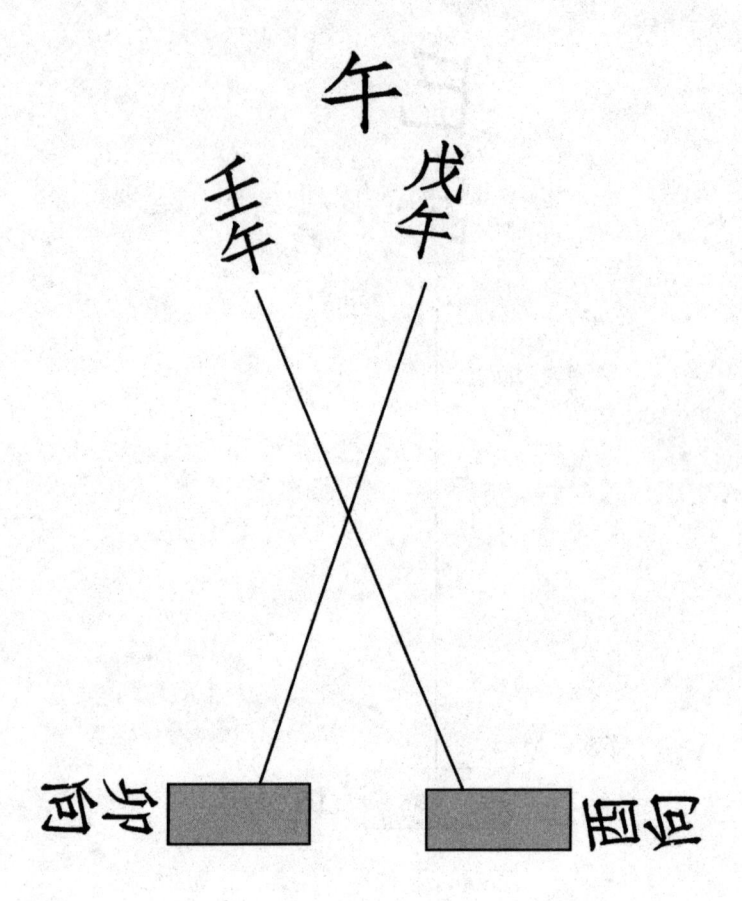

午
壬午 戊午

卯向 酉向

　　右水倒左，戊午脉卯向，人才虽美，妖娆容冶，狡诈奸猾，淫乱风声，犯牢狱，上法场。

　　壬午脉酉向，男贼盗，女娼妓，二房奸淫形戮凶亡。

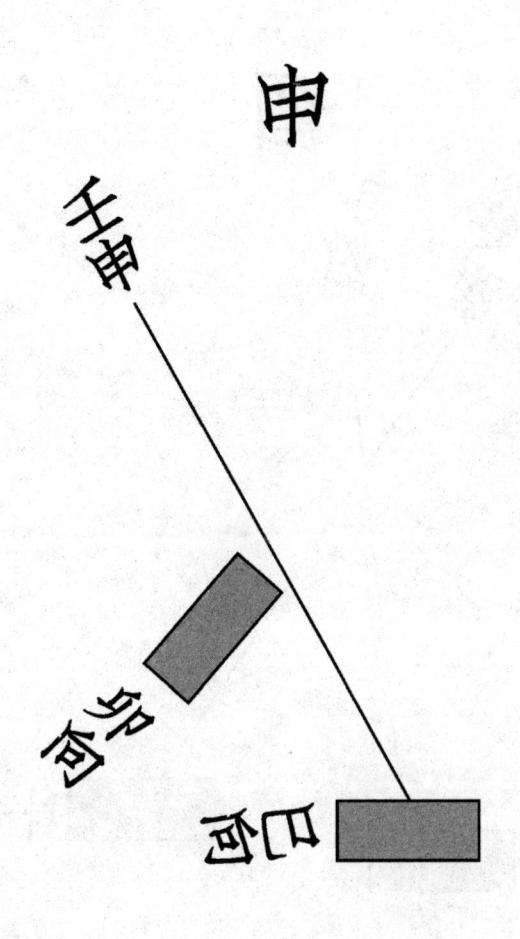

壬申脉卯向，右水倒左，婢妾犯奸，淫乱放肆，凌迟碎剐。长二两房娼妓。

申脉巳向，左水倒右，外通奸淫，内谋弑命，长房刑伤，妇女娼妓，牢狱凌迟。

酉

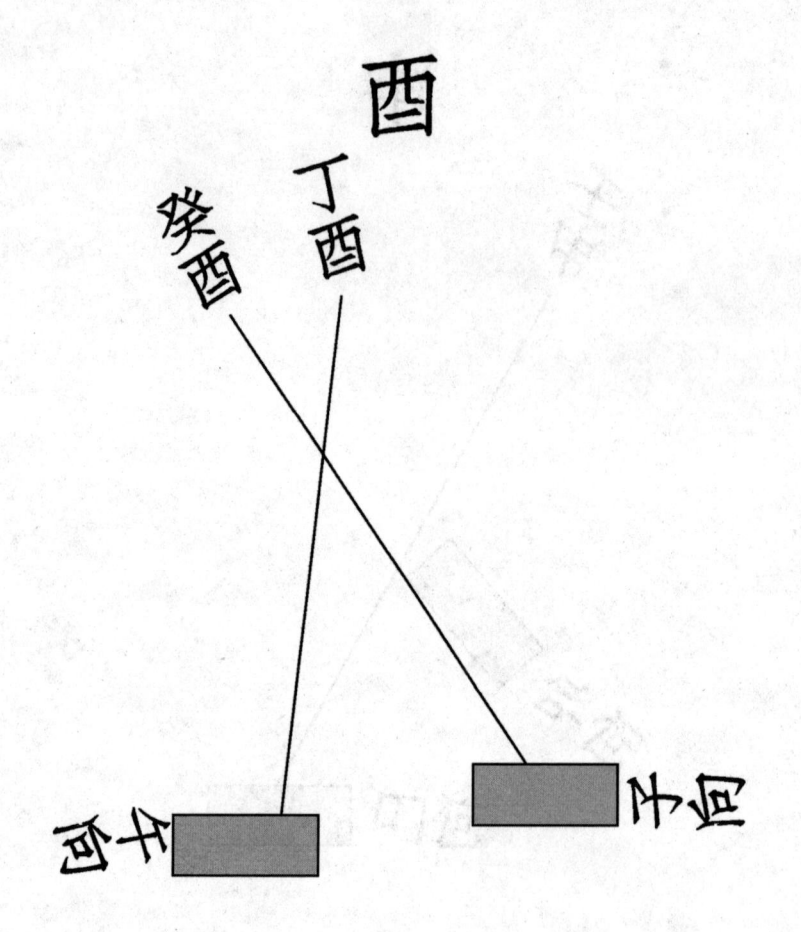

丁酉

癸酉

午向

午向

　　右水倒左，癸酉脉子向，金生水浪，水性妇人无定心，淫乱娼妓，邪魔蛊胀，多凶亡。

　　丁酉脉午向，火克金，无羞恶，奸盗淫欲媟亵，犯官刑。

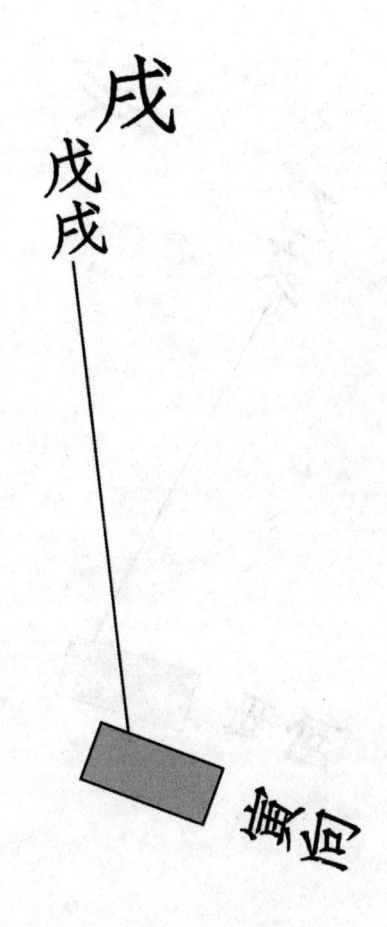

戌脉寅向，左水倒右，军妻兵婆戏婆，娼妇妓女，奸猾淫乱，卑汙下贱，火焚其尸。

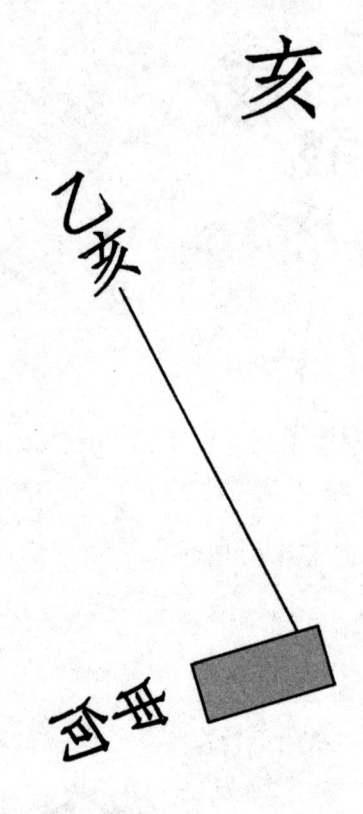

亥脉申向，左水倒右，娇娆美秀，国色倾城，奸淫贵客，才女为娼妇，犯杀戮。

自绝灭以下多有不忍言者，似不应透露，因袯江悲悯情殷，欲天下人毫无误犯，故琐琐为愚蒙指出，智者鉴诸。清江子附识。

犯煞刑戮

乾丁亥

合午

右旋乾脉入首，左落左旋水，寅午戌局，不扦丙向而误扦午向，虽发大富贵，将帅提镇，忽遭枭磔抄灭，二房绝嗣，长三两房流徙。

坎庚子

戌辰

坎脉属水辰属土，若作戊辰分金向，虽人丁旺，衣禄充，而命案常招，投河缢颈更多，终犯抄杀。

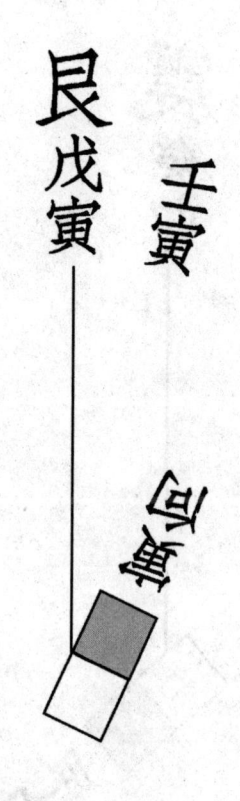

艮脉寅向，寅水朝大富大官僚，然主抄灭诛戮，大凶。艮脉搀带壬寅之气，虽文贵大臣，遭冤，赔充军徒。

震癸卯

申庚

震脉属木申属金，若作壬申分金向，常遭命盗大案，虽文武极品，富压乡邦，而抄家籍没，诛戮分尸。

巽辛巳

酉庚

巽脉巳酉丑局，不扦庚向扦酉向，犯煞，虽状元词馆，府道侍郎，巡抚尚书，绞斩重刑，抄家籍没，株连亲族。

離丙午

离脉亥向，己亥分金，虽豪雄显贵，掌握兵权，而威势太炎，命盗凶败，频遭杀戮，籍没入官，妻子流徙。

坤甲申

卯會

　　坤脉属土卯属木，亥卯未局，不作甲向，而扦乙卯癸卯分金向，纵发大富，出武官，遭凶，抄灭，妻子流徙。

兑巳酉

申寅

兑金脉丁巳分金向，文臣大贵，翰院典试，斩颈枭首，抄家灭门。女亦犯杀戮之祸。

平分透地坐度表

二十四脉何以名六十脉？以脉在十二地支也。四维八干并入十二宫内，一宫五脉，六十花甲各占一位，故谓之六十脉。脉有阴阳，气有清浊，清者纯而浊者漓，所以透地平分尚取清纯脉气。经星三百六十度，每一脉坐六度，而周天之数全。正气十分左右，各有九分八分清纯之气，外如七兼三分，六兼四分，夹中各半之五分，择取挨清纯者用之。至外之四分及三二分，浊漓居多，则放而丢之。此朱蔡之精而益精，密而益密者，人何得而易知之。

寅			艮	
甲寅水	壬寅金	庚寅木	戊寅土	丙寅火
甲三寅七	寅正	寅五艮五	艮正	艮七丑三
心月 尾火 三四五六七初 度 十六 四十四	尾火 一二三四五六 度四十四分	尾火 七八九十十一十二 度四十四分	尾箕 火水 十三十四十五初一二 度 四十八	箕水 三四五六七八 度四十八分

申			坤	
庚申木	戊申土	丙申火	甲申水	壬申金
庚三申七	申正	申五坤五	坤正	坤七未三
畢月 二三四五六七 度三十七分	畢月 八九十十一十二十三 度三十七分	參觜 水火 初初一二三四 度 十七 三十九	觜火 五六七八九十 度十七分	觜井 火木 十一十二初一二三四 度四十四分 十七

卯			甲	
乙卯水	癸卯金	辛卯木	己卯土	丁卯火
乙三卯七	卯正	卯五甲五	甲正	甲七寅三
亢 氐 金 土	氐 土	氐 土	氐 房 土 日	房 心 日 月
六七八九十初	一二三四五六	七八九十十十 　　　一二三	十十十初一 三四五	二三四初一二
度 三 五 十 七 六 分	度 五 十 七 分	度 五 十 七 分	度 〇六 五 七 分	度 〇六 十 六 分

酉			庚	
辛酉木	己酉土	丁酉火	乙酉水	癸酉金
辛三酉七	酉正	酉五庚五	庚正	庚七申三
婁 金	胃 土	胃 土	胃 昴 土 日	昴 畢 日 月
七八九十十十 　　　一二三	初一二三四五	六七八九十十 　　　　一二	十初一二三四 二	五六七八初一
度 〇 七 分	度 〇 七 分	度 〇 七 分	度 五〇 十七 二 分	度 三 十 七 五 十 二 分

辰			乙	
丙辰土	甲辰火	壬辰水	庚辰金	戊辰木
巽三辰七	辰正	辰五乙五	乙正	乙七卯三
軫水 初一二三四五 度十六分	軫水 六七八九十二 度十六分	軫水 二初一二三四 角木 度十三分 六	角木 五六七八九十 度十三分	亢金 初一二三四五 度三十六分

		戌	辛	
壬戌水	庚戌金	戊戌木	丙戌土	甲戌火
乾三戌七	戌正	戌五辛五	辛正	辛七酉三
壁水 一二三四五六 度五十一分	壁水 七八九十二三 度五十一分	奎木 初一二三四五 度四十六分	奎木 婁 六七八九十初 度四十六分 ○七	婁金 一二三四五六 度○七分

· 246 ·

巳			巽		
丁巳土	乙巳火	癸巳水	辛巳金	己巳木
丙三巳七	巳正	巳五巽五	巽正	巽七辰三
張月	張月	張月／翼火	翼火	翼火
五六七八九十	十一十二十三十四十五十六	七初一二三四	五六七八九十	十一十二十三十四十五十六
度二十分	度二十分	度二十分／二十	度一十分	度二十分

亥			乾		
癸亥水	辛亥金	己亥木	丁亥土	乙亥火
壬三亥七	亥正	亥五乾五	乾正	乾七戌三
危月	危月	危月／室火	室火	室火
七八九十十一十二	十三十四十五十六十七十八	十九初一二三四	五六七八九十	十一十二十三十四十五初
度三十九分	度三十九分	度三十二分／三十九	度三十二分	度二十二分

	午		丙	
戊午火	丙午水	甲午金	壬午木	庚午土
丁三午七	午正	午五丙五	丙正	丙七巳三
柳土	柳土	柳土 星日	星日	张月
初一二三四五	六七八九十十一	十二十三十四十五十六初	一二三四五六	七初一二三四
度四十三分	度四十三分	度四十三 四十三	度四十三分	度二十分 四十三

	子		壬	
壬子木	庚子土	戊子火	丙子水	甲子金
癸三子七	子正	子五壬五	壬正	壬七亥三
牛金 女土	女土	女土 虚日	虚日 危月	危月
七初一二三四	五六七八九十	十一初一二三四	五六七八九初	一二三四五六
度十六分	度十六分	度十六 十六	度三十八分 三十九	度三十九分

· 248 ·

	未		丁	
己未火	丁未水	乙未金	癸未木	辛未土
坤三未七	未正	未五丁五	丁正	丁七午三
井木 五六七八九十	井木 一二三四五六	井木 七八九廿廿一廿二	井木 廿三廿四廿五廿六廿七廿八	井木 廿九 鬼金 初一二三四
度四十四分	度四十四分	度四十四分	度四十四分	度 二十分 四十四
	丑		癸	
癸丑木	辛丑土	乙丑火	丁丑水	乙丑金
艮三丑七	丑正	丑五癸五	癸正	癸七子三
斗木 初一二三四五	斗木 六七八九十十一	斗木 十二十三十四十五十六十七	斗木 十八十九廿廿一廿二 牛金 初	牛金 一二三四五六
度四十九分	度四十九分	度四十九分	度四十九分 ○二	度○二分

挨星砂诀

问：各脉山挨星砂诀如何？

曰：砂以脉山推，非比水从局向论者也。天嗣长生子孙方砂起，或峰峦，或房屋，栾林塔冢之类，主人丁大旺。天富帝旺父财方砂起，衣禄旺。文昌文魁中星火星太阳官贵方砂起，功名旺。今据时宪宿度，准西儒中盘看，某星在乾坤艮巽寅申巳亥方属孟，甲庚丙壬子午卯酉方属仲，乙辛丁癸辰戌丑未方属季，生和某方则其方所属房分大吉，克制某方则其方所属房分不利。如壬山兼子丙子分金，坐虚日六度属火，以四土方为子砂应人丁，四木方为父砂应田产，四金方为财砂应衣禄，八水方为官砂应功名，八火方为兄砂应福寿。又如癸山兼子丙子分金坐牛二度属金，以八水方为子砂，八火方为官砂，四木方为财砂，四土方为父砂，四金方为兄砂。二十八宿度占二十四方位，在中宫退后尺许轮推，以宿度所占初关中关末关论方位。如孟方管一四七，仲方管二五八，季方管三六九，便知衰旺有差等矣。如长房人丁不旺，必孟方天嗣不起，择吉扶命脩子孙方则催丁。如中房功名不旺，必仲方官贵不起，择吉扶命脩贵神方则发科。仿推。此砂诀合乎天文，凭坐度五行论生克者也。

（紧砂）一丈内左上孟，右上仲，右下季，左下女，四方勿犯。

（碎砂）五丈内应人像体，左孟，右季，中前仲。仿一年十二月。

（拨砂）十丈内坐山先天卦，先后天卦，后本山大吉，山生大吉，比山生山次吉，克山小吉，山克大凶。干支但应初代，主卦永司后昆。克方宜伏，生和宜耸，总不宜残破。

（消砂）十丈外宿排坐度为主，如坐八火位分，木宿为父，土宿为子，金宿为财，水宿为官，火宿为兄之类。子虽宜近不宜多，进而多者泄气盛而子反迟少。父宜远而不宜近，近只一二砂不妨，三四父砂则不生育。财则无论多寡，近获妻财，达发横财。官宜远，功名特达，近则为煞。兄虽比助身强福寿高，太近太多劫财劳碌，反主贫穷。兄不宜近，近则克妻。

（挨星）百丈外禄兴，贵人荐元。火星文星催官太阳太阴宵旦昏中直端门之宿在帝座，全合者上吉，合五六次吉，合一二小吉。按时写宿度五行，推子父财官为准。

（中星）以太阳躔度，合昏夜旦之中星，而先圣独重昏中，盖以天地之气化由斗炳转移四时十二建，觇斗柄所指之辰，总在昏中时见之，故昏中星独贵。古人以之阅峦头者，乃上合乎天，下应于人者也。昔人云："火星日月昏中星，挨度分经生克明。"又云："火星宜起应天宿，仍观造化阴阳。宜太阳正火当星马，丁柳丙张贵无价。"又云："阴阳砂秀入青云，及第为官至卿相。"又云："中星帝座为恩主，有荐拔之美。"贵脉遇此，全合者为上格，丁族繁昌，官列上品，五福咸备，荫袭不休。又如："火星不起官不显，不握重权或闲殿。火星不峙太阳高，太阴得水富还豪。日月不起火星明，亦主其家贵子生。"此半合者为中格，祥应次之。中星直端门，克脉多难星，此全不合者，为下格。或富贵而无嗣，或官尊而不富，或显要而遭难，赖采山所有移砂转向解化召吉之神工也。二十四脉与二十四气同一十二宫也。先辨月令，看地脉，挨某节气司令，昏时该某宿直午宫端门，此宿之原位方上即称帝座，宜山高水朝。生和为恩，克制为煞。如艮脉入首，立春司令，昏时胃土直端门，西方宜山高水朝。十二日后昴日直端门，酉方宜山高水朝。盖胃土砂艮斗木得之为财，主先富后贵。昴日砂艮斗木得之为子，主人丁繁盛，诸子荣昌。查宋元明时娄金直端门，斗木得之为煞，虽显宦而不令终，必欲化煞生权，得其全美，当以坐向消之。如艮脉见辛方娄金砂起，立寅山申向则化解纯美。申向兼坤，坐尾火，制娄金，对毕月，泄娄金。申向兼庚，坐心月，对毕月，俱属水，则金生水，水生艮斗木吉。余仿推。

（大火）依中星而推。《书》言：仲春之月，星日昏中。在天之午位为直端门。大火心星居地之卯位，为应天宿。此唐尧时则然耳，今立夏后巽脉司令，昏中午柳大火甲心房。若春分卯脉司令，日躔乾室，昏中觜井大火丑斗，虽曰天星照地穴，地穴应天星，仍要与时推移，各就现在所见，方为上应天星。凡昏中宿方砂高为帝座，有星大火宿方砂高，为火星应天宿，造化气机，由火而生。凡地得火星起者，应出神童才子，甲第馆阁，非小贵也。

每到头一节，以入首脉经度为主，日星宜砂起，月方宜水光，复中盘退尺，五从眼中看。邵子曰："天地之大寤在夏，人之神则存乎心。"故取大火心星为生物之原。观人生于命门，则知元气所自来。如大火在东，生物在南，长物流西，杀物坠北。藏物有火则温热，无火则凉寒。贵脉品第，亦判然矣。

按：中星火星见于管公明《锦囊篇》、赖采山《催官篇》、刘青田《地理书》及《人子须知》、《地学正义》等籍。杨长茂尝云："惟有挨星为最贵，漏泄天机秘。"而今人皆不知其用法。然天星密移，仍执往日宿度，不能准验，故遵时宪经纬度推算各节气之中星大火，立表附后，庶学者查检易明，便于取用。梅师尝云："大贵必本太阳，大富必本太阴，占元必本火星，宵中只主纳奏，旦中只主入庠。惟日中则应登科，然皆未见紫微，至昏中方应及第，以昏时中星正对紫微，犹传胪得以觐光也。"

中星表

按：中星直端门，每半月换一节气。今将四节四气之相同者彙为一处，旁列日昏宵旦，查对勘合便知。某宿为某节气之中星，而四节气中如日中星立春子女七度是第一日，则酉胃二度为立夏日中星之第一日，午柳八度为立秋日中星之第一日，卯氐四度为立冬日中星之第一日，而入限第一日后即接写换宿换限者，一则便于挨查知某宿系若干度，一则各脉山便于分派中星也。如艮丙寅脉立春前五日司令，日躔子女七度至十一度，昏中酉胃二度至六度；戊寅脉中五日司令，日躔子虚初度至四度，昏中酉胃七度至十一度；庚寅脉末五日司令，日躔子虚五度至九度，昏中酉昴初度至四度。交雨水则寅脉司令，日躔壬危昏中庚昴；惊蛰甲木司令，日躔亥危昏中申毕。挨次推查，概可悉知。其大火太阴附表于后，唯是大火逆行，如立春在壬危六度则二日在壬危五度，第八日在子虚九度。仿推。

	寅雨水 巳小满 申处暑 亥小雪		艮立春 巽立夏 坤立秋 乾立冬
壬危初度	日旦宵昏	子女七 虚初度	日旦宵昏 六
庚昴四 毕初度 六日	宵旦日昏	酉胃二 昴初度 二十	宵旦日昏
丙星六 张初度 三日	旦日昏宵	午柳八 星初度 九日	旦日昏宵
甲房心 尾初度 十三 五日	日昏宵旦	卯氐四 房初度 五十	日昏宵旦

	甲惊蛰 丙芒种 庚白露 壬大雪		卯春分 午夏至 酉秋分 子冬至
日旦宵昏	亥危五十度 室初六日	昏宵旦日	乾璧室初十度六日
宵旦日昏	申参毕十度 觜初五六日	宵旦日昏	坤井觜初十度三日
旦日昏宵	巳翼张三十度 初度	旦日昏宵	巽轸翼初十度八日
日昏宵旦	寅尾箕三度 箕初	日昏宵旦	艮斗箕初三度七日

丑大寒 戌霜降 未大暑 辰谷雨		癸小寒 辛寒露 丁小暑 乙清明	
辛胃娄初度	日 旦 宵 昏	日五戌奎壁十初度	日 旦 宵 昏
八日丁柳鬼初八廿度	昏 日 旦 宵	未井三十度	昏 日 旦 宵
十二日乙氐亢角初十度	宵 昏 日 旦	日六辰角轸八初度	宵 昏 日 旦
癸女牛初度	旦 宵 昏 日	丑牛九度	旦 宵 昏 日

	丑大寒	癸小寒	子冬至	壬大雪	亥小雪	乾立冬	戌霜降		大火
	三日 亥危十九 八日壬危十四	三日 乾室壁十四 八日亥室九	三日 戌壁奎十三 八日乾壁九	辛娄六 八日戌奎十	酉胃八 十日辛娄十二	三日 庚毕昴八 十二日酉昴胃十二	三日 申觜参初一 八日庚毕十三 四		
	子虚九 二日壬危初	癸女六 七日子女七虚初	丑斗廿三 十二日癸牛女初	艮斗八 二日丑斗九	寅箕二 八日艮斗箕初	甲尾二 十四日寅箕尾三	甲房初 六 十四日甲尾心初		太极

丙芒种	午夏至	丁小暑	未大暑	坤立秋	申处暑	庚白露	酉秋分	辛寒露
三日 乙亢十	三日 辰角十二	巽翼十六	三日 巳张十七	三日 丙星七	午柳十四	三日 丁井廿九	未井十九	三日 坤井四
八日 辰角九	八日 巽轸七	八日 巳翼九	八日 丙张十二	十四日 午星柳十五十六	八日 丁柳七	八日 未井廿七	八日 坤井十二	八日 申觜九
坤井十二	二日 未井廿八	丁柳七	午星五	丙张十二	巳翼九	巽轸七	二日 乙辰角九十	乙氐三
二日 未井十三	五日 丁鬼八	九日 丁柳初	十一日 午星初	二日 丙张初	七日 巳翼初	九日 巽轸初	十三日 乙氐初	二日 卯氐四

	戌霜降	乾立冬	亥小雪	壬大雪	子冬至	癸小寒	丑大寒	大火
	三日申觜参初	三日庚毕昴一	二日酉胃八	辛娄六	戌奎璧十三	三日乾室璧十一	三日亥危室十九	
	四日庚毕九	八日酉胃昴十三	八日辛胃娄十二	八日戌奎十	八日乾璧九	八日亥室九	八日壬危十四	

	甲房初	甲尾二	寅箕二	艮斗八	丑斗廿三	癸女六	子虚九	太极
	六日甲心尾初	十四日甲寅箕尾初	八日艮箕斗三初	二日丑斗九	十二日癸牛女初	七日子女虚初	二日壬危初	

全本地学答问卷下

水法向局

问：二十八向水法。

曰：谈水法者莫不以来宜屈曲、去喜之玄，宜澄静、喜方圆，奈得此美局而反见凶，其故何也。盖因立向不合水法，致死绝水反来冲生破旺也。故曰论形势者伪，论生旺者真。乃言水法者，或以《洪范》从坐山而分生旺，或以玄空从向上而分生旺，又或以九星，或以卦例，种种不一，亦莫不各有生旺之说。然卒不验者，以不得生旺之真也。盖水法止有一理，并无二窍，岂得有数十家之纷纷者乎。皆因奸术托古仙之名，造伪妄之说，以诡其术，而惑世欺人也。故今日而言水法之生旺，但当试其验与不验。其不验者，三奇四卦，小玄空之进神退神，烂钱水之三合连珠，其说离奇，断不可从何也。向不合局，向凶则水凶，水凶则脉亦因之而凶也，而水法之真、水法之验莫过于长生五行，止以一向局收纳为准。向吉则水吉，水吉则脉亦因之而吉也。脉得生旺而向非生旺者大凶，脉之死绝而向收之为生旺者大吉。夫脉与水皆无权，而祸福悉听乎一向。向之生在左则死必在右，故宜左水倒右，而右倒左则反局；向之生在右则死必在左，故宜右水倒左而左倒右则反局。反则死绝上堂而冲生旺，虽脉吉穴吉，水形好看，其如向水不合，非但不发福而且祸随之矣。余阅天下名墓，以八山八水八星玄空诸般水法较试，总无一验，惟长生五行百试百准。壬丙甲庚兼子午卯酉四正旺者，固宜左水倒右；而壬丙甲庚兼亥巳寅申四禄旺者，又宜右水倒左；壬向不加子而兼亥，即非水局，仍卯亥未木局，向左旋甲脉之生，右旋癸水之旺，同在亥方也。丙向不加午而兼巳，即非火局,仍酉巳丑金局,向左旋庚脉之生,右旋丁水之旺,同在巳方也。甲向不加卯而兼寅,即非木局,乃午寅戌火局,向左旋丙脉之生,右旋乙水之旺,同在寅方也。庚向不加酉而兼申,即非金局,仍子申辰水局,向左旋壬脉之生,右旋辛水之旺,同在申方也。二十八宿布列卦位干支二十四山,占二十四宿尚有四宿在壬丙甲庚之际。壬加子虚日度属火,加亥则危月度属水;丙加午星日度属火,加巳则张月度属水;甲加卯氐土度属土,加寅则房日度属火;庚加酉昴日度属火,加申则毕月度属水。本一山向,分金迥别。一水一火,五行之生克各殊;为煞为神,两向之避迎不一。分金坐度,不可不慎重也。

水法总诀

壬丙甲庚兼正旺,子午卯酉本同向。辰戌丑未一类推,左水倒归右畔放。
壬丙甲庚兼禄旺,亥巳寅申即同向。乙辛丁癸并四维,右水倒归左畔放。

问:局向原本。

曰:天降十干于河图,戊己居其中,河图即太极六十四卦,因之以出,阴生阳成,阳生阴成,五生数居内,五成数居外,依次排列,自有不得不然之势。而一得五为六,二得五为七,三得五为八,四得五为九,是土居中而为水火木金之母。五得五为十,戊土又为己土之夫,则土为四行所必需,即寓于水火木金之内,故地有四方之四局,而无中宫之土局也。东方属木,木分阴阳,凡东方来谓之木,左旋阳木,即谓之甲;右旋阴木,即谓之乙。甲乙二字,包括东方艮寅甲卯乙辰巽。南方属火,火分阴阳,凡南方来谓之火,左旋阳火,即谓之丙;右旋阴火,即谓之丁。丙丁二字,包括南方巽巳丙午丁未坤。可知庚辛二字包括西方坤申庚酉辛戌乾,壬癸二字包括北方乾亥壬子癸丑艮。此时尚未有八卦,地支止此,先天分阴阳方位,非后天罗盘中天干地支之甲乙丙丁字样也。如乙丙,如丁庚,一字为太极之老阴,一字为太极之老阳,包尽八卦四方。脉有脉局,水又水局,逆顺迥环,空中化气,故谓之悬空。后人不知此生成悬空之奥,乃另撰出一生出克出之假悬空,是非不可以不辨。尝见故墓,峦头精美,垣局雄健,砂迥水绕,先发财禄,间或出贵,随即败绝者,向不合正局也。惟合正局，则夫妻偕老，房分均匀，虽本主平平，而脉贵气旺，亦必纯粹悠久，断无发富不发丁、发丁不发富，或居官犯刑，或鳏寡孤独者也。

汉张苍①《灵枢经》云："木火金水，左旋而属阳者甲丙庚壬也，右旋而属阴者乙丁辛癸也。"阴以阳培胎之位为受气之位而右旋，阳以阴培胎之位为受气之位而左旋。万物生于阴阳参两之中，故甲癸相配，丙乙相配，庚丁相配，壬辛相配，互藏其墓，迭为生旺。万物所知所能，皆在养生之时，不在临官帝旺之位。见《陆宣公外集》。

问：阴以阳培。

曰：乙绝于酉以甲培则胎于酉，辛绝于卯以庚培则胎于卯，丁绝于子以丙培则胎于子，癸绝于午以壬培则胎于午，绝处逢生，为受气之原。此乃先天之灵枢，阳以阴培，仿此类推。死局专为自生，此后天之变局所由来也。

---

① 武阳人，仕高祖朝，明习天文地理。淮南王藏其书而没其名，后魏相特标之曰《灵枢经》。

河图正局之图

丙脉乙水丙午艮寅辛戌右旋阴火局向

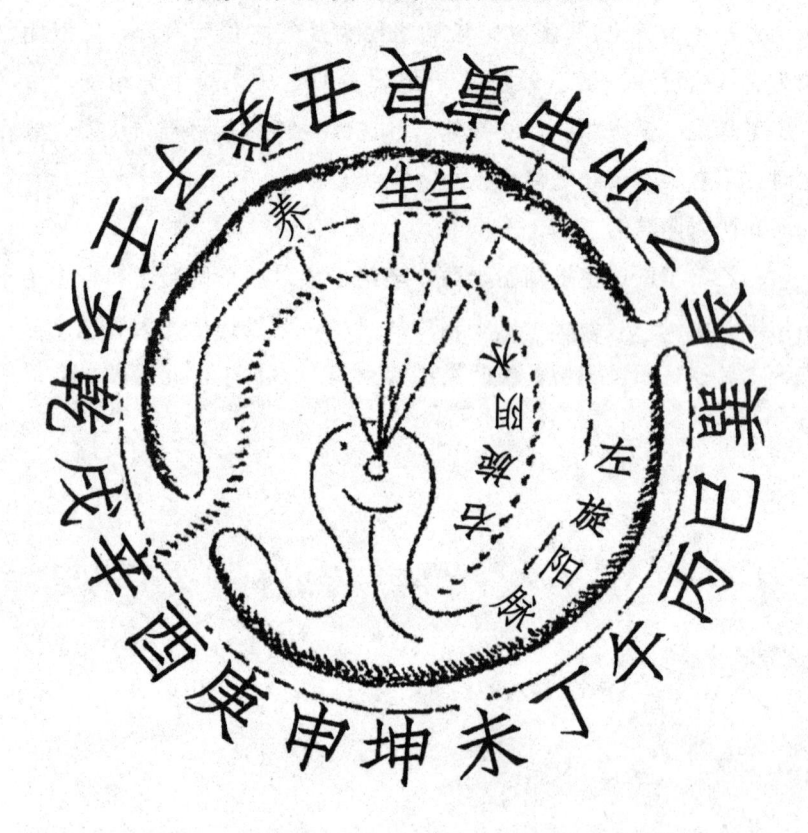

论水立向，水之长生午丙，文曲巳巽，冠带辰乙，官禄卯甲，帝旺寅艮，衰在癸而脉之养在癸，故立甲兼寅与寅艮癸生养向，纳右边一路吉水上堂，消左边子壬病水流去。若亥乾死水，戌辛墓水，酉庚绝水，俱不宜上堂。但凶方出口，便合乙木水法。癸丑皆养，舍丑扦癸。以脉左旋属阳，故立干不立支。

乙脉丙水艮寅丙午辛戌左旋阳火局向

丙午未向，纳左边艮寅生水，甲卯文水，乙辰秀水，巽巳禄水，丙午旺水，未方巨门水到堂，消右边坤申病水流去。若庚酉死水，辛戌墓水，乾亥绝水，俱忌上堂。但凡凶方出口，便合丙火水法。脉旺水生，丙午互相生旺，故立向不分干支。凡脉之养，直水之衰，脉右旋属阴，以支为养，干为衰，故止取一支向。

辛脉壬水坤申壬子乙辰左旋阳水局向

　　壬水生在坤申，文在庚酉，秀在辛戌，禄在乾亥，旺在壬子，衰在癸丑，故立壬子丑生养向。癸丑皆养，舍癸取丑。因脉右旋属阴，故不立干而立支。纳左片一路吉水，上堂消右片艮寅病水流去。若甲卯死水，乙辰墓水，巽巳绝水，俱不宜上堂。但凡凶方出口，便合壬水水法。

壬脉辛水壬水坤申乙辰右旋阴水局向

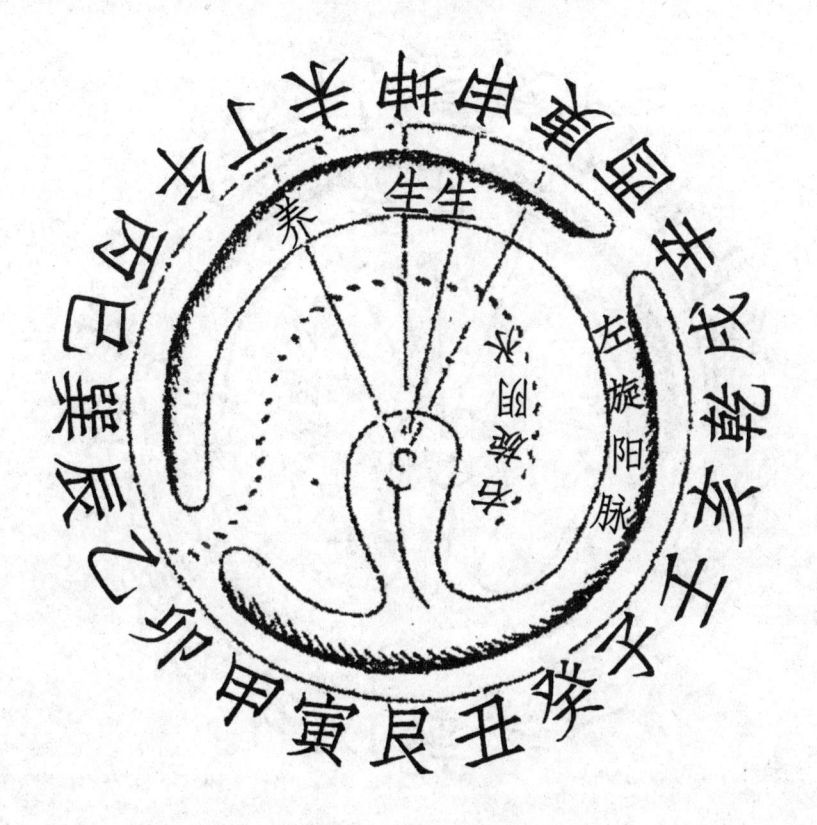

辛金水生在子壬，文在亥乾，秀在戌辛，禄在酉庚，旺在申坤，衰在未丁，而脉之养在丁，盖水生脉旺，水旺脉生，坤申互相生旺，故干支皆向。若脉之养直水之衰而左旋，阳脉以干为养，支为衰，故止取一干向，纳右片一路吉水上堂，消左片丙病水，巳巽死水，辰乙墓水，卯甲绝水。但凡凶方出口，便合辛金水法。

庚脉丁水庚酉巽巳癸丑右旋阴金局向

　　水生于酉庚，文在申坤，秀在未丁，禄在午丙，旺在巳巽，衰在辰乙，水生脉旺，水旺脉生，巽巳互相生旺，故干支皆向，丙兼巳同。若脉之养直水之衰，左旋阳脉以乙干为养，辰支为衰，故止取乙干一向，纳右片一路吉水上堂，消左片卯甲病水流去。至寅艮死水，丑癸墓水，子壬绝水，但得一方出口，便合丁火水法。

丁脉庚水巽巳庚酉癸丑左旋阳金局向

水生于巽巳，文在丙午，秀在丁未，禄在坤申，旺在庚酉，衰在辛戌。脉生水旺，水生脉旺，庚酉互相生旺，故干支皆向。若脉之养直水之衰，兹脉右旋属阴，以戌支为养，辛干为衰，故止取戌支一向，纳左片一路吉水上堂，消右片乾亥病水流去。至壬子死水，癸丑墓水，艮寅绝水，俱不宜上堂。但得一方出口，便合庚金水法。

甲脉癸水甲卯乾亥丁未右旋阴木局向

水生卯甲，文在寅艮，秀在丑癸，禄在子壬，旺在亥乾，衰在戌辛。水生脉旺，水旺脉生，乾亥互相生旺，故干支皆向，壬兼亥同。若脉之养直水之衰，兹脉左旋属阳，阳以辛干为养，戌支为衰，故立辛干一向，纳右片一路吉水上堂，消左片酉庚病水流去。至申坤死水，未丁墓水，午丙绝水，但得一方出口，便合癸水水法。

癸脉甲水乾亥甲卯丁未左旋阳木局向

水生乾亥，文在壬子，秀在癸丑，禄在艮寅，旺在甲卯，衰在乙辰，脉生水旺，故干支皆向。脉养水衰，兹右旋属阴，以辰支为养，乙干为衰，故止取辰支一向，纳左片一路吉水上堂，消右片巽巳病水流去。至丙午死水，丁未墓水，坤申绝水，俱忌上堂。但得一方出口，便合甲木水法。

正局既本之河图，而变局则原于洛书。一白壬癸水，九紫丙丁火，先天乾南坤北为天地定位，后天一九合十为水火既济。丙火以癸水为正官，夫也。癸水以丙火为正才，妻也。故亥卯未木局，右旋癸水脉也，配左旋丙火之向，但纳左水艮寅长生，来会丙午帝旺，而出丁坤衰病方，以木局而变火局，之向不必寅午戌全，即亥卯未局，亦可扦丙午二向。又如戌方水口之火局，左旋丙火脉也，配右旋癸水之向，但纳右水卯甲长生，来会亥乾帝旺，而出辛庚衰病方，以火局而变作木局，之向不必卯亥未全，即午寅戌局，亦可扦亥乾二向，或壬向兼亥，皆合变局水法。丁火以壬水为正官，夫也。壬水以丁火为正才，妻也。故子申辰水局，左旋壬水脉也，配右旋丁火之向，但纳右水酉庚长生，来会巳巽帝旺，而出乙甲衰病方，以水局而变作金局，之向不必酉巳丑全，即子申辰局，亦可扦巽巳二向、丙向兼巳，皆合变局水法。又如丑方水口之金局，右旋丁火脉也，配左旋壬水之向，但纳左水坤申长生，来会壬子帝旺，而出癸艮衰病方，以金局而变水局，之向不必申子辰全，即巳酉丑局，亦可扦壬子二向。三碧甲乙木，七赤庚辛金，先天离东坎西，为水火不相射；后天三七合十，为雷泽归妹。甲木以辛金为正官，夫也。辛金以甲木为正才，妻也。故申子辰水局，右旋辛金脉也，配左旋甲木之向，但纳左水乾亥长生，来会甲卯帝旺，而出乙巽衰病方，以水局而变木局，之向不必亥卯未全，即申子辰局，亦可扦甲卯二向。又如未方水口之木局，左旋甲木脉也，配右旋辛金之向，但纳右水子壬长生，来会申坤帝旺，而出丁丙衰病方，以木局而变水局，之向不必子申辰全，即卯亥未局，亦可扦坤申二向、庚向兼申，皆合变局水法。乙木以庚金为正官，夫也。庚金以乙木为正才，妻也。故午寅戌火局，右旋乙木脉也，配左旋庚金之向，但纳左水巽巳长生，来会庚酉帝旺，而出辛乾衰病方，以火局而变金局，之向不必巳酉丑全，即寅午戌局，亦可扦庚酉二向。又如丑方水口之金局，左旋庚金脉也，配右旋乙木之向，但纳右水午丙长生，来会寅艮帝旺，而出癸壬衰病方，以金局而变火局，之向不必午寅戌全，即酉巳丑局，亦可扦艮寅二向、甲向兼寅，皆合变局水法。详图印证自明。但变局虽发富贵，然有吉不能无凶，非比正局之全吉无一凶者也。至取墓水上堂，破旺出生为反局，脉贵，凶中亦复有吉，非比破局之全凶无一吉者也。

洛书变局之图

木局变水局

木局水口 合辛金水法 变作水局向

甲脉辛水 木家甲男 水家辛女

　　左旋甲木脉，生在乾亥，文在壬子，冠在癸丑，死在艮寅，旺在甲卯。入首纳右旋辛金，水生在子壬，文在亥乾，冠在戌辛，死在酉庚，旺在甲坤，则衰位在未丁，故甲卯脉扦坤向并庚兼申向，以卯不可立申向也。艮甲坎亥方可单向申，水口出丁，虽木局之墓变水局之衰，纳右片一路吉水，生来会旺，消左片凶水，旁出衰方，吉。

金局变水局

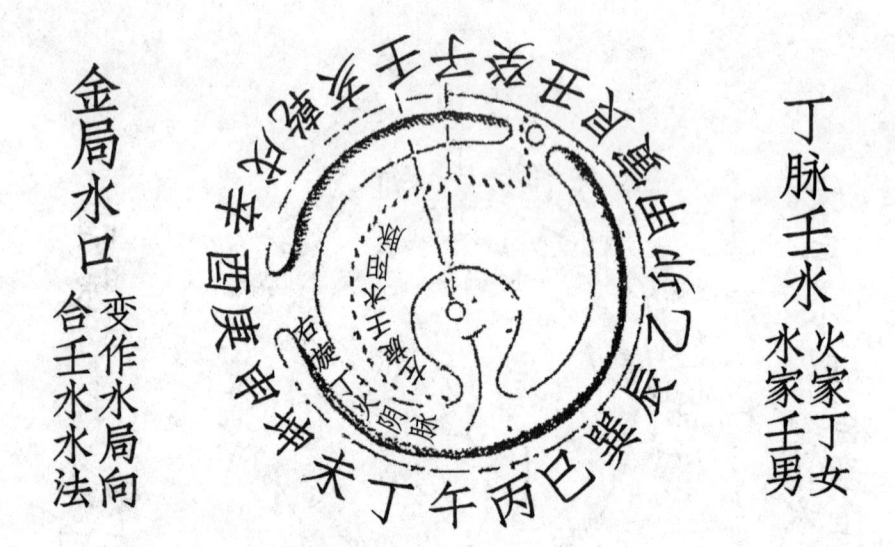

金局水口　变作水局向
合壬水水法

丁脉壬水　水家壬男
　　　　　火家丁女

右旋丁火脉，生在酉庚，文在申坤，冠在未丁，死在午丙，旺在巳巽，配左旋壬水水，生在坤申，文在庚酉，冠在辛戌，死在乾亥，旺在壬子，衰在癸丑，故扦壬子二向，水口出癸，虽似金局之墓，却变作水局之衰，纳左片一路吉水上堂，消右片绝墓死病之水出衰方，向脉之绝处逢生，乘脉之旺气入首，收水之生来会旺，人财咸吉，文武均发。

火局变木局

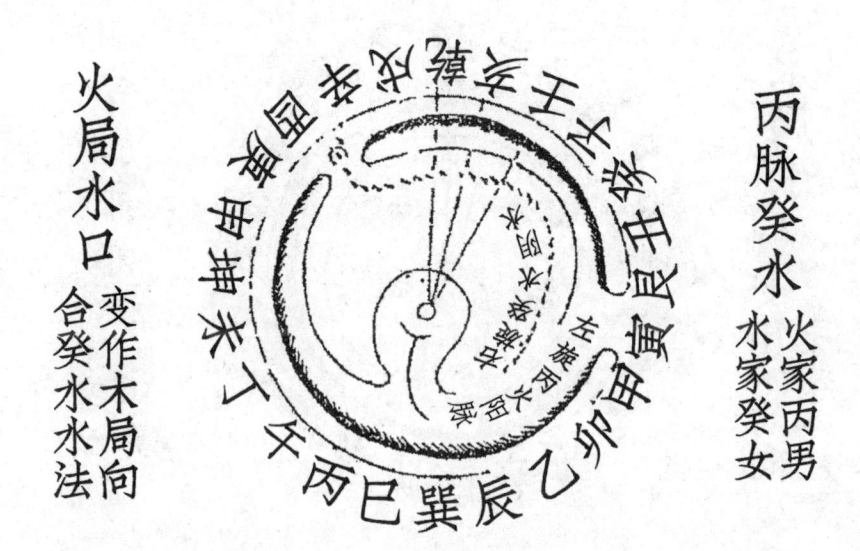

火局水口 变作木局向 合癸水水法

丙脉癸水 火家丙男 水家癸女

左旋丙火脉，生在艮寅，文在甲卯，冠在乙辰，死在巽巳，旺在丙午，配右旋癸水水，生在卯甲，文在寅艮，冠在丑癸，死在子壬，旺在亥乾，衰在戌辛，故立壬兼亥向，并亥乾两向，水口出辛，虽似火局之墓，却是木局之衰，纳右片一路吉水上堂，生来会旺，消左片绝墓死病之水出衰方，向脉之绝处逢生，乘脉之旺气入首，向对水之旺，合木局水法。

水局变木局

右旋辛金脉，生在子壬，文在亥乾，冠在戌辛，死在酉庚，旺在申坤，配左旋甲木水，生在乾亥，文在壬子，冠在癸丑，死在艮寅，旺在甲卯，衰在乙辰，故扦甲卯二向。水口出乙，亦可出巽，虽似水局之墓，却是木局之衰，纳左片生文冠之水，会当面旺水，绕右首去，消右绝墓死病之水出衰方，向脉之绝处逢生，乘脉之旺气入首，向对水之旺，合木局水法。

金局变火局

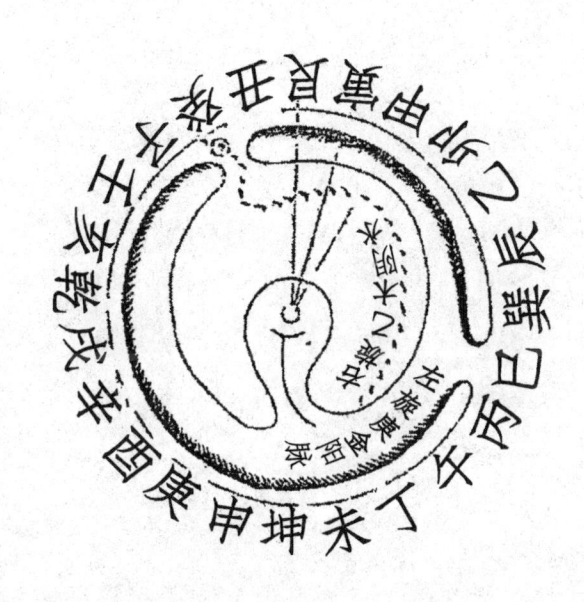

金局水口 变作火局向 合乙木水法

庚脉乙水 金家庚男 木家乙女

左旋庚金脉，生在巽巳，文在丙午，冠在丁未，死在坤申，旺在庚酉，配右旋乙木水，生在午丙，文在巳巽，冠在辰乙，死在卯甲，旺在寅艮，衰在丑癸，故扦甲兼寅向并寅艮二向。水口出癸，虽金局之墓，而变火局之，衰纳右片一路吉水上堂，右臂作案，左臂收水，向脉之绝处逢生，纳水之生来会旺，主征吉庆。

木局变火局

木局水口 变作火局向 合丙火水法

癸脉丙水 水姓癸女 火姓丙男

右旋癸水脉，生在卯甲，文在寅艮，冠在丑癸，死在子壬，旺在亥乾，配左旋丙火水，生在艮寅，文在甲卯，冠在乙辰，死在巽巳，旺在丙午，衰在丁未，故扦丙午二向，水口出丁，虽似木局之墓，变作火局之衰，纳左片一路吉水上堂，左臂作案，右臂收水，病死墓绝未曾到堂先出衰位矣。向脉之绝处逢生，坐脉之旺气入首，纳水之生来会旺，主发祥福。

水局变金局

水局水口 变作金局向
合丁火水法

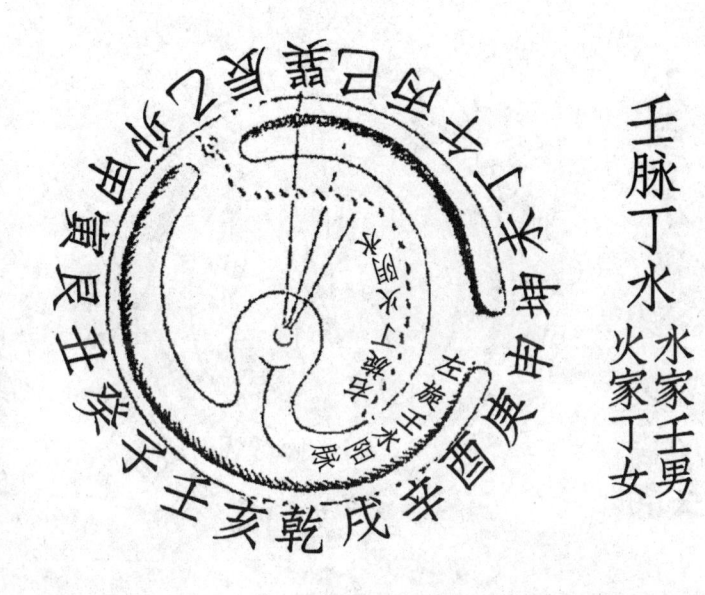

壬脉丁水 水家壬男
火家丁女

左旋壬水脉，生在坤申，文在庚酉，冠在辛戌，死在乾亥，旺在壬子。配右旋丁火水，生在酉庚，文在申坤，冠在未丁，死在午丙，旺在巳巽，衰在辰乙，故扦丙兼巳向并巽巳二向，水口出乙。虽似水局之墓，却变作金局之衰，纳右边一路吉水上堂，消左片绝墓死病之水先出衰方矣。向脉之绝处逢生，乘脉之旺气入首，收水之生来会旺，合金局水法。

火局变金局

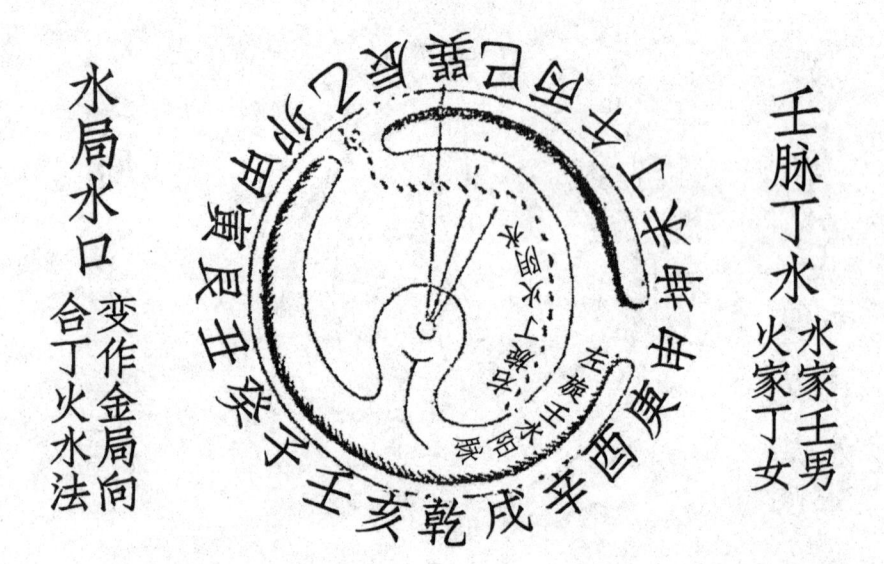

右旋乙木脉，生在午丙，文在巳巽，冠在辰乙，死在卯甲，旺在寅艮，配左旋庚金水，生在巽巳，文在丙午，冠在丁未，死在坤申，旺在庚酉，衰在辛戌，故扦庚酉二向，水口出辛。虽似火局之墓，却是金局之衰，纳左片生来会旺之水，消右片绝墓死病之水，同出右首辛方，向脉之绝处逢生，乘脉之旺气入首，论水立向，向对水之旺，合金局水法。

二十八向局

乾山兼亥戌

乾山兼亥戌，右水倒左吉。伪书以乙丙为反覆黄泉，反谓巽向水可出丙午为沐浴，不知水之沐浴方，乃脉之官禄方。若流破临官，必丧成材之子。又以乾亥双山为属木，墓在未，谓可出于未，不知木之生方在乾亥，犹水之禄在乾亥，金之病在乾亥，火至绝在乾亥，要非以乾亥板定属木也。若以坐山论局，是认脸为臀矣。金局以未丁为冠带，冲破则损成材，彼以左水倒右为吉，独不思左边子癸为死水，丑艮为墓水，寅甲为绝水乎。至以破军配巽水，又当面流去为破局，定诸人财两空。

合局　巽水主世代荣禄特朝，出神童才子，翰苑讲官。同丙丁水来主义门寿考，三阳洋朝，食邑开府。庚脉遇巽水，出经略之士。辛亥脉见此，水朝峰起，少年科甲。若双峰，兄弟联芳。丁坤脉遇此，主出工部吏部，世代科甲。坤脉见巽水，主双生男，大发财富。壬脉出人英豪，识高才大。再得丁水同朝，巨富显贵。子癸脉多文人达士，为师儒之长，州县之职。亥脉出台辅宰执。巽有蛾眉山，多女贵。○长男特达，仲房昌盛，三房旺相。

变局　水出衰病方，文官清正。巽为御街水，主高科富贵，因亲发财。庚水到堂凝潴，文臣武将，大富贵。未水生人忠厚，衣食丰足。辛水特入，生人明经孝弟，世代科甲。水流乙方，要有巽水澄聚，人丁大旺。若无巽巳庚酉水到堂，损小口，子孙不多。兑艮亥脉多翰苑御史，辛脉出文章之士，登科及第。若再得巽砂起，巽水朝，神童才子，状元及第，多女贵。卯脉出经略之士，庚酉辛亥艮卯脉定主出显贵，旺丁发富。壬子癸脉丁不甚多，小富小贵。丑脉出孤寡孀女，僧道艺人，必单传一二代子孙方多。坤脉主富，出寡，纳奏功名。戌脉败长克妻，忤逆。乾戌脉单传，重妻孤寡。艮脉文武全才，二房有贵，无寿。阳脉遇此，长房灭没，仲房虽有刑克，丁旺秀贵。末房兴隆，螽斯千古，福禄高厚。阴脉主财禄高福寿，长生贵子，男女隽秀俱荣昌。乾甲丁方峰峦耸峙，巽方水朝发横财，生贵子，作台臣，与国联姻。庚脉甲高有荐拔之美，午高世代科甲，朱紫盈门，巽方木火尖峰，神童鼎甲。○孟房高贵，仲房兴旺，季房丰厚。

反局　水出冠禄方，少亡孤寡。墓水来绝，三房破。生方长房，抱子重妻，后行一者多灭没。仲房强旺，财丁贵秀。后季房并女富贵。

破局　水当面流去主冷退，此方有抱花山，或山碎破，或午水流入，污玷门风，长二不利。末房有传，亦离乡。

亥山兼壬乾

　　亥山兼壬乾，右水倒左吉，伪书以巨门配巳，反以左倒右为吉，不知彼所捏者先以艮为禄存寅为文曲矣，又以甲为廉贞乙为破军矣，既纳左水则左边乙甲寅艮破廉文禄之凶水，岂得一滴都不上堂，是又以凶为吉矣。彼又以卯水出未与亥山为三合，不知局以向水酉巳丑三合，论非以坐山言也。且卯为病方不宜来，来则多劳瘵痼疾；未为冠带不宜去，去则失龆龀之男。此所以宜收右边之吉神，不宜纳左边之凶水也。

合局　巳水朝大旺人才，巳巽丙丁未大水洋，朝富贵极品，男女俱有才名。庚方旺水到前，大发庄田，官高职显。巳为财宝水凝珠，才子文章登科第。艮亥脉见巳方有圆印而水环绕，主腰悬金印。庚脉子孙蕃衍，爵位尊高。乾脉出人英雄仗义，辛脉清秀有谋略，但异路功名。壬癸脉发财最速，子孙悠远。巳方有土砂起，出人魁梧发富。有火木文笔，出人隽秀，文章驰名。○孟房一代高发一代，微伶单传，子孙有功名。仲房旺相，季房高强。

变局　单传一二代子孙方多。巳水朝聚，旺人丁财禄。仲房田产盛，季房富厚福禄。只孟房丁少出秀，发财亦强。初代单传重妻，后主孤寡冰媚。庚水朝主，腰悬金印。巳丙洋朝，主有掖庭近侍之荣。寅甲水拱，主疯疾缠身。水口乙甲方而巳水澄聚，庚水旁拱，主衣禄丰厚，子孙清贵。酉脉见巳水朝，主杀戮。乾脉发武职官荣，侍郎之尊。戌脉重妻损子，寡母持斋，出独卵。震艮峰富有千驷。艮亥脉验之主文武官贵。辛脉见乙方小金星，善字画雕琢。阳脉见巳有金星，银铜锡匠，乐舞吹击弹唱。

反局　房分不均多忤逆。孟房招男，二姓同居。仲房特达，财禄高发。墓水到堂，三房少亡。重妻损子，钱财徒旺。水流未，损孩提。出坤丧成材。冲庚酉一贫如洗，飞砂走水，乞丐绝嗣。巳向出杂艺，刑名写状，医药稳婆，星相卦数阴阳。说话结舌，财禄发旺。屠剑剃头，裁缝忤作，木瓦篾匠，教拳舞戏吹唱。六亲冷淡，外家不旺。戌脉出人顽嚣奸傲，幼男横逆，老父乖戾，耳目残疾。壬脉出人大方，多红鼻痔疮，纳奏功名。亥脉单传，文雅风流，财禄常聚。

破局　少年劳病。酉脉见此，水去风射，杀身丧家。丑脉有蛇伤刑狱之患。阴脉遇巳方有砂，闭塞，女人不生育。阳脉遇巳方有圆墩，堕胎患眼。

壬山兼亥

壬山兼亥，右水倒左吉。书云："丙向忌破。"巽者丙向兼午，寅午戌火局，向流出巽方为破官禄。若丙向兼巳，又为酉巳丑金局，向正要流巽辰乙方而转甲方兼午纳左水，寅来会午兼巳纳右水，酉来会巳，故兼午之丙向，不宜右倒左兼巳之丙向，不宜左倒右，以火局之生在左而金局之生在右也。二十八宿既以二十四宿配二十四向，尚余四宿在壬丙甲庚四干之中，故壬山兼子坐子虚，壬山兼亥坐亥危。火局金局各别，岂可不分兼午兼巳，而概以丙向即称为左水倒右乎。〇又伪书扯白龙潭夹蛇扦钳记，以为寅午戌局之向，不知彼是天盘丙加巳，乃地盘丙加午，故火局木局皆可。此丙加巳仍酉巳丑金局，生右而死左，不宜左水倒右者也。

合局　生人聪明俊秀，孝义忠良，九族同居，太和一堂。丙为天贵水，进女财产，子孙多官贵，巽水发聪明之女，秀美贤良。辛脉酉脉，牙笏满床。卯脉文武全材。艮脉巨富显贵。亥脉出大贤，德言功业不朽。丙方火木文峰，才子文章，四海钦仰，万古流芳。〇长房丁虽少而大富。仲房显贵，丁财旺盛。季房福禄绵长。

变局　水出辰乙卯甲，要有巽巳水朝，长仲两房，子孙大富。丙丁水聚，少年科甲。坤庚酉水男女慈祥，族戚贵盛。辛水旁拱，幼房挂印总兵，二代大司马。乾脉庚脉出英雄豪杰，腰金衣紫。

反局　长房损丁单传，发富。丑水到堂，代绝三房。阴脉遇此，有贵无寿。寡母起家，才子文士困场屋，明经孝弟，广文乡饮而已。四房亦多败绝。

破局　长房无出，妻妾重重而又寡。仲房离乡背井，季房刑妻克子，祖业消乏，人丁飘流。男无长寿，女不生育。

壬山兼子

壬山兼子，左水倒右吉。伪书多以辛水过丙而出艮，不知是反局也。墓来冲生主败绝。若丙向兼巳，犹合酉巳丑金局。今此丙向兼午，当从艮寅流丙午出辛戌，岂可辛戌反冲丙午之旺并艮寅生方也哉。又或以坐山论水局，谓壬山生申旺子墓辰，竟取申水流辰者，以臀为面，更大谬已。又或以丁水过丙向而出巽，惧称巽为黄泉，不知巽为丙向之临官，宜来不宜去，倘流破巽方，方为黄泉，不去不为黄泉也。

合局　丙水主富寿，为赦文，家无凶祸。丙水同巽丁来，主义门寿考。三阳洋朝入庚宫，食邑开府作三公。艮脉得此为催官，其方有印笏砂或水特朝，世代公卿之贵。亥脉出圣哲贤儒，神童状元，翰苑台阁。辛脉才子文章，光华宇宙。卯脉出将入相，有柜库土星。砂水朝来，富极长久。辛脉酉脉，验之丙方，有火木文笔峰，神童鼎甲，尚书宰相。○财丁寿贵，长房久远，中男大发，少男强旺。

变局　丙巽朝堂，孟房台阁，仲房部院。丙巽水长来秀丽，状元及第三公位。寅甲水来，长子蜚声科第，礼部尚书。艮寅水来，满门富贵，人丁昌炽。乙水到堂，多才多艺，神童才子，少年科甲。丙方水朝峰起，仲房台辅宰执，公侯庙食。亥脉丙峰，榜眼探花先出，随有三四状元，十余翰林。子癸右旋亥，取辛亥一脉扦丙向兼午辛巳分金，寅卯午方高耸，庄田万顷。寅甲水来，出状元宰相。更有丁坤峰起，阀阅偏乡。若子癸脉入首，公门得横财，广进庄田，长中房多生贵子，大旺丁族。圆峰前后照，满门朱紫。乾脉遇此，英雄豪杰。高峰卓笔，出将入相。辛脉出翰苑文章之士，男女多节操，世代出榜眼探花。庚脉主文武全才，遇有巽峰，定产台阁大臣。辛亥酉艮脉大富大贵，男女俱有才名。遇丙双峰，弟兄同榜，累世高爵。

反局　房分不匀，子孙聪俊，薄福寡禄。戌水到堂，三房灭没。未水流巽方，劳病少亡。孟房不旺，有损伤。仲房财丁小发，成材之子将利达而猝亡，若财富必多孀寡。

破局　凶败。长子离乡，仲房一贫如洗，主火灾，但发而不起。同午混流，则寅午戌年火灾常见。

子山兼癸壬

子山兼癸壬，左水倒右吉。假水法用八星三匪，诡揑武曲在午，反曰左倒右凶，独不思彼所揑者，方且以寅为武曲，卯为辅弼，乙为贪狼，辰为巨门，皆属吉星方位。若以右水倒左为吉，不几冲破寅卯武辅、乙辰贪巨之吉神乎。且彼以右边丁为破军，庚为禄存，酉为文曲，辛为廉贞，皆属凶星方位，则丁庚破禄、酉辛文廉之凶水上堂，反将亥乾绝水、戌辛墓水、酉庚死水、申坤病水倒冲，破巳巽官禄、辰乙冠带及寅艮生方，有不凶败而绝者乎。

合局　豪富显贵。壬子癸脉见此，水朝砂秀，左右抱卫，主出魁元公卿。丙午丁水来主骤发，但多离乡后富贵。艮脉见此水朝大堂澄潆，丙午丁高峰对照，主出宰执台辅，督抚军门，中女宫妃命妇。

变局　长房发达，二房少子孤寡，劳病败绝，三房人丁寿高，刑妻克子，眼疾疮病。卯水朝，午水拱，主男子好色。

反局　孟房财丁大旺一二代，仲房不旺，季房刑克妻子。壬脉扯眼瞖眼，阴人多暗疾怪病。阴脉遇此，长房大贵，仲季两房登科。阳脉克妻克夫，仍止单传。戌脉出武弁雄兵茅匠屠刽。

破局　火灾淫乱出贼，其方有墩，火灾可免，但主目盲。寅丑脉见此，外明内暗。乾脉见午水，犯人命，刑狱破家。壬脉午向见庚方尖峰起，出强盗头。庚申混流冲射，被人杀戮。若又午方水砂高照，害众成家，男奸盗，女娼淫。

癸山兼丑子

癸山兼丑子，右水倒左吉。伪书误指坤为黄泉，不知坤为脉之生方，正直水之旺方，宜来不宜去。若以为黄泉而反冲破，定主少亡败绝。古诀：流去坤方为黄泉。不去不为黄泉也。至以丁为墓，向则又是破局，大凶矣。右片之水未绕堂归库，左片绝胎病死之水反上堂，将谓右倒左而左又来矣。且当向出去流破脉之生养，必主子息艰难，故忌左水消耗，只宜右水过左，生旺同归，人财咸吉。彼以癸山为亥卯未木局，谓癸水生卯旺亥墓在丁未者，癫人梦呓耳。不知认局立向，反以坐山论局，世间流破养方，生而不育，皆由此辈悮害人者也。

合局　进横财，男女多寿，家无凶祸，人丁蕃衍，富万斯箱。兑脉见此方砂水秀迎，射策金门。丁水同巽丙水为三阳，凡阴脉遇此，皆能发秀贵。三阳洋朝流震宫，超凡入圣，出仙翁。卯亥脉遇此，出大贤人，道学流芳，三元及第。艮脉见此方，峰峦高耸，水特朝入，公侯庙食。坤申水朝，螽斯繁盛。辛水朝，辛峰起，神童宰辅。庚水朝，英雄有胆略，男子多节操。乾水巨富，多良马。亥壬水主大富贵。丁方火木文笔，世代鼎甲。太阴案为驸马。〇丁向房分均匀都发达，男女隽秀，俱荣昌。

变局　公门旺财禄，季女嫁豪郎，常招横财，早年科第。但富者出老寡母，贵者无多子孙。孟房英豪，难存蚤子，中年多儿，寡母。衣禄丰盈，纳奏功名，武职更多。仲房克妻损子，发财禄，只单传季房，亦重妻损子，一代旺相一代消，一代消乏一代旺。阳脉遇此发财，茶盐油米起家。妇人操持，常进庄田。右砂尖直，裁缝巫医戏子。

反局　出寡妇。辰水到堂，季灭没。出人声音含糊，缺唇露齿。孟房子孙虽俊秀，劳病少亡。仲房小发财，妻子多伤损，有子寿必夭，无嗣寿乃长。阳脉持强横暴，世代愚顽。丁方土星，寡母起家，田产广进。水星在丁，顽耍戏舞。

破局　腹痛凶败。孟房败绝，仲房伶仃，季房发财，性不忠良，重妻渐退，寿元不长，鳏寡继赘，三姓同居。

丑山兼艮癸

丑山兼艮癸，左水倒右吉。庸愚惑于金煞墓库，不知丑山禄纯坐斗木，何金之有。乙木养在未，此火局之向，源于生气者也。非甲非癸，何得以乙丙之养向，惧指为乙丙之墓库，独不思辰为庚金之养，并为乙丙之冠带乎；戌为丁火之养，并为辛壬之冠带；丑为辛金之养，并为甲癸之冠带，又何得概以之为墓库也哉。

合局　出忠臣孝子，男女多节操，尊德乐道，明天察地。丙峰起，丙水朝，出将入相，后多礼兵部堂之职。巽峰起，巽水朝，神童才子，鼎甲翰院，更发聪明之女，秀美贞洁。丁峰起，丁水朝，登科第而贵压千官，三阳同朝，执掌朝纲，多寺院之职。乙水旁拱，多才多艺。水来寅甲，少年蜚声科第。巳丙水来，主有掖庭近侍之荣，或多武将英雄。卯水来，文臣兼武。阴脉得此水朝，台阁风清。离壬脉见之，则为将军。亥脉联捷三元，艮脉道学流芳，部院尚书拜相。卯脉家门孝义，出人经邦济世，食邑开府。〇孟房发达最速，仲季秀贵强旺，季房富贵绵远。

变局　血财兴旺，库守田庄，但出人谨守。艮脉遇此，有掀天揭地之才。孟房大富大贵，仲房一代兴，一代灭，又一代兴。主魁元鼎甲，官荣侍郎之尊。季房文章驰名，科第联捷，子孙繁多，财禄绵远。卯脉见此，水来流动不注，主雷击而富。此向出人，知天文地理，星相医药，卦数杂艺。阳脉出裁缝金火炉斗斛水土工匠之类。

反局　申子年月瘟，火灾，一代孤寡，一代重妻。长房子孙不生育，仲房寿命短促，季房小发富，子孙多。兑水特入，多巫妾。水流左丙巽方，主少亡穷败，世代孀妇，夫妻不和，出疯邪。

破局　看经念佛出僧尼。卯脉见此水去，则雷击而败长。戌脉多鳏寡夭折，悖逆不忠之人。有尸山主路死扛尸，难产双瞽。

艮山兼寅丑

艮山兼寅丑，右水倒左吉。伪书谓戊土寄乎艮，己土寄乎坤，作土局者，大非。又或以庚丁为反黄泉，此更大谬。盖庚酉为向之官禄，宜水来，忌水口。若流庚酉则丧成材之子，少年寡孀。若出丁位衰方，或出丙位病方，犹主人财咸吉。又以艮山兼寅作合寅午戌局，谓巳禄来会，申马当向，为御街水，不知局面在前，而反以坐山牵强配之，以金局作火局，而又不扦火局之丙午未向，乃误扦水局之坤申向，不几收左之墓绝上堂而冲破右之子壬生方亥乾文秀戌辛冠带，立见消乏乎。

合局　人丁昌炽。水曲大朝，官职重。水小湾环，福寿长。坤水主骤富，乾水来生，人忠厚长寿，衣食丰足。壬水拱，生人聪明孝友，田财旺盛。坎水拱，生人清贵富寿，及第登科。子水来，主商贾得财，因军贼发越。壬子旺水来，官爵高重，金谷丰盈。兑脉又见壬亥辛水，产台阁大臣，子孙繁衍。癸脉乾脉，见坤水洋朝，有山如旗旌，主为将军。坤方一峰端正如圭，三甲及第。不端正，巡检小官。乱峰低小，出郡衙从官之职。○孟房高发，仲房代兴代歇，季房小发而长久，寿禄延长。

变局　主富，寡母起家。庚辛水来，主生贵子，白手兴家。坤母砂高，题名榜尾。乾方高耸，虽纳奏官至侯伯。阳脉遇坤砂起，坤水朝，主布帛行开染，或贩牛马，出兽医。

反局　多忤逆强梁。长房子孙迟，妻妾重重，发富司牧，令尹官职。仲房单传，后多孤寡败绝。季房子孙秀发，财禄见。丙水续弃弦，偏房生子。坤方火星或金土星，文兼武，家道旺。水木星，文笔好词讼。坤有火土星，陶冶窑匠。

破局　少亡孤寡，黄肿劳病怪疾，单传。未水流去，主相继孤孀。卯水来上堂，遭官刑狱。卯脉见之，难为妻室。有掀裙抱花山，主寡母淫乱。有钵盂山，出尼姑僧道，寡母持斋礼佛。癸丑脉，卖田畜，小口尽伤。

寅山兼甲艮

寅山兼甲艮，右水倒左吉。伪书不知以堂局论，而扯在坐山论，谓午水出戌兴寅三合为火局，不几以臀为脸、面为臀乎。抑思局字何义，千古来只有堂局向局水局，原是面前之局，未闻背后称为局面者也。

合局　大旺丁财，少年发达。坤申洋朝，螽斯衍庆，富贵久长。申庚朝堂，人有胆略。乾水朝来富商，多异路功名。辛水旁拱，幼房总戎。辛水朝，辛峰起，主出神童，鼎甲魁元。乾壬艮三脉出英雄将帅。辛亥艮三脉出忠臣烈士。乾有高峰，或天马山，出吏部御史太仆。坎方有太阴砂长流水，乡尹牧伯。○孟房迅速，仲房迟久，季房悠远。

变局　才子国士，首登科第，阴脉发财禄，多子孙，但房分不均，财兴子不兴，子旺财不旺。孟房有人丁，仲房少子孙，季房发丁财，一三两子入翰林。卯脉主文武犯刑。阳脉出木工杂艺，多重妻克子。

反局　忤逆强横。长水到堂，季房重妻，成材归阴。仲房发富，公门纳奏。孟房少亡孤寡。艮脉孟房可救，虽刑克衰危，有发达之时。加坤太多则仲房代有代无，中子发富，少子孙。卯脉富贵抄灭。

破局　伶仃孤苦，外死扛尸，频招横事。申水去，孟房代绝，长子五伦混乱，朝讨暮乞。仲房季房虚劳病损少年。

甲山兼寅

甲山兼寅，右水倒左吉。有谓庚向忌流坤丁者，以庚向兼酉忌流破。若庚向兼申，仍子申辰水局，之向坤为帝旺流去，主穷败。至于丁在衰方，喜作水口。木局变水局，从衰方流出大吉。庸术见庚向兼申发祥者是右水倒左，妄拟为卯亥未木局，扯在坐山上论，谓甲木生亥旺卯墓未，水出丁未方发祥，不知兼申之庚向乃水局，水局之生在右而死在左，生气来而死气去，所以发祥也。

合局　发横财，旺人丁。子申辰年月，多生富贵福寿男儿，明经孝友，慈祥忠义。申庚水绕，人物英杰，操持异常。辛脉亥脉，文雅风流，翰院宗师。艮脉卯脉文武双全，奇伟雄豪，多经略总制，官声显赫，威振边疆，忠臣烈士，血食不休。庚砂起多高人达士，知天文地理，兵刑韬略，吏工郎官。酉方砂起水来，忠信明决，国后王妃。○孟房高厚巨富，仲房悠达大贵，季房财丁旺盛。

变局　出人聪明有才干，因公进田，发大富。孟房贵子，由科甲而衡文。仲房富商，多纳奏而巡河。季房螽斯绵绵，财禄悠久。兑方太阴金星，少女秀美，膺诰命，但长女子孙稀少，福禄却丰厚。次女端严节操，建坊旌表。

反局　孟房伶仃，季房绝嗣，仲房丁财旺，库守田庄。虽生成材之子，将利达而猝亡。妻妾重重多暗疾，六畜损伤家不兴。

破局　少亡忤逆，劳病失红。亥艮卯脉入庠登科，一贫如洗。坎脉有人无财，奔波劳苦。震脉发配充军，孟房灭没，仲房鳏寡，季房逃窜。

甲山兼卯

甲山兼卯，左水倒右，吉。伪书指坤为黄泉，不知坤为庚向之官禄，流去坤方为黄泉，不去不为黄泉也。彼以右水倒左为吉，除非兼申则可，若止兼酉，正合巳酉丑局，岂可以右边病死墓绝之凶水反流上堂，冲破左边冠禄之吉神乎。故以癸绕庚出巽者，历观万家，总归败绝。此庚酉向，所以必守巽丙丁而出辛乾壬为最利也。

合局　道学流芳，勋名烜赫。卯脉督抚将相公侯庙食。丁脉遇此为催官，主少年发达，联升三台。艮脉文章华国，出将入相。巽神童才子，状元翰林，簪缨济楚，文官清正。庚，水洋朝未，水拱堂，生人慈祥孝友，世代荣禄，驸马宫妃命妇。兑水凝潴，丁水旁拱，出人清贵，登科及第，福寿绵绵。庚水聚，生人明经孝弟，勇略财禄。丙水朝，生人孝义忠良，财旺丁盛。巽水暗拱，辛水明朝，生人聪明长寿，神童榜眼，富有千驷，贵压千官。庚水朝庚砂起，代应武贵，有胸襟胆略。庚砂高如兜鍪旗旄之状，掌握兵权为大将。庚方尖峰秀起为判笔，出人刚断明决。太阳金星高照，巽乾特耸，吏部台阁。震峰后应，由宗伯而将相。丙丁砂起水朝，司马将军，提督总兵最多，忠烈。○孟子发福洪远，仲子福禄绵长，季子高强。兼申发旺。

变局　庚水积聚，庚峰高大，主司寇官职，出人知天文地理，刑名武艺，相术兵法。庚金腰带水，眠弓案主，巡按法司刑名之职，出人灵变，谋略超群，发富久长。酉水朝登科及第，主大贵。辛水朝，少年发达。辛峰起，生人忠厚长寿，出神童，进田财，发高官。亥水朝，明经孝弟，黄门国子，太常光禄。艮脉见此，生人慈祥孝友，世代荣禄，男女俱贵。阳脉出州牧令尹吉。秀峰峙，长房词林御史，仲房虽异路功名，官高爵重，财穀丰盈；季房司徒或藩司之职。贱脉木工茅匠裁缝滕艺，小发财富。

反局　房分不均，艮卯脉登科发富，广进田财。丑脉出高僧妙道，武功名，起于弁卒。庚水会酉，丁财旺盛，刑克鳏寡，应过后代少年成材，文章驰誉，射策金门，世出英雄之将，发富久长。辛未水拱，仙客骚人。四维低陷，长房平平，丁夭亡而徒富贵，先克妻后出寡。中房财禄虽盛，一代寡而一代克妻。季房英伟过锐。

破局　主孤寡离乡。子癸水来又，或申辰二水注堂，出人凶暴，投军劫掠，好讼，哑聋亏体，劳病少亡。壬戌水来，寅午二水到堂，出人淫乱虚诈，多技好赌，贪酒色颠狂，患眼跌足，瘰疬疮疥，中风水厄，失火退财。乾戌水来，产死缢亡，多形体亏残之人。坤乙水来，虎咬雷伤，瘟疾退财。庚砂歪斜或探头侧面，男女俱盗贼。

卯山兼乙甲

卯山兼乙甲，左水倒右吉。伪书取亥来出未与卯山为三合者，大绝败。酉水单朝入堂，酉刑酉向，伤中房，犯刑戮，子方死水来，代代死二房。丑墓水来，代代绝季房。

合局　金带水骤发富，进女财产，出人文雅。丁艮脉见此山朝水迎，出文贵。若此方朝拱兼巽峰秀耸，贵近君王。巽辛朝来，聪明孝友，三元三台。丙水出人忠厚长寿，官贵发富。丁酉水生人慈祥忠义，多荣禄。宫妃命妇。男招美貌贤妻。未庚水朝，出人清贵富寿。〇长男发达，次男旺财，季男强旺。

变局　长男克妻。先孤寡少亡。后子孙强旺。衣食丰足、二房发富乏嗣。季房财兴，子伶仃忤逆败绝。风声不正，多克夫。巳水犯刑戮。

反局　损小口，产虽堕胎，落孕漏红，主人昏迷，口舌多病。子癸水来，出人狂妄欺诈，退财败绝。戌水来，瞽目单身，心性顽钝，离祖过房，淫乱产死，投河缢首，形体亏残。乾水来，五伦混乱，虚诈多技，好赌贪酒色，患眼跌足，离乡退财。火星酉方，出铜钱锡匠，制造首饰器皿之银匠。

破局　丑脉疯邪妖魔，妇人奸僧。寅甲脉疯病瘤疾，眼目昏花。卯脉男为贼，女为妓，巽脉犯罪招刑，为官阵亡。子午辰戌脉，唱婆兵婆，尼姑僧俗通奸。

乙山兼卯辰

乙山兼卯辰，右水倒左吉。伪书以乙山为乙丙，亦辛戌为墓向，将左右水俱上堂，出口流辛，不知当面去是破局，左边墓绝病死来，定主败绝。又或以左水倒右出，谓乾为黄泉，不知乾为辛向之生旺，若去则为黄泉，损得力男子，不去不为黄泉也。

合局　科甲水主聪明才智，登科及第。艮水来，主清贵少年，科第联捷。丑水来，聪明彻天机。亥水鑫斯千古。洋朝生人忠厚长寿，出神童，官贵发财。卯脉遇艮丙峰耸，出吏部忠臣良相。巽脉见此，水朝山秀，少年鼎甲，子壻均入翰苑。如花美人，多金宝。艮卯亥脉见此，砂水秀迎，主亚榜明经，朱紫盈廷。坎脉遇此，发富最速，入庠登科。辛砂起辛水朝，神童才子，文章驰誉，鼎甲翰苑，秀贵异常。○长房高大，中房茂盛，末房特达。

变局　墓水拱堂，季房不利。坤水朝孟房，孤寡少亡。中房败绝。乾水长房清贵，仲房巨富发科第，官居风宪。当向星峰照耀，长房才子翰林，仲房富贵，人丁广发。下砂逆水，幼房财旺，纳奏功名。

反局　少亡孤寡，损长房成材之子。辛向水路怕当乾。乾为甲木长生，流破生方，人丁促亡。辛入乾宫百万庄。乾宫为癸水旺，欲其流入辛局也。若水流去则堕胎落孕，官非口舌，横祸常临。

破局　离水朝，凶暴好讼，哑聋亏体。坤水朝，寡母礼佛信邪，离祖过房，产死缢亡。子水朝，淫乱虚诈好赌，离乡退财。长房丁财初代旺，二三房克妻损子。

辰山兼乙巽

辰山兼乙巽，左水倒右吉。伪书以武曲配戌，反以右水倒左为吉，不知右边亥为病水，子为死水，丑为墓水，寅为绝水，有一滴上堂则冲破左边生旺官禄，必主大败大绝。又或两边水俱收来，当面去，为寅午戌火局墓向者，不知凶水上堂直出为破局，更主凶败凶绝。

合局　富足多庄田。辰脉巨富骤发。庚水朝主清贵福寿，登科及第。坤申水朝，生人明经孝弟，慈祥忠义，世代荣禄，大发财富。丁未水来，少年蜚声科第。巽脉卯脉见此多神童才子，同胞状元，翰林御史，尚书台阁。○孟房发达悠久，仲房大兴，永远旺盛。季房丁繁富贵洪远。

变局　发财旺丁，出英雄，多克妻。卯脉遇戌砂起水朝，主台臣将帅，荫袭绵长。子水朝发丁财，淫欲风声。辛水拱堂，财帛兴旺，人丁繁茂，聪明孝友，忠厚纯良，神童鼎。甲辰寿，发富，但长子克妻，中子亨通，小房刑克。

反局　少亡孤寡，忤逆官讼，瘟病横祸，杀长换妻。丑脉出僧尼，离祖过房，投河自缢，形体亏残，鳏寡退败，尤犯官刑。坎水来，悖逆劫掠。

破局　回禄瞎聋，难产自缢。卯脉见此水去，喑哑。艮脉见此水去，盲而聋。丑脉见此水流，犯人命，军徒流徙，终死刀下，有尸山，主路死。庚酉脉见此方有刀砂，出屠刽，长脉出唱婆，女美不生育。

巽山兼辰巳

巽山兼辰巳，右水倒左吉。伪书以贪狼配乾，反以左水倒右为吉，不知左边戌辛为衰水，酉庚为病水，申坤为死水，未丁为墓水，午丙为绝水，午克乾，酉克巽，俱为煞水，必犯抄灭。又或以壬为反覆黄泉，不知壬为乾向之临官吉水，不去非黄泉也。申水死长，酉水刑二，未水伤季，故不宜左水上堂而，惟纳右水归左始发福祥。

合局　旺财禄，产英贤。坤脉见乾方峰起水朝，世登要路。辰脉见此水特朝，龙透天门，巨富显宦。坎癸脉主横财官禄，人丁繁盛。甲卯脉出文武全才。仓板朝，家豪富，儿孙著紫绯。乾水洋朝，英杰豪雄，文章华国。甲水聚面前，官爵重，发田庄。壬子癸水上堂，子孙聪明孝友，财帛旺盛，登科第而爵禄悠长。乾为天厩，砂起水朝，主进骡马巨富，太仆寺，兵马司。丁峰拱映，状元及第，吏部尚书。辛砂起，贵人提拔，科第联捷，后代出神童探花，才子翰林。○孟房洪大长远，仲房特达延绵，季房刚强勃发。

变局　甲卯脉文官清正，乾峰高，多发武科甲，为将为台。寅水特入，生人清高，发富早，登仕路，代代蜚声科第。坎癸水朝巨富，，为官外亡。流破养方，损小口，堕胎，妇女少亡。○长房豪强压乡邦，仲房子孙繁衍财禄悠久，季房一代昌隆一代贫，一代鳏寡一代盛。

反局　戌水拱堂，发富单传，或两子绳武。季房刑妻克子，少亡孤寡。艮丙巽脉见乾亥水朝，入庠登科，才名远播，但多咳嗽吐红之病。主瘵夭，或覆溺惨丧。

破局　盲聋驼矮，鳏寡继赘，克妻，多跛蹶。艮丙巽脉见此，止于跛，犹能履，但出少亡劳病，长子伤损。死墓到堂，丁眷奚勘，产难崩漏，投河悬梁，形体破缺，离祖过房。

巳山兼丙巽

巳山兼丙巽，右水倒左吉。伪书以巨门配亥，反以左水倒右为吉。不知左边为病死墓绝，若一滴上堂，便冲盛破旺，而犯败绝。屡见左水倒右墓死上堂，当面秀水朝入，虽词林至部院。逢巳亥生者，定遭杀戮。以亥刑亥、亥冲巳也。必右水倒左始全福无咎。

合局　财禄水大旺丁财。巽脉见亥水，多翰林御史近侍之臣。见卯水，产威武之士，显将相之才。但亥水多外任。艮水朝有谋略，文章超群，武艺出类，善诙谐，有豪侠之风，州牧县令，中宪资政。子癸脉人负才名，工部驿盐，巡河粮道。卯脉产豪杰，文武全才。砂秀水朝，清官福寿，翰林学士之尊，世代丁繁，科第蝉联。丑脉公门册库，入幕参谋，财帛旺盛。再得卯水旁拱，巨富，文兼武贵，有操持胆略。长房高发，仲房长远，季房特达。

变局　酉辛洋朝，多文秀之士，长房衣食丰厚，庄田广进。但先重妻，后又出老寡母。子孙英豪富贵。仲房寿长福厚，重妻则子多，财禄绵远，纳奏功名。季房旺，田产发富，人丁少。坤申水拱，出人凶暴，投军劫掠，吐血劳怯。

反局　仓板水朝，大旺财禄。单传子孙登科甲。庄田万顷。季房螟蛉继赘。

破局　少年吐血。午脉主抄杀灭门。坤水来孤寡满屋。离水来奸淫凌迟。中风水厄。失火离乡。

丙山兼巳

丙山兼巳，右水倒左吉。有谓壬向水口怕当乾者，以壬向兼子，申子辰水局宜左水倒右，乾为临官方，流破主丧成材。今壬向兼亥卯未木局，宜右水倒左，乾为长生方，流破主绝人丁。夫一壬向忽而倒右吉，忽而倒左亦吉，何也。兼子之壬向为水局，生在左而死右，故倒右吉。兼亥之壬向为木局，生在右而死在左，故倒左吉。一生字包养生沐冠禄旺十二位，言一死字包养病死墓绝胎十二位，言生死各别、水木不同也。

合局　乾亥洋朝，巨富显贵，常赝诰封。艮水远来，人丁繁衍，质库发富。壬癸洋朝或暗拱，户工科部，庄田徧州郡。甲卯旁拱，文章驰名，阀阅盖乡。庚酉辛脉，出人英勇，文武全才，多女贵。坤脉骤发横财，富有千驷。丁脉旺财发族，福高寿长，三元及第，司马官职。丙脉富寿，台阁风清。巳脉财禄丰厚，纳奏功名。巽脉科第蝉联，翰林学士，宗伯入相。卯脉文为良相，武为良将，公卿贤哲，庙食千古。艮脉忠臣烈士，文衡宗师，由礼而吏，入内阁而参机务。长房风流文雅，仲房特达丰裕，季房财多悠久。

变局　出人英毅，才名远播。巳脉孳牲繁茂。巽脉神童翰林，催官入阁。卯脉文臣掌兵权。艮脉不旺孟仲，惟少男富贵双全，福寿高长，才子掌院，阁学侍郎。

反局　鸿胪太常。仲房高强，长房劳病，季房强梁。虽有人丁，不免少亡。阴脉遇此，官贵发财，外任最优，内转不甚长远。墓绝死水上堂，孤独鳏寡代代有之。

破局　离乡背井。未坤水射堂，军贼痰火虫病，小房寿不长。孟仲克妻出寡，田产消败，火盗人命，足目伤残，自缢投河，瘟灾毒疮，孤寡灭亡。绝四房。

丙山兼午

丙山兼午，左水倒右吉。伪书以巳由壬出坤，不几纳凶死消吉为反局乎？彼以破军配壬谓右倒左为吉，是将死病之凶水收上堂，而冲破左边之吉神矣。又以乾为黄泉，不知乾为壬向之官禄，去则为黄泉，主少亡也。右旋辛脉配左旋壬水，会成申子辰水局，脉水同墓库于辰巽者，先同冠带于戌乾。所谓辛壬水路怕当乾者，盖以戌乾正，男冠女笄，初昏匹偶，方配成夫妇。若水路冲破冠带，则男女配不成夫妇矣。故应少亡。

合局　主骤发血财兴旺。丁脉遇水朝砂秀，卿相显贵。午脉遇此，单传巨富，纳奏功名。坤脉遇之多武贵。水洋朝，居家富贵。横宫流走，无堂凝潴，乡富贵。巳脉清贵，福寿，科第内任。丙脉出英贤，身挂朱衣。巽脉见壬水，世代翰林，忠臣良相。巽脉见壬水，甲卯方有木星，主大富大贵。子癸水，发财富，进官爵。壬砂特起壬水大朝，出台辅宰执。阴脉验之。癸峰高耸，大贵入朝。孟房高远，仲房特达，季房强盛。

变局　司马官职。丁脉出豪侠，多仙客骚人，巨富显官。庚脉出武将英雄，握兵权。酉辛脉出榜眼探花，才名震海宇。○孟房柔顺文明，贵显清高。仲房博大光昌，发越弘大。季房豪强富厚，但多刑克。

反局　财浪荡，出少亡流破。辛戌冠带方劳病孤孀，流破乾亥临官位，成材归阴，损长堕胎，遭回禄黄肿，离乡落水亡。丑艮水来，离祖过房，鳏寡淫乱，产死缢亡。

破局　奸淫游荡。水盛而去长，黄肿投河。水直而去，急逃窜，横祸，中风残疾，水厄失火，离乡灭亡。

午山兼丁丙

午山兼丁丙，左水倒右吉。伪书以武曲配子，反称右水倒左为吉。不知自己所捏业已配癸为破军、甲为禄存、卯为文曲、乙为廉贞矣，何又以凶神为吉，不自相矛盾之甚乎。又或以寅来出戌，或以戌来出寅，为坐山三合者，是以背为面、面为背，悖谬已甚，不知乾为官禄、戌为冠带、申为长生之水，总不可倒左冲破，以致败绝也。

合局　骤富。主商贾得横财，或因军发越，出双生六指，纳粟功名。午丁脉遇此方，砂水秀迎，发达科甲。巽脉出文人，登科及第，官贵财禄。巳脉出智巧聪颖之士，衣食丰足。丙脉出翰林察院。辛脉寅未砂高，巡抚部院。丁脉寿长荣贵，部郎。庚脉英豪武职。申癸水朝，丁财增益，代出风雅之才。坤兑水朝，世代科甲。○孟房洪大，仲房旺相，季房强盛。

变局　乾脉重妻，寡母下堂。申脉子水主富豪，午砂起生贵子。辛癸子水拱朝，六指拐指双生。子方有游鱼砂出，舟人撒纲捉鱼。有火土星，窑匠瓦匠。孟房富贵，仲房单传，后代财丁高发，重妻克子，一代兴一代败。季房豪强，发财丁。

反局　多生女子少生男，刑克妻子主单传。癸水朝缺唇六指，寡母起家。壬子癸洋朝旺财发富。墓水到堂多死得力男子。子砂破碎子水单入，多淫乱，其方有圆墩堕胎，水盛落水缢亡，黄肿蛊症。震艮亥脉见丑癸混入，或澄凝潴聚，主兄弟屠戮，毒药女祸，多肚胀病。

破局　奸邪淫乱，劫掠偷盗，瘟疾劳瘵。见卯水，刑重祸烈，二房败绝。巽水来，女娼妓，男嫖赌，游荡飘流，横死凶败。午脉遇子方探头，庚砂偏削，响马强盗，犯抄杀。

丁山兼未午

丁山兼未午，右水倒左吉。伪术不以向论局，而以坐山论局，谓生酉旺巳墓丑，反欲左右夹来出艮，不知是癸向之生旺宜来不宜去，去则为黄泉。又或捏癸为金局墓向之说，不知当面直出是破局，定主大败大绝。

合局　骤发横财登科，居师儒之长。癸水单朝，出双生六指，发财富，纳粟功名，或公门操持，令牧通判。午寅水人丁昌盛，财禄悠长。寅甲水来，神童才子，入翰林，礼部春官居台阁。丙巽脉验之。午脉遇此，砂朝水秀，巨富显官。丙脉文章科甲，再得艮方柜库，富有千驷，贵至三公。巳脉遇癸水，贤才辈出。卯乙脉出人聪明英勇，多材多技，诗书琴棋，清贵高显。巽脉出人光明正大，侍讲东宫。再得丁方峰峦秀拔，庚方星峰耸峙，世代将相。癸方有双峰，主双生同科。甲丁脉男女有节操，仓库丰盈。酉脉双生女，美貌清秀。艮脉见癸水，丙火砂高大，富贵世登要路。孟房洪远，仲房昌盛，季房亨通。

变局　秀水朝登科第，大发富贵。兑坤洋朝，台阁大臣，子孙繁衍。坤辛水拱，立德立功不朽。乾水朝乾峰起巨富大贵。孟房英豪孤寡，又重妻。仲房秀美发财，但重妻而子方多。季房人丁强旺，克妻后发达，寿乃长。

反局　人丁不多。丙脉遇此，衣食丰足，纳奏功名。仲房丁旺，多文章之士。季房时兴时废。丙脉丙砂高，出富豪。卯砂主巨富，世代科甲。巽水拱，男女隽秀。卯水来，富贵压乡邦，终亦伶仃无传。

破局　淫乱。水盛主落水缢首，黄肿蛊症，损小口，多孀寡。震艮亥脉遇此，虚名浮利。未脉僧尼疯邪。丑艮混流悖逆争闹，有屠戮之害，毒药女祸，缺唇脚疾，孤寡败耗。

未山兼坤丁

未山兼坤丁，左水倒右吉。伪书谓丑为墓，不知当向出去为破局，右边死绝上堂，左边吉水径去，定主凶败凶绝。盖丑向原是申子辰水局之向，对右旋辛金脉之养，故生旺在左，死病在右，断不可纳右水以致灭亡者也。

合局　旺田产，发牛羊，财多，信佛道。辛水拱堂，财丁大发，科甲蝉联。酉水来荣禄官贵。庚水来生人清贵富寿，文章科第。乾脉见此，水朝砂起，游击参将。坤脉巨富，纳粟功名。庚脉多发武贵。辛脉出文贵，府道司院之职。若丑方砂如琴鹤龟剑，出文雅风流之士。亥卯峰峙，文章科甲入翰林。孟房发达，仲房迟久，季房旺盛。

变局　忤逆不和。丑艮水朝，发财富，进官贵。先应孟仲，次应少男。孟房孀寡，仲季重妻，虽发达不悠久。丙脉发显贵，庚辛脉小富小贵。阳脉出师巫戏子，拳棒武艺。

反局　仲房发富，劳疾少亡，孤寡败耗。卯水来，堕胎小产。乙辰水来，季克妻子，雷火丧命，离乡背井，横死绝嗣。

破局　鳏寡横祸。卯辰水来，单身匪类。辰戌脉横逆恶死。乾坤脉见此方有尖刀，屠刽自刎。

坤山兼申未

坤山兼申未，右水倒左吉。伪书以廉贞配艮，反以癸水出艮方，不知当面直流为破局，衰病死墓绝上堂，而生冠禄旺水反出去，定主人财两空，败绝而亡。盖艮为丙脉之生方，乙水之旺方，断不可流破。

合局　质库水发财进禄，有库柜山或水凝聚，富比陶朱。小峰山水，亦积金帛，粟陈贯朽。若有三台并特朝水主催官，神童状元，居三公之位。丙脉见水朝山秀，早登黄甲，与国联姻，公侯藩封。丁脉主长寿，世代公卿。坤脉骤富，频招横财，广进庄田。庚脉见艮方有高峰，先出武将，后荫文科，甲第蝉联，公卿官爵。孟房高强，仲房迅速，季房强旺。

变局　艮砂起，艮水朝，巨富小贵，文章驰名。丙水来，世代荣禄，驸马宫妃命妇。巳水仓库满盈，进官禄。巽水生人清贵，及第南宫。但二房无寿。寅水单朝，犯抄杀屠害。艮方缺陷无峰峦，虽有文章不显达。

反局　艮水凝聚发财禄，入库登科，后代多出武进士，守备都司。孟房孤寡，仲房重妻，子孙伶仃。季房富厚。阳脉出人贩牛，兽医杂艺。

破局　冷退，孤寡飘流，歌舞弹唱，吹击戏耍。寅甲水来，出人狂戾，欺诈无礼，虎咬犬伤，雷伤火烧。卯水单朝，刀下丧身，当招命盗横祸。

申山兼庚坤

申山兼庚坤，右水倒左吉。伪书不以向论局，而以坐山论局，取子水出辰与申山为三合。不知寅向乃午寅戌局水法，若流辰出口则将甲卯临官、乙辰冠带冲破，丧成材之子，失韶龀之男，人财两消乏矣。

合局　大旺财丁。水朝世代荣禄。乙脉见此，离乡富贵，后代子孙清高，宫妃命妇。丙脉翰林察院，礼兵部院，后多方伯郡牧，武将英雄。午水来，进田庄，官高爵重，威名显。辰乙水来，财丁旺盛，后代出神童才子，百艺精通。○孟房先伶后盛，仲房财富速发，季房福禄悠久。

变局　长房英豪有刑克，仲房清高子孙迟，季房旺相出高官，发财富。寅甲方有墩，主师巫驰名。若圆长，主博奕驰名，裁缝木工。甲水清贵富寿，一及第，三登科。

反局　水朝主发富，但人丁不旺。壬子癸水亦主小富，易发易倾。乙脉主离乡发财，犯火灾，投河溺水。

破局　主疯盲虎伤，手足残疾。戌水疯狗咬死。巳水主蛇伤。辛水出人凶暴，投军劫掠，哑聋亏体。亥水主游荡淫乱，失火离乡。丑水出僧道，艮水出人狂戾，鲜廉寡耻，回禄退败。

庚山兼申

庚山兼申，右水倒左吉。有谓甲向忌流艮方去者，兼卯乃亥卯未木局之向，艮寅为临官，流去损成材之子。兼寅仍午寅戌火局之向，艮为旺水，流去穷败。火局以寅艮为旺，丑癸为衰，衰方始可去也。兼卯之甲向，左倒右吉。兼寅之甲向，右倒左吉。一则木局之生在左，一则火局之生在右，生宜来而死宜去，生死各别，木火不同也。

合局　巽水来神童才子，三元及第，学士春官，阴脉应之。辰乙水来发财，开质库，田地房屋极广。卯甲水来，辅国鸿才。寅艮水澄聚，富贵悠长，科第官禄，巡抚察院不绝。丙水源远流长，焘斯千古，性情纯和，九族同居，田产徧各州郡，吏户礼兵，诰封荫袭。坎脉牛田大富，纳奏功名，司农司空之职。亥脉贤才辈出，台阁风清，牙笏满床，荫袭绵邈。辛脉神童翰林，牧伯卿尹。酉脉男女清秀荣贵。庚脉文武全才，但丁不盛。坤脉骤富。丁脉大贵长寿。○长房财多丁少，中房发福洪邈，季房特达悠长。

变局　人奇伟，衣禄丰足，丙丁脉福寿高强，朱紫盈廷。坤脉发横财，田产宽广。庚酉脉文武科甲，出官贵而子不繁多。辛脉多文章之士，魁元翰林，文衡宗师。亥脉近帝王之贵，腰金衣紫最多。长房人丁不旺。少房孤寡。

反局　五伦不敦，少男克妻损子，后必绝嗣。长房疯疾淋症，妻妾重重，子亦甚稀。仲房富而悭吝，阡陌相连，房屋成市。亥水拱来，秀才贡举，诗酒字画，广文之职。

破局　疯癫，半身不遂。仲房虎咬，人财两空。孟房丁多穷苦。季房克妻损子，破相残疾，终归灭没。

庚山兼酉

庚山兼酉，左水倒右吉。伪书不以面向论局，谬以坐山论局，谓庚山生巳墓丑，反收右边巳水流出左边丑方，不知论水立向以堂局论，非可以背后为局面者也。且向原从大脉大水，阴阳相配，会合成局，脉之生在甲卯，死墓在丁未，水之旺在卯甲，墓在未丁，则知巳巽方为死水，而寅艮方为临官。伪书指艮为黄泉，不知流破艮方为黄泉。若不流破，不但不损人口且大发，丁财寿贵，何得徒泥于黄泉方而不问去不去也。

合局　出人清贵高寿，频招横财。脉旺出英雄豪强，巨富显官。乾水旁拱，甲水洋朝，更得乾甲丁庚峰峙逶映，贵至三公，富侔七贵，科甲蝉联，翰林察院，尚书宰相。若壬子癸水朝，财帛旺盛，人丁大发，三第九科。寅艮水朝大富，多文人才子，少年登科。乾脉见此，水朝山秀，少年蜚声科第。○孟房高强，仲房特达，季房旺相。

变局　房分不均。亥脉出神童，少年登科。孟房伶仃，仲房衣禄人丁昌发，后代多有刑害。季房人丁虽多，财禄不聚。若艮方低陷，右砂外反，季房离乡，财禄消乏，人丁耗散。阳脉遇甲方有木笏砂，画工道纪。或木星如尺，小冢乱杂，裁缝木匠。游鱼砂主出游僧。

反局　长房发财而无子。仲房富厚旺人丁。季房丰足，纳奏功名，或公门操权，子亦不旺。乙水朝来，生人多材多艺，财帛旺盛，寡母进产。

破局　财不聚，烂眼红翳，疯眼昏花，虎咬雷伤，失火退财，离祖过房，鳏寡绝嗣。

酉山兼辛庚

酉山兼辛庚，左水倒右吉。伪书以坐山酉取巳丑为三合者大谬。不知巳为酉煞，水之病方，断不可纳。而丑艮寅甲乃向之冠禄，断不可去也。

合局　天爵水主骤富贵。亥水会卯水澄潆，大富大贵，累代鼎甲。卯水洋朝，文兼武贵。庚脉出英雄将相。亥水出人清秀，文章翰林。〇长房强旺，仲房大贵，季房福寿。

变局　砂水秀迎，大富小贵。丑艮水来，单传后螽斯千古。孟子发达，子孙不旺。仲房秀贵旺盛，人丁繁衍。季房庄田广进，人丁昌炽。

反局　重妻。长房不发人丁。仲房衣禄丰足，子孙登科。庚脉验之。季房人丁亦旺，不免重妻。墓水特入，又主子孙微伶。丑脉戌脉，僧尼鳏寡。坤脉见卯水主杀戮，或为盗牵害，一败如灰。乾脉卯水朝出，都督将军。

破局　淫乱偷盗，离祖过房，形体亏欠，遭人命横祸。

辛山兼戌酉

辛山兼戌酉，右水倒左吉。伪水法以禄存配乙，谓宜左水倒右，不知左边为病死墓绝，断不可一滴上堂。彼反以巽为黄泉，不知巽为金局之生，乙向之旺，不宜流去。彼以辛山生子旺申墓辰论局，是以臀为面矣。彼以乙向生午旺寅墓戌论局，将左水倒右，不几冲破午之生乎？将右水倒左，又为反冲寅旺，故牵强作为。水局墓向以左为生，以右为旺，取两边水当面直出，不知流破生养为破局，人财两空。惟右水倒左方，主福寿双全。

合局　名利显达，文武科甲，多荫女贵。坤脉见此水为催官，主侯伯爵禄。再得壬砂，出户兵工部。壬脉大旺财丁，纳奏功名，贵至三品。乾脉出参军。子癸脉人材茂盛，秀才贡监。亥脉词林开府。庚脉出人英勇。巽巳水朝，文为良相，武为良将，子孙科第发元，或出榜花。阴脉应之。坤水朝，大富小贵。庚水旁拱，主巨富显宦，多贵子贤孙。乙砂起，乙水朝，出清客山人，诗酒字画，郡衙从官之职。〇孟房奇特，仲房发达，季房悠久。

变局　丁财大旺，出官贵。乙水朝聚，坤水上堂，世代荣禄，男招贤良美妇。午水朝，牝鸡晨鸣，螟蛉继赘。辰方空缺，辰水特入，酉脉遇此，虽发财富，缺唇露齿，声音舍糊。

反局　向加卯，人财大旺，出秀贵。若兼辰，损长男，寡母孤孀。有子刑父，祖抚厥孙，几代单传后子孙方多，发富。乙砂起，乙水聚，财帛盛，不发丁。

破局　手足残疾，多女少男。丑水来，巳水射，凶暴劫掠好讼。卯水直冲，未水斜射，主雷伤。午水射穴，主火病瘟癀，当遭回禄。辛戌脉鼓眼黑皮。

戌山兼乾辛

戌山兼乾辛，左水倒右吉。伪水法以辰作水局之墓向，不知辰为木局之养向，彼墓向以子为生申为旺，左右夹来，当面直去，是为破局，人财两空。或又以武曲配辰，反以右水为吉，不知自己所捏局图以巽为破军，丁为禄存，未为文曲，坤为廉贞矣。将欲右水倒左，则巽丁未坤在右，岂不又收破禄文廉之凶水乎。不知左边冠带临官断不可冲破，生旺水去乏丁，财禄冠禄水去损少年，此所以必要倒右而不可倒左者也。

合局　旺财产。乾脉巨富，出武功名，妻妾重重。辛脉出人秀雅，主荣贵。庚脉骤富，文武威权。酉脉出官贵，发财富，守备游击，参将总兵。但辰水单朝，声音舍糊，媳妇产难。○孟房骤发，仲房显耀，季房丁繁财广，贵亦最优。

变局　衣禄充足，货殖起家。乾脉见辰水朝入，掌握兵权。孟房虽利达而世受孤寒，终亦败绝。仲房平安。季房先损小口，后丁财兴旺，但多重妻。

反局　劳病少亡。坎脉乙辰双朝，虽发财多艺，而招投河自缢。辰水单朝，主鳏寡忤逆，凶横惹祸，遭人命，犯刑戮，子孙遗失为仆，在家必主抄杀。

破局　劳病瘖哑，闭经产厄崩漏。乾脉伶仃孤寡，未脉瘤疾横逆凶死。子癸脉丧命波涛。壬亥亦水厄亡身。

二十八分金坐度表

子 兼 癸	子	壬		壬 兼 子	壬 兼 亥
庚子	丙子			辛亥	丁亥
癸女 一二三四度	子女 八九十度			子虚 五六七度	壬危 一二三度

午 兼 丁	午	丙		丙 兼 午	丙 兼 巳
庚午	丙午			辛巳	丁巳
丁柳 三四五度	午柳 九十士度			午星 一二三度	丙张 七初一度

丑		癸	
艮	兼癸	丑	兼子
辛丑	丁丑	庚子	丙子
艮斗 三四五度	丑斗 九十士度	丑斗 十八九二十度	癸牛 一二三度

未		丁	
坤	兼丁	未	兼午
辛未	丁未	庚午	丙午
坤井 八九十度	未井 十四五六度	未井 廿三四五度	丙井鬼 鬼初一度

		艮				寅		
丑	兼艮	寅			艮	兼寅	甲	
丁丑	辛丑			丙寅		庚寅		
艮箕 三四五 度	寅尾 十三四五 度			寅尾 四五六 度		甲心尾 六七初 度		

		坤				申		
未	坤兼	申			坤	兼申	庚	
丁未	辛未			丙申		庚申		
坤井觜 十初一 度	申觜 五六七 度			申毕 十一二三 度		庚毕 五六七 度		

寅	甲兼卯	卯	甲兼乙
丙寅	庚寅	丁卯	辛卯
甲房二三四度	卯氐十三四五度	卯氐四五六度	乙亢九十初度

申	庚兼酉	酉	酉兼辛
丙申	庚申	丁酉	辛酉
庚昴五六七度	酉胃昴十一初十二度	酉胃三四五度	辛娄十一十二度

	辰兼乙			乙兼卯	
巽		丙辰		辛卯	丁卯
巽轸 三四五 度	辰轸 九十十一 度		辰角 五六七 度		乙亢 初一二 度

	戌兼辛			辛兼酉	
乾		丙戌		辛酉	丁酉
乾壁 四五六 度	戌壁 十十一十二 度		戌奎 六七八 度		辛娄 一二三 度

	巳			巽	
丙	兼巽		巳	兼辰	
辛巳	丁巳		庚辰	丙辰	
丙张 八九十度	巳张 十四五六度		巳翼 五六七度	巽翼 一二三度	
	亥			乾	
壬	兼乾		亥	兼戌	
辛亥	丁亥		庚戌	丙戌	
壬危 十一二度	亥危 六七八度		亥室 五六七度	乾室 一二三度	

凡分金止兼二分吉，断不可兼三分。所以加二分者，以丙庚阳而旺，丙纳于艮，艮爻上阳下阴；庚纳于震，震爻上阴下阳，有生机也。丁辛阴而相，丁纳于兑，兑爻下阳上阴；辛纳于巽，巽爻下阴上阳，有化机也。此二十八山向大吉金度，五福尊荣者也。三分者，甲壬阳而孤，甲壬纳于乾，乾爻上下纯阳，无生机也。乙癸阴而虚乙，癸纳于坤，坤爻上下纯阴，无化机也。此二十八山向大凶金度，六极鳏寡者也。至若戊己正中，度数换宫，左带右挂，为双金煞。戊纳于坎，坎爻上下绝阴，同先天坤。己纳于离，离爻上下纯阳，同先天乾。不生不化，缝落空亡，为天地分。此二十八山向更大凶金度，犯抄杀灭绝者也。乾隆九年中元甲子，遵时宪经纬躔度，分列宿度于各透地并分金之下，<small>宿度奇零分数，载《透地坐度表》下。</small>逐年下推未来则减一分，上推已往则增一分，庶二十八宿限度及脉山生克宜忌总无差误矣

作用葬法

问：《礼》止言开茔，而前贤有作用有葬法，愿并闻其详。

曰：《礼》云："择地之可葬者，择日开茔域。"盖不可不慎择也。朱文公曰："有祖茔可祔者则祔葬其位，次若窄狭及有所妨碍，则别择地可也。"古人既择地择日，又决于卜筮，今人不知占蓍法，从精天文地理者择之。予游诸省数十年，访精于地理天文者，徐师梅师而外，不可再觏。至天人家、五行家相地峦头明理气作用合天星者亦有之，其堪舆家形家相地十得其二暗合于理者间或遇之，他若方家术家、天星家、卦例家止知浮砂断、隔山照、望气断、扬鞭法、跳冢经、飞天眼、走马断、海底眼、覆坟经、铁扫寻等类，都不令人识破，颇有微中之处，然以之看坟则可以之相地则非。古云："善断者必谬于葬。"以其知启水蚁坟而葬，则又自犯水蚁也。至于谈空家、克应家、妖巫家、谶数家、凿空家、假青囊家等类，以假乱真，以邪夺正，受其害者多多矣。孝子仁人当知所以甄别之。

破土天子斩竹，卿大夫斩苇，士庶人斩草，开山以除杀也。茔形虽圆，然必略宽阔，以便多葬，不然则前略长团，坟坐后半，罗围堑埂，圈

口不可相闻，以上水收拢尺许，下水放开尺许，中间地面取平凸，凸要当脉气贯受之处，然后开金井不差。

穿圹先定穴情，牵一真气线透地乘受，不上不下，乃扦山向，分经昼圹，印钉八桩以掘兆。先掘四隅，出其土壤于外；次掘其中，伊川先生曰："地下砌圹，圹内勿容高阔，仅取容棺。棺外灰隔不过六寸宽，隔外墙角不过二尺宽，须先布置妥当而后为之。"

问：山地平地葬法之作用若何。曰：《书》云："山有余当辟则辟，土不足当培则培。"陵谷变迁，山川改色，何者犹是上古本来面目。穴情变态不一，有穴隐拙，以人力裁剪补整，总取阴阳冲和神气融会为主。若立穴处界合深而虾须不明，朝对远而拱揖不密，确是真气所在，断然不得改移，必须深至丈许，或七八尺，取前朝远应、雌雄交度处为浅深，此之谓乘。除假借以外照为凭者，因其脉气坠下而案远砂水远，故法用坠葬。

穴多顽石，凿下无土，则取坚腻客土填入石穴内，以续其气。必用三和土，筑实培冢，宽厚坚凝，此为并葬。

高山卷墓，脉穴虽真，入首雄峻，古人阔开金井，深宽数丈，大砖砌墓，卷椁悬棺，四面皆虚取其气，不就其脉，盖逢虚则缓，虽有粗厉之气，到此亦变化从容。凡气急来者砌砖圹，圹底作坤卦隔子垫枢下，通暗堨出水，所以缓其急气也。穴有闪煞，方可避其顽气，惟木金二穴有此。朱文公曰："古人卷椁，高大虚空竟不筑实，浅则为人所迫，深者润湿易朽，久必崩陷，尸骨何安，不如贴土砌圹以砖叠实作之。"然予尝见山中有明季卷墓砌圹之砖，遭人掘毁搬去卖钱者多多矣。惟用三和土筑墙筑隔，垂久无患。山地穴沈，如栗子之在刺包，核桃之藏坚壳，必破其胎而始出，否则不能得其精髓也。顽金之类阴气居多，不妨大开深取成箇阳穴以扦之，为破胎葬法。

冈岭脉穴，如莲子藏于莲蓬，微露其顶，而全体舍胎中也。地有珠墩花墩之类，深舍浅吐而乘之，珠从旁入，花从正入，十分之气只取其三四分，为保胎葬法。

金须火液，雪见日消，如穴无化气，须有作用以化之。山地金顽土，厚开平基，顽土无金凭，四应所到，从孕穴处开墓头，作圆堆为土腹，藏金之象；兜堂为偃月之形，中涵水窝，合金来生水之义。盖土之顽者受气已饱而不得出，中藏其毒，广茔而深取，则气行而毒化。土者金之母，土盛而金生，当为金堆以泄之。金必生水，当为水窝以泄之。金堆本乎土，气浮金无，艮水安从生，当为偃月堂以聚之，使金水相映，以助浮阳之气。又如木星直硬，金星刚饱，穴后作圹息之金星穴，有木脚火脚太长者，当扦高处以压之。木脚则茔作圆堆，前作偃月，取金生水、水生木之义；火脚则茔作方堆，兜堂亦方，取火生土、土生金之义，而木火脚遂截为官星，此为化气葬法。

山地穴在窝坦，往往窝坦之中间有土色多恶者，不必拘泥，当掘出恶土，别取美好之土筑紧，填堆作圹，即转为祥福之地。今各处土壤不同，燥湿亦异，尝见形势不吉而穴土五色兼全，用之祸不旋踵；有形势自吉而土色不备，用之常臻富贵，不可尚以土色为凭。此蔡西山阅历久验之语。而《禹贡》九州之土色土性各有不同，更足征信。今南十省山冈脉脊坚凝土色全美者颇多，然非真穴，穿圹闯煞，水蚁应祸。尝见水滨斗坡崩出五色晶莹之土，其地既非穴情，且无可穿圹之处，若徒拘拘于土色之佳，岂《禹贡》白壤黄壤之州寸寸皆吉穴，而垆疏黑坟赤埴青黎塗泥等州，竟无一吉穴可以安葬乎。土犹人身之肉，脉如人身之骨，有公侯将相肌肉不腴腻而福禄崇隆者，以其骨格贵重也；有优僮娼妓肌肉腴腻而委靡卑汙者，以其骨格轻贱也。东方脉结穴土色坚白，庸术见之未必不以为佳，岂知木现金象则木受克而先枯，穴无生气必主败亡，此详管仲《地圆篇》。金脉带赤土，水脉带黄土，火脉带黎土，土脉带青土，明明犯克，用之必生水蚁。人但见唇圹峡凹之土色，往往穿圹于脉脊之中，其下有土似紫英石、龙脑石、花羔石、碧玉石，或野鸡斑、槟榔纹、瓦雀翅、珊瑚枝，或玛瑙石、朱砂点、琥珀光、玳瑁形之类，皆是脉之骨髓，然势行而未止，气走而不留，非穴而牵强穿圹，又或土质像石击之即碎，见水成泥，此似石非石之土，犹无大害。若其质本石，锄之即动，而色带红紫，此似土非土之石，必应凶灾。要而论之，或三黄，或嫩黄嫩白，总要与脉穴相生比和，坚实光润，如裁肪切玉，便见穴真。乾垎松散之死气不成穴情，世之相人者重神骨不重肌肉，相地者顾安得独问土色而不详脉气乎。《书》言五土四备，独嫌黑土生水，然挖去黑土另取美土填埋，为换骨葬法。

平洋诸山辐辏，多大湖池隐注之处，诸砂水会于其中，却平广难下，必须认定气势，会定精神，的据何处，可取诸脉之会，可纳四方之气，审定穴情，要堆土成台，以取朝对，为架葬法。俗名堆金葬。

脉落平洋，刚气尽脱，至入首处，宛然仰掌金盘，又属纯阳。如梧桐子结于叶上，轻浮而胎全露也。惟用客土堆盘培基，而穴场本体略不掘动，为全胎葬法。

凡自高而下落在平地略起圆晕者，亦必加土堆盘，为篡葬法。

穴在水窝，既无厚土，又无石底，去水填土，为培土葬法。

此皆庸俗弃之而不取，古人作之而发祥。盖石水结穴，不外势止形住、精灵伏藏之旨。气止于石不得不凿，气止于水不得不填，凡人视之未免骇疑，而以古人之规矩准绳。合之山川融结之气，亦只得其常而已。详《灵枢经》及《元机》、《元珠》等书注内。

平洋傍湖近海，凡大水淼渺之中有贵脉真穴常被水淹者，非高筑宽台不可也。山冈卸低落窝，凡平圹坦夷之处有贵脉真穴不甚显露者，非填起圆盘不可也。然筑台填盘不合法者，仍难以钟灵气，弊端在地面草根不铲除、秽土不掘尽而挑来之土多红赤松散，或青黎淄黝，或堰塘沟底之泥未曾常见天日阳气者，或山坡砂子石子之杂土，低田水泡死板之乌土，又如鸡眼土马肝土青羔土猪肝土灰杂土死黄土肉红土乾垎土乌沙土枯焦土稀软泥等类，一时拥土成功，不曾用大木夯（虚请反。）逐次杵紧，止用短小轻夯，乱花点缀，浮面似平，而下之大垒大块却虚空，未得凝结坚实，岂不受雨水之停渍。又或邻近之大树根穿入，或锯树留根朽烂引水浸灌者，又或挖根不尽填坑不坚，略以抛松土敷衍，坑仍陷下，水不能出，以致渐渍浸入者。又或拆屋墙砖未曾打碎成粉，漫然潦草堆上者，又或冰凝之土未化，搬来壅起苟且了事，而杵之不烂，焉得坚实。及东风解冻之后，阳水透下，遂致潮湿而浸灌之矣。又或极乾之土将填一二尺高，忽遇大雨淋之不止，反成稀泥，杵之不能坚结，久后乾裂，阳水透底。又或土内杂有草木渣滓，不能合气。诸如此类，不可胜纪。惟先将地面草根并污秽之土尽行掘去，俾新土与旧土连成一片。若穴场左右有小窝小坑，将周围及底下之土修去，即填以好土，细细杵紧平整，然后用夯，庶免雨水停蓄。若近穴有树，将根除尽填坑，层层杵之，必坚实凝固，方免水浸。乃选某方白墡土运来打碎，先从窖基堆起五寸高，即用重夯筑紧，又上土五寸复筑，再上复筑，渐高渐铺宽，一层土夯一遍，中心三尺高，周围渐开渐泻，距中丈许二尺高，再距中二丈许约尺五高，三丈遂一尺高，到边四丈以六寸高为弦，从中叠夯一转，循环密密筑之，渐渐开宽，圈转行筑，一夯压一夯之半，万不可脱离夯迹花杵，轻重不一，紧一块，松一块，设松处夯不到，亦终不合气，必挨迹逐次循杵，不得漏过一寸。地师主东监临观察，必须令踹夫爬得均匀，无一块虚、一块实、一块高、一块低之弊。内凸外泻，成团鱼背形。填土必沿圈一转铺匀，穴中一踹夫，南北东西各一踹夫，一切草渣木屑皆检去，远远丢开，勿杂土内，锹锄铲碎摊平，然后用夯重筑筑紧，然后加土填培，每晚放工防夜，有雨必将满盘杵紧，光洁平净，以便泻水，次早仍先从中心填起。若开首不先堆中高而一般拥土太宽，则内而窖基之顶不圆，外而团鱼之背不像也。工竣必仍从中及外寸寸重杵，打锥不入，庶雨不下浸穴场干暖矣。

山地茔式

朱文公谓：穴在高山则掘就开元堂、清水道三分三合，俾灵气钟聚。如亥脉壬山层层从亥方分水，左流左，右流右，先内合出于丁，次中合出于庚，不便亦出于丁，后外合出于坤，小神流中神，明放出口；中神流大神，暗放出口，为三丫水，冲墙从座后一圈至左右两旁略直长，作高冲墙，在高形地上，如翼抱元堂，三和土筑平盘，逢中三和土筑冢，堂外边一转圆弦泻脚，左右界合，方碑砌前，为冢堂。再内中作墓堂，平坟微凸，冢堂碑下平堦，一级七尺宽，二级九尺宽，三级一丈一尺宽，每级低七寸，三级降堦，或砖或石俱可。若低在数寸之间，不必用堦，只要两头渐低，左右平冲，墙对上冢堂泻脚之外作一直长矮墙，两头一般齐，中间拜坪，地面方形，垠外下弦横墙左右，石柱竖贴墙壁，左右两旁，从高形泻边连接高冲墙头，作一直长平冲墙，比上略低，至石柱墙边横弦一般齐下，再连接作低冲墙，与拜坪相等，高与后脑相等，圆包内天心小明堂，一尺深或数寸深，中作水柜，九尺深或七尺五尺深，暗垠放出大神方，明堂底铺沙或砌砖，取利水出，免致窝陷不干。

大高山开窝，亦要宽大，除尽阴积之煞气，而展面以现阳。或十余丈宽，或九丈七丈五丈深。小山并冈岭开窝，亦量地形之高卑阔狭，或五丈深三丈深一二丈深数尺深，而宽则加二倍，或加倍半，为之穴场，作酥饼样。而土面要中高外泻，以便左右界漕傍高圈脚下流出，并天雨一滴不能停留地面。设有小窝，雨后即便填平。

冈陇太阴降势落脉，须傍山脚开窝作穴，为太阴中之少阳。后高前低，阴来阳受，窝心为藏枢之所，而一转窝壁后及左右砌石筑砂，中心作鳖背圆晕，后座起化生团脑，前面作倘唇兜气，两边高低冲墙平冈，衹用一层高陇，必须两层内水循墙脚流下，包裹土中之气，坟堆平凸，不对高冢，内外数层，俱用三和土拌浆紧筑，比用砖石者尤巩固耐久。《书》云："地吉葬凶，与弃尸同。"朱高安《家礼辑略》有云："地吉要葬法又吉，方可永保亲体。"君子不以天下俭其亲，有益于亲，虽鬻身以为之，不以为侈。无益于亲者，不必徒费。所当费者，三和土筑墙筑隔，是大有益于亲体者也。司马温公谓：三和土筑圹，能避凶趋吉，补地力之不足。王惟善云："炭在地中，夏凉冬温，虽伏暑熏蒸，冰雪凝冻，皆不能侵土中之气。蛇鼠虫蚁狐狸狗獾穿山甲等恶物，皆不能入。大水淹没，年深月久，不能浸入。"凡地有湿气，土如潮泥，色亦不正，因先年地面之上阳水不清，陷入地中，以致如是，却无害于真穴。今有石灰在内，则地下一切潮润皆可燥干，再无湿气之患。尝见人家开井有水，葬后不久政迁。土乃干而色亦正者有之矣。人在旷野，遇大风飞砂走石，寒气彻骨，及到有墙壁遮蔽之处，即可御寒而不冷。今圹中灰炭温暖，墙隔保固，于圹外即有凹风冲射，亦不能吹入。又或盗贼掘发，遇三和土坚结滑硬，锤亦不能开。又久后坟冢塌平，或有于此地开茔者，掘下遇圹，未必不为之掩覆。又如垸堤溃而水急冲，往往坟崩洗而柩飘荡，甚至有流去失所者。今圹有金墙灰隔，与四面地土融成一片，虽飞流湍激不能洗出，而流沙淤泥，拥宽隄高，竟成砥柱之形势。此皆温公避凶之说也。如地气本干暖者，用三和土金墙可催气脉，速荫一级，见效者六七年即发动，七年见效者四五年即发动，如火上浇油，炉中添炭，助起燄势烈威，是缓者可以使之快。如地止四五分力量，增以三和土，则凑有六七分力量；地止五六分力量，增以三和土，则凑有八九分力量，是细者可以使之大。此皆温公趋吉之说也。至若地力本足十分，又加此三和土，岂不更尽美尽善而无遗憾也哉。

朱文公谓："三和土石灰得沙而实，得土而粘，岁久结为金石。"又曰："炭末七八寸，既辟瘟气免水蚁，又绝树根不入，树根遇炭末皆生转去，以此见灰炭之妙。"杨子建曰："沙炭隔蝼蚁，愈厚愈佳。"尝闻籍溪先生说，见用炭末灰沙葬者，后因改迁，灰沙已化为石矣。若脉伪穴假，而圹底不筑炭末三和土，上则大半结成石版，而下半却松散潮湿，此犯水之地，仍然阴水入阳棺，盖水从圹底进上，渐渍浸润柩内骸骨在水中矣。当日若底下筑炭末三和土，虽伪脉假穴，亦得免水患。

筑金墙陇阜山冈，或七尺五尺深，每一圹横宽直长比柩形多一尺二寸，名为窨基。中间土且存留不动，先在基弦之外周围一转筑金墙二尺宽，或一尺八寸，或一尺六寸四寸二寸宽不等，内外四角定小桩灰画内外弦印子，照印子端直凿下，北方土厚墙脚要挖至湿泥处方为活血脉，若数丈下土犹干枯则云死气，舍去不葬，以故直挖下十丈许。南方土薄，或三尺八寸深，或四尺八寸深，或二尺六寸，八寸深上半皆外倚，下半皆内窜，俾墙不内倾，里面修光净，底下修平杵，紧铺炭屑五寸，或二三寸厚，用浆三和土加五寸爬匀，派十六名土工转走践实，各执木棍，其棍上细下粗，上圆下方，平底，四尺六寸高，各持一条，一背抵一背，一面对一面，右旋行杵，一向前进杵左，一向后退杵右，先轻后重，层次杵紧。中间一路棍杵不到之处，必持高大木夯，先轻后重，筑实紧结，打锥不入，然后再上浆三和土，如前法杵筑平地面后，以木板盖墙口，择日启中间窨基，用事先将棉梗或芝麻梗燎之，谓之暖圹，扫除修平。铺炭末五寸二三寸厚，加盖浆三和土爬匀，土工排踏，践实筑紧。圹内上中下置三火盆炙墙，届期收火盆扫平净，再加干三和土铺匀，伺候下棺。

拌浆先煞糯米汁，每锅下水两大桶，烧滚撒碎粉三升，麦芽六钱下锅，慢熬成浆备用。三灰二土一分砂，拌扣摊平，以竹帚蘸浆密洒，两人各持木掀对面翻拌，捏不拢者太干再洒浆汁，撒不开者太湿再加石灰，拌和如法，挑筑墙圹。浆三合取其坚结内隔，干三合取其发燥挤紧。

北五省地脉沈多合圹，南十省地脉浮多单圹。山冈穴场窄狭，若左右多葬，排挤则壅塞。界漕阻水浸墓，只可两三圹并排或参差乃吉。平地堆盘，便可多作兆域，结墙双圹，并连中一单墙作隔，用事者为阴圹，不用事者为阳圹。一名寿域。周围凿下至底，铺炭末浆三和土，层层紧筑，照前如法，为之阳圹。平地面加土覆盖，阴圹启窨基，一名子儿坑，底修平正暖干，照前如法为之。有先下椁，分经筑隔平口，只候柩下椁内者；有化松香溜圹底，以黄酒和雄黄朱砂刷墙者，似可不必用。

归窆。先将柩盖分中，两头画印，以备取合分经之线。时至下柩，最须详审，不可稍有动摇，此非役夫之有力而惯熟者不可。主人必先选择其人，得其人自舁柩而行。曾见役夫之能者，下柩不用多人，先将大索兜底，绾结于上，托大礨之大杠，四人扛柩平下，下后抽其索而柩不动。若用多人，不能不摇动矣。舆夫亦有能有不能，况扛柩耶。倘惜费浪召村人，便令亲骸体不安。朱高安

分经。山地极深之金井，将长线挂两头主桩上，仍用罗经斟酌分经合度，一毫不差，差则将棺或左或右拨正，务令盖上合线。平地三四尺深之金井，不用主桩挂线，只下立棺，旁置罗经于柩盖之中，以细线搭柩两头中印子上，罗经定准，子午分经，与经度脗合，则稳固确当，自然钟灵不爽。

筑隔。《家礼》云："乃实土而渐筑之。"井底炭末浆土之上铺干三和土，平匀下棺，底乃著实。柩外一转五六寸宽为内隔，纯用干三和土，周围齐下齐筑，大约先下三寸厚，即一转爬平，脚踹践实，用十六人各持杵棍，右旋行杵，先轻后重，密密循环紧筑，勿令震动柩中。至难用杵之处，多人一转践紧，再上一层土，加一遍杵，填平地面，将柩上铺满，堆成瓮形，然后以浆三和土漫上，将先筑之金墙口用浆洒湿，令得粘连，再铺出金墙口外尺许，天包乎地，阳水泻墙外矣。铺铭旌以酒湿之，再用细土拌生灰，掩上尺许高，然后堆土成冢。朱高安云：新择之地，可用高大木夯重筑。若傍祖墓，未免震动祖骸，惟用小木棍细密杵之封墓。《家礼》云："实以灰。"谓三和土铺盖上而又加灰末于三和土之上，倍于底及四旁之厚，以酒洒而踹实之，勿用夯筑，恐震动柩中，但密踹之以俟其实耳。若无三和土而纯用黄土，又须杵紧。或用牛践人踹，世不知此，止图惜费，土工包做，挖大土垡松搁柩旁，或堰土枯块散铺棺上，一遇大雨，阳水浸灌，吉穴变为水窟，不独遗亲体之大害，而地亦受其冤枉矣。主人地师于掩棺之后，不可便退，须看筑成坟，开清水道，方可移步。

· 315 ·

培坟。有形体金穴作水星冢，木穴作火星冢，土穴作金星冢，惟取相生之义。顺其理则吉，逆其理则凶。冢有高低，皆顺山势。高山宜低，平地宜高，法取圹中尺数为之。其阔狭居穴茔之半，如井阔一丈则坟阔二丈之类。亦要与地合宜，不论二十八向。总之向北边之坟土要培厚尺许，以北风雨雪不现阳光多湿气，故加厚培之。不论一枢两枢，照圹长形培长团坟，如撋圆体段，狭长形谓长而去四角也。喜肥大团厚要像坐势，不可高耸尖削似站像也。坟脚外填圆形一尺宽一尺高为脚盘，免致雨水冲洗坟脚。坟不包草皮，冬凝土松，春水流崩，不成像矣。围城平洋，忌罗围堑埂，必欲作之，只可远远堆三四寸高以为界限，高山就陇势为之，不宜高阔，惟平地宜作，然又不可窄狭，紧夹阻界逼煞，更忌斗峻高耸，逼遏收风，反扑入墓，吹土松散，必生虫蚁。须远作四五六丈宽三四五尺高围城脚，下阔上渐狭，内面斜侧仰坡，以便风抹从侧面刷过，免致逼风反吹。北方风寒，不生白蚁，园子虎皮墙数十丈宽，深者内外栽刺柏，以穿山甲食松杉不食柏，故北方棺用柏木，上栽柏树，甲闻柏气则淹淹转避。南方风热多生白蚁，坟茔罗埂五六丈宽，深者内外栽石楠，以白蚁食松杉不食楠，故南方棺宜楠木，上栽楠树，蚁闻楠气则淹淹远遁。总之树勿太挤密，须透风过，取现阳勿逼阴煞。或未开茔而先筑，或已开茔而后作，皆可。但千秋大事，更宜择吉为之。

三元气运

问：天地大气运分上中下三元，而坟地何以必当合运，又如何令三元得以相贯。

曰：箕子《山书》注云："凡脉山必秉天时之旺相，而地气始灵。犹膏腴之产，夏种麦，秋种稻，不发育也。"二月桃，八月桂，五月榴，九月菊，土壤四季均肥，然非其时则不花，万物皆当时令而生发，况脉穴山向可不辨运气而妄扦耶。

邓南阳《天人篇》注云："天行水运应地之一白方，天行木运应地之三碧四绿方，天行金运应地之六白七赤方，人参天地之中，靡不乘运而兴者也。"见《陆宣公外传》。

管公明《地元篇》注云："上元一白水运，乾震坎巽坤吉九紫离，上元末中元首五十年亦吉。中元四绿木运，艮震巽离坤坎吉六白乾，中元末下元首四十年亦吉。下元七赤金运，乾坎艮离坤兑吉三碧震，下元末上元首三十年亦吉。周而复始，循环无端。"

明道先生云："天之气运转则地之气运亦转，由斯以推，又必各行方道，各有时候，观发祥之处，同一分野，同一元运，福祚相埒，历历不爽，足见造化之妙用，有定而无定，无定而有定者也。"

康节先生云："河图小运分五子，水火木金土，乃先天自然之生理。凡三元甲子至乙亥水运旺，丙子至丁亥火运旺，戊子至巳亥木运旺，庚子至辛亥金运旺，壬子至癸亥土运旺，十二年顺轮。如今中元甲子至乙亥水运坎气吉，坤方一白水生主运，四绿木亦吉。凡大运吉小运凶者十二年歇住，大运凶小运吉者十二年享达。地之脉水山向虽有三运分论，而有一宗合运，便召吉祥。"

○洛书小运上元甲子二十年一白水运，水木脉山皆吉。甲申二十年二黑土运，土金脉山皆吉。甲辰二十年三碧木运，木火脉山皆吉。中元甲子二十年四绿木运，木火脉山皆吉。甲申二十年五黄土运，土金脉山皆吉。甲申二十年六白金运，金水脉山皆吉。下元甲子二十年七赤金运，金水脉山皆吉。甲申二十年八白土运，土金脉山皆吉。甲辰二十年九紫火运，火土脉山皆吉。向纳水方之畴星生运，此运皆大吉，小运吉而又合大运吉者，其发祥最洪大；小运克而大运先克者，非有救解不吉。尝考世族大家何以十余代数十代长发祥而弗衰，徧阅其宅兆，乃知皆有续运之先基。如现发上元即预谋中元之地，及至中元又预谋下元之地，迨历过下元又正接上元之地，九脉六向，相续不绝，天地合德，循环终始，此造化之秘旨，吾儒当善悟之。

尝见上元一白水运逢七赤金到方，与庚酉辛金脉生扶，水运亥水脉比和，水运四绿木到方，与震巽木脉皆为水运所生，辛向纳右坎水，坤向纳左坎水，丁向纳右坤水，庚酉向纳左坤水，无一不大发祥福于六十年者何也。一则六白金在坎，一则七赤金在坤，皆为大运之生气，所以坤兑乾坎艮震巽七宫脉山旺在上元，离火脉山受克故败。余仿推。　中元四绿木运坤为生气，巽为旺气，丙向纳左巽水，丁向纳右坤水，庚酉向纳左巽坤水，一则三碧木比和木运，一则一白水来生木运，所以艮卯巽丙丁脉壬癸艮寅甲卯乙辰巽巳丙丁坐山大发祥福于中元六十年者此也。下元七赤金运，乾为生气，巽为旺气，金运生亥水脉，艮脉生金运，庚酉辛脉比和，金运辛向庚兼申向纳右乾水，壬向兼子纳左乾水，凡土金水吉秀脉坤兑乾坎四宫坐山大发祥福于下元六十年者良有以也。惟壬丙癸丁三元相贯，吾儒当叮咛子孙勿替引之，然而何可易言也。曾子有曰："德者本也，亦惟先慎乎德而已。"俗语云："寻地理必先行天理，没心地断然无阴地。"天道福善而过淫，可不凛凛慎之耶。

周易书斋精品书目

书　　名	作　者	定　价	版别
影印涵芬楼本正统道藏 [典藏宣纸版；全512函1120册]	[明]张宇初编	480000.00	九州
影印涵芬楼本正统道藏 [再造善本；全512函1120册]	[明]张宇初编	280000.00	九州
重刊术藏[全6箱,精装100册]	谢路军主编	58000.00	九州
续修术藏[全6箱,精装100册]	谢路军主编	58000.00	九州
道藏[全6箱,精装60册]	谢路军主编	48000.00	九州
焦循文集[全精装18册]	[清]焦循撰	9800.00	九州
邵子全书[全精装15册]	[宋]邵雍撰	9600.00	九州
子部珍本备要（以下为分函购买价格）		178000.00	九州
001 峋嵝神书	宣纸线装1函1册	280.00	九州
002 地理唊蔗録	宣纸线装1函4册	880.00	九州
003 地理玄珠精选	宣纸线装1函4册	880.00	九州
004 地理琢玉斧峦头歌括	宣纸线装1函4册	880.00	九州
005 金氏地学粹编	宣纸线装3函8册	1840.00	九州
006 风水一书	宣纸线装1函4册	880.00	九州
007 风水二书	宣纸线装1函4册	880.00	九州
008 增注周易神应六亲百章海底眼	宣纸线装1函1册	280.00	九州
009 卜易指南	宣纸线装1函1册	280.00	九州
010 大六壬占验	宣纸线装1函1册	280.00	九州
011 真本六壬神课金口诀	宣纸线装1函3册	680.00	九州
012 太乙指津	宣纸线装1函2册	480.00	九州
013 太乙金钥匙 太乙金钥匙续集	宣纸线装1函1册	280.00	九州
014 奇门遁甲占验天时	宣纸线装1函2册	480.00	九州
015 南阳掌珍遁甲	宣纸线装1函1册	280.00	九州
016 达摩易筋经 易筋经外经图说 八段锦	宣纸线装1函1册	280.00	九州
017 钦天监彩绘真本推背图	宣纸线装1函2册	680.00	九州
018 清抄全本玉函通秘	宣纸线装1函3册	680.00	九州
019 灵棋经	宣纸线装1函1册	280.00	九州
020 道藏灵符秘法	宣纸线装4函9册	2100.00	九州
021 地理青囊玉尺度金针集	宣纸线装1函6册	1280.00	九州
022 奇门秘传九宫纂要	宣纸线装1函1册	280.00	九州
023 影印清抄耕寸集－真本子平真诠	宣纸线装1函2册	480.00	九州

书　　名	作　者	定　价	版别
024 新刊合并官板音义评注渊海子平	宣纸线装1函2册	480.00	九州
025 影抄宋本五行精纪	宣纸线装1函6册	1280.00	九州
026 影印明刻阴阳五要奇书1－郭氏阴阳元经	宣纸线装1函2册	480.00	九州
027 影印明刻阴阳五要奇书2－克择璇玑括要	宣纸线装1函1册	280.00	九州
028 影印明刻阴阳五要奇书3－阳明按索图	宣纸线装1函2册	480.00	九州
029 影印明刻阴阳五要奇书4－佐玄直指	宣纸线装1函2册	480.00	九州
030 影印明刻阴阳五要奇书5－三白宝海钩玄	宣纸线装1函1册	280.00	九州
031 相命图诀许负相法十六篇合刊	宣纸线装1函1册	280.00	九州
032 玉掌神相神相铁关刀合刊	宣纸线装1函1册	280.00	九州
033 古本太乙淘金歌	宣纸线装1函1册	280.00	九州
034 重刊地理葬埋黑通书	宣纸线装1函2册	480.00	九州
035 壬归	宣纸线装1函2册	480.00	九州
036 大六壬苗公鬼撮脚二种合刊	宣纸线装1函1册	280.00	九州
037 大六壬鬼撮脚射覆	宣纸线装1函2册	480.00	九州
038 大六壬金柜经	宣纸线装1函1册	280.00	九州
039 纪氏奇门秘书仕学备余	宣纸线装1函1册	280.00	九州
040 八门九星阴阳二遁全本奇门断	宣纸线装2函18册	3680.00	九州
041 李卫公奇门心法	宣纸线装1函1册	280.00	九州
042 武侯行兵遁甲金函玉镜海底眼	宣纸线装1函1册	280.00	九州
043 诸葛武侯奇门千金诀	宣纸线装1函1册	280.00	九州
044 隔夜神算	宣纸线装1函1册	280.00	九州
045 地理五种秘籍合刊	宣纸线装1函1册	280.00	九州
046 地理雪心赋句解	宣纸线装1函2册	480.00	九州
047 九天玄女青囊经	宣纸线装1函1册	280.00	九州
048 考定撼龙经	宣纸线装1函1册	280.00	九州
049 刘江东家藏善本葬书	宣纸线装1函1册	280.00	九州
050 杨公六段玄机赋杨筠松安门楼玉辇经合刊	宣纸线装1函1册	280.00	九州
051 风水金鉴	宣纸线装1函1册	280.00	九州
052 新镌碎玉剖秘地理不求人	宣纸线装1函2册	480.00	九州
053 阳宅八门金光斗临经	宣纸线装1函1册	280.00	九州
054 新镌徐氏家藏罗经顶门针	宣纸线装1函2册	480.00	九州
055 影印乾隆丙午刻本地理五诀	宣纸线装1函4册	880.00	九州
056 地理诀要雪心赋	宣纸线装1函2册	480.00	九州
057 蒋氏平阶家藏善本插泥剑	宣纸线装1函1册	280.00	九州
058 蒋大鸿家传地理归厚录	宣纸线装1函1册	280.00	九州
059 蒋大鸿家传三元地理秘书	宣纸线装1函1册	280.00	九州

书　名	作　者	定　价	版别
060 蒋大鸿家传天星选择秘旨	宣纸线装1函1册	280.00	九州
061 撼龙经批注校补	宣纸线装1函4册	880.00	九州
062 疑龙经批注校补－全	宣纸线装1函1册	280.00	九州
063 种筠书屋较订山法诸书	宣纸线装1函2册	480.00	九州
064 堪舆倒杖诀 拨砂经遗篇 合刊	宣纸线装1函1册	280.00	九州
065 认龙天宝经	宣纸线装1函1册	280.00	九州
066 天机望龙经刘氏心法 杨公骑龙穴诗合刊	宣纸线装1函1册	280.00	九州
067 风水一夜仙秘传三种合刊	宣纸线装1函1册	280.00	九州
068 新镌地理八窍	宣纸线装1函2册	480.00	九州
069 地理解醒	宣纸线装1函1册	280.00	九州
070 峦头指迷	宣纸线装1函3册	680.00	九州
071 茅山上清灵符	宣纸线装1函2册	480.00	九州
072 茅山上清镇禳摄制秘法	宣纸线装1函1册	280.00	九州
073 天医祝由科秘抄	宣纸线装1函2册	480.00	九州
074 千镇百镇桃花镇	宣纸线装1函2册	480.00	九州
075 轩辕碑记医学祝由十三科治病奇书合刊	宣纸线装1函1册	280.00	九州
076 清抄真本祝由科秘诀全书	宣纸线装1函3册	680.00	九州
077 增补秘传万法归宗	宣纸线装1函2册	480.00	九州
078 祝由科诸符秘卷祝由科诸符秘旨合刊	宣纸线装1函1册	280.00	九州
079 辰州符咒大全	宣纸线装1函4册	880.00	九州
080 万历初刻三命通会	宣纸线装2函12册	2480.00	九州
081 新编三车一览子平渊源注解	宣纸线装1函3册	680.00	九州
082 命理用神精华	宣纸线装1函3册	680.00	九州
083 命学探骊集	宣纸线装1函1册	280.00	九州
084 相诀摘要	宣纸线装1函2册	480.00	九州
085 相法秘传	宣纸线装1函1册	280.00	九州
086 新编相法五总龟	宣纸线装1函1册	280.00	九州
087 相学统宗心易秘传	宣纸线装1函2册	480.00	九州
088 秘本大清相法	宣纸线装1函2册	480.00	九州
089 相法易知	宣纸线装1函1册	280.00	九州
090 星命风水秘传	宣纸线装1函1册	280.00	九州
091 大六壬隔山照	宣纸线装1函2册	480.00	九州
092 大六壬考正	宣纸线装1函1册	280.00	九州
093 大六壬类阐	宣纸线装1函2册	480.00	九州
094 六壬心镜集注	宣纸线装1函1册	280.00	九州
095 遁甲吾学编	宣纸线装1函2册	480.00	九州

书　名	作　者	定　价	版别
096 刘明江家藏善本奇门衍象	宣纸线装1函1册	280.00	九州
097 遁甲天书秘文	宣纸线装1函2册	480.00	九州
098 金枢符应秘文	宣纸线装1函2册	480.00	九州
099 秘传金函奇门隐遁丁甲法书	宣纸线装1函2册	480.00	九州
100 六壬行军指南	宣纸线装2函10册	2080.00	九州
101 家藏阴阳二宅秘诀线法	宣纸线装1函2册	480.00	九州
102 阳宅一书阴宅一书合刊	宣纸线装1函1册	280.00	九州
103 地理法门全书	宣纸线装1函1册	280.00	九州
104 四真全书玉钥匙	宣纸线装1函1册	280.00	九州
105 重刊官板玉髓真经	宣纸线装1函4册	880.00	九州
106 明刊阳宅真诀	宣纸线装1函2册	480.00	九州
107 阳宅指南	宣纸线装1函1册	280.00	九州
108 阳宅秘传三书	宣纸线装1函1册	280.00	九州
109 阳宅都天滚盘珠	宣纸线装1函1册	280.00	九州
110 纪氏地理水法要诀	宣纸线装1函1册	280.00	九州
111 李默斋先生地理辟径集	宣纸线装1函2册	480.00	九州
112 李默斋先生辟径集续篇 地理秘缺	宣纸线装1函2册	480.00	九州
113 地理辨正自解	宣纸线装1函1册	280.00	九州
114 形家五要全编	宣纸线装1函4册	880.00	九州
115 地理辨正抉要	宣纸线装1函1册	280.00	九州
116 地理辨正揭隐	宣纸线装1函1册	280.00	九州
117 地学铁骨秘	宣纸线装1函1册	280.00	九州
118 地理辨正发秘初稿	宣纸线装1函1册	280.00	九州
119 三元宅墓图	宣纸线装1函1册	280.00	九州
120 参赞玄机地理仙婆集	宣纸线装2函8册	1680.00	九州
121 幕讲禅师玄空秘旨浅注外七种	宣纸线装1函1册	280.00	九州
122 玄空挨星图诀	宣纸线装1函1册	280.00	九州
123 影印稿本玄空地理筌蹄	宣纸线装1函1册	280.00	九州
124 玄空古义四种通释	宣纸线装1函2册	480.00	九州
125 地理疑义答问	宣纸线装1函1册	280.00	九州
126 王元极地理辨正冒禁录	宣纸线装1函1册	280.00	九州
127 王元极校补天元选择辨正	宣纸线装1函3册	680.00	九州
128 王元极选择辨真全书	宣纸线装1函1册	280.00	九州
129 王元极增批地理冰海原本地理冰海合刊	宣纸线装1函1册	280.00	九州
130 王元极三元阳宅萃篇	宣纸线装1函2册	480.00	九州
131 尹一勺先生地理精语	宣纸线装1函1册	280.00	九州

书　名	作　者	定　价	版别
132 古本地理元真	宣纸线装1函2册	480.00	九州
133 杨公秘本搜地灵	宣纸线装1函1册	280.00	九州
134 秘藏千里眼	宣纸线装1函1册	280.00	九州
135 道光刊本地理或问	宣纸线装1函1册	280.00	九州
136 影印稿本地理秘诀	宣纸线装1函2册	480.00	九州
137 地理秘诀隔山照 地理括要 合刊	宣纸线装1函1册	280.00	九州
138 地理前后五十段	宣纸线装1函2册	480.00	九州
139 心耕书屋藏本地经图说	宣纸线装1函1册	280.00	九州
140 地理古本道法双谭	宣纸线装1函1册	280.00	九州
141 奇门遁甲元灵经	宣纸线装1函1册	280.00	九州
142 黄帝遁甲归藏大意 白猿真经 合刊	宣纸线装1函1册	280.00	九州
143 遁甲符应经	宣纸线装1函2册	480.00	九州
144 遁甲通明钤	宣纸线装1函1册	280.00	九州
145 景祐奇门秘纂	宣纸线装1函2册	480.00	九州
146 奇门先天要论	宣纸线装1函2册	480.00	九州
147 御定奇门古本	宣纸线装1函2册	480.00	九州
148 奇门吉凶格解	宣纸线装1函1册	280.00	九州
149 御定奇门宝鉴	宣纸线装1函3册	680.00	九州
150 奇门阐易	宣纸线装1函2册	480.00	九州
151 六壬总论	宣纸线装1函1册	280.00	九州
152 稿抄本大六壬翠羽歌	宣纸线装1函1册	280.00	九州
153 都天六壬神课	宣纸线装1函1册	280.00	九州
154 大六壬易简	宣纸线装1函2册	480.00	九州
155 太上六壬明鉴符阴经	宣纸线装1函1册	280.00	九州
156 增补关煞袖里金百中经	宣纸线装1函1册	280.00	九州
157 演禽三世相法	宣纸线装1函2册	480.00	九州
158 合婚便览 和合婚姻咒 合刊	宣纸线装1函1册	280.00	九州
159 神数十种	宣纸线装1函1册	280.00	九州
160 神机灵数一掌经金钱课合刊	宣纸线装1函1册	280.00	九州
161 阴阳二宅易知录	宣纸线装1函2册	480.00	九州
162 阴宅镜	宣纸线装1函2册	480.00	九州
163 阳宅镜	宣纸线装1函1册	280.00	九州
164 清精抄本六圃地学	宣纸线装1函1册	280.00	九州
165 形峦神断书	宣纸线装1函1册	280.00	九州
166 堪舆三昧	宣纸线装1函1册	280.00	九州
167 遁甲奇门捷要	宣纸线装1函1册	280.00	九州

书　　名	作　者	定　价	版别
168 奇门遁甲备览	宣纸线装1函1册	280.00	九州
169 原传真本石室藏本圆光真传秘诀合刊	宣纸线装1函1册	280.00	九州
170 明抄全本壬归	宣纸线装1函4册	880.00	九州
171 董德彰水法秘诀水法断诀合刊	宣纸线装1函1册	280.00	九州
172 董德彰先生水法图说	宣纸线装1函1册	280.00	九州
173 董德彰先生泄天机纂要	宣纸线装1函2册	480.00	九州
174 李默斋先生地理秘传	宣纸线装1函2册	480.00	九州
175 新锓希夷陈先生紫微斗数全书	宣纸线装1函3册	680.00	九州
176 海源阁藏明刊麻衣相法全编	宣纸线装1函2册	480.00	九州
177 袁忠彻先生相法秘传	宣纸线装1函3册	680.00	九州
178 火珠林要旨 筮杙	宣纸线装1函2册	480.00	九州
179 火珠林占法秘传 续筮杙	宣纸线装1函1册	280.00	九州
180 六壬类聚	宣纸线装1函4册	880.00	九州
本书制作中，180后将于2019年依次面世			
阳宅三要[宣纸线装一函三册]	[清]赵九峰撰	298.00	华龄
绘图全本鲁班经匠家镜[宣纸线装一函四册]	[周]鲁班著	680.00	华龄
青囊海角经[宣纸线装一函四册]	[晋]郭璞著	680.00	华龄
地理点穴撼龙经[宣纸线装一函三册]	[清]寇宗注	680.00	华龄
秘藏疑龙经大全[宣纸线装一函三册]	[清]寇宗注	680.00	华龄
杨公秘本山法备收[宣纸线装一函一册]	[清]寇宗注	280.00	华龄
校正全本地学答问[宣纸线装一函三册]	[清]魏清江撰	680.00	华龄
赖仙原本催官经[宣纸线装一函一册]	[宋]赖布衣撰	280.00	华龄
赖仙催官篇注[宣纸线装一函一册]	[宋]赖布衣撰	280.00	华龄
尹注赖仙催官篇[宣纸线装一函一册]	[宋]赖布衣撰	280.00	华龄
赖仙心印[宣纸线装一函一册]	[宋]赖布衣撰	280.00	华龄
新刻赖太素天星催官解[宣纸线装一函二册]	[宋]赖布衣撰	480.00	华龄
天机秘传青囊内传[宣纸线装一函一册]	[清]焦循撰	280.00	华龄
阳宅斗首连篇秘授[宣纸线装一函一册]	[明]卢清廉撰	280.00	华龄
精刻编集阳宅真传秘诀[宣纸线装一函二册]	[明]李邦祥撰	480.00	华龄
秘传全本六壬玉连环[宣纸线装一函二册]	[宋]徐次宾撰	480.00	华龄
秘传仙授奇门[宣纸线装一函二册]	[清]湖海居士辑	480.00	华龄
祝由科诸符秘卷祝由科诸符秘旨合刊[宣纸线装一函二册]	[清]郭相经辑	480.00	华龄
校正古本入地眼说[宣纸线装一函二册]	[宋]辜托长老撰	480.00	华龄
校正全本钻地眼图说[宣纸线装一函二册]	[宋]辜托长老撰	480.00	华龄
赖公七十二葬法[宣纸线装一函二册]	[宋]赖布衣撰	480.00	华龄

书　名	作　者	定　价	版别
新刻杨筠松秘传开门放水阴阳捷径[宣纸线装一函二册]	[唐]杨筠松撰	480.00	华龄
校正古本地理五诀[宣纸线装一函二册]	[清]赵九峰撰	480.00	华龄
重校古本地理雪心赋[宣纸线装一函二册]	[唐]卜应天撰	480.00	华龄
宋国师吴景鸾先天后天理气心印补注[宣纸线装一函一册]	[宋]吴景鸾撰	280.00	华龄
新刊宋国师吴景鸾秘传夹竹梅花院纂[宣纸线装一函二册]	[宋]吴景鸾撰	480.00	华龄
连山[宣纸线装一函一册]	[清]马国翰辑	280.00	华龄
归藏[宣纸线装一函一册]	[清]马国翰辑	280.00	华龄
周易虞氏义笺订[宣纸线装一函六册]	[清]李翙灼订	1180.00	华龄
周易参同契通真义[宣纸线装一函二册]	[后蜀]彭晓撰	480.00	华龄
御制周易[宣纸线装一函三册]	武英殿影宋本	680.00	华龄
宋刻周易本义[宣纸线装一函四册]	[宋]朱熹撰	980.00	华龄
易学启蒙[宣纸线装一函二册]	[宋]朱熹撰	480.00	华龄
易余[宣纸线装一函二册]	[明]方以智撰	480.00	九州
明抄真本梅花易数[宣纸线装一函三册]	[宋]邵雍撰	480.00	九州
古本皇极经世书[宣纸线装一函三册]	[宋]邵雍撰	980.00	九州
奇门鸣法[宣纸线装一函二册]	[清]龙伏山人撰	680.00	华龄
奇门衍象[宣纸线装一函二册]	[清]龙伏山人撰	480.00	华龄
奇门枢要[宣纸线装一函二册]	[清]龙伏山人撰	480.00	华龄
奇门仙机[宣纸线装一函三册]	王力军校订	298.00	华龄
奇门心法秘纂[宣纸线装一函三册]	王力军校订	298.00	华龄
御定奇门秘诀[宣纸线装一函三册]	[清]湖海居士辑	680.00	华龄
龙伏山人存世文稿[宣纸线装五函十册]	[清]矫子阳撰	2800.00	九州
奇门遁甲鸣法[宣纸线装一函二册]	[清]矫子阳撰	680.00	九州
奇门遁甲衍象[宣纸线装一函二册]	[清]矫子阳撰	480.00	九州
奇门遁甲枢要[宣纸线装一函二册]	[清]矫子阳撰	480.00	九州
遯甲括囊集[宣纸线装一函三册]	[清]矫子阳撰	980.00	九州
增注蒋公古镜歌[宣纸线装一函一册]	[清]矫子阳撰	180.00	九州
宫藏奇门大全[线装五函二十五册]	[清]湖海居士辑	6800.00	影印
遁甲奇门秘传要旨大全[线装二函十册]	[清]范阳耐寒子辑	6200.00	影印
增广神相全编[线装一函四册]	[明]袁珙订正	980.00	影印
订正六壬金口诀[宣纸线装一函六册]	[清]巫国匡辑	1280.00	华龄
六壬神课金口诀[宣纸线装一函三册]	[明]适适子撰	298.00	华龄
改良三命通会[宣纸线装一函四册,第二版]	[明]万民英撰	980.00	华龄
增补选择通书玉匣记[宣纸线装一函二册]	[晋]许逊撰	480.00	华龄

书 名	作 者	定 价	版别
增补四库青乌辑要[宣纸线装全18函59册]	郑同校	11680.00	九州
第1种:宅经[宣纸线装1册]	[署]黄帝撰	180.00	九州
第2种:葬书[宣纸线装1册]	[晋]郭璞撰	220.00	九州
第3种:青囊序青囊奥语天玉经[宣纸线装1册]	[唐]杨筠松撰	220.00	九州
第4种:黄囊经[宣纸线装1册]	[唐]杨筠松撰	220.00	九州
第5种:黑囊经[宣纸线装2册]	[唐]杨筠松撰	380.00	九州
第6种:锦囊经[宣纸线装1册]	[晋]郭璞撰	200.00	九州
第7种:天机贯旨红囊经[宣纸线装2册]	[清]李三素撰	380.00	九州
第8种:玉函天机素书/至宝经[宣纸线装1册]	[明]董德彰撰	200.00	九州
第9种:天机一贯[宣纸线装2册]	[清]李三素撰辑	380.00	九州
第10种:撼龙经[宣纸线装1册]	[唐]杨筠松撰	200.00	九州
第11种:疑龙经葬法倒杖[宣纸线装1册]	[唐]杨筠松撰	220.00	九州
第12种:疑龙经辨正[宣纸线装1册]	[唐]杨筠松撰	200.00	九州
第13种:寻龙记太华经[宣纸线装1册]	[唐]曾文辿撰	220.00	九州
第14种:宅谱要典[宣纸线装2册]	[清]铣溪野人校	380.00	九州
第15种:阳宅必用[宣纸线装2册]	心灯大师校订	380.00	九州
第16种:阳宅撮要[宣纸线装2册]	[清]吴鼒撰	380.00	九州
第17种:阳宅正宗[宣纸线装1册]	[清]姚承舆撰	200.00	九州
第18种:阳宅指掌[宣纸线装2册]	[清]黄海山人撰	380.00	九州
第19种:相宅新编[宣纸线装1册]	[清]焦循校刊	240.00	九州
第20种:阳宅井明[宣纸线装2册]	[清]邓颖出撰	380.00	九州
第21种:阴宅井明[宣纸线装1册]	[清]邓颖出撰	220.00	九州
第22种:灵城精义[宣纸线装2册]	[南唐]何溥撰	380.00	九州
第23种:龙穴砂水说[宣纸线装1册]	清抄秘本	180.00	九州
第24种:三元水法秘诀[宣纸线装2册]	清抄秘本	380.00	九州
第25种:罗经秘传[宣纸线装2册]	[清]傅禹辑	380.00	九州
第26种:穿山透地真传[宣纸线装2册]	[清]张九仪撰	380.00	九州
第27种:催官篇发微论[宣纸线装2册]	[宋]赖文俊撰	380.00	九州
第28种:入地眼神断要诀[宣纸线装2册]	清抄秘本	380.00	九州
第29种:玄空大卦秘断[宣纸线装1册]	清抄秘本	200.00	九州
第30种:玄空大五行真传口诀[宣纸线装1册]	[明]蒋大鸿等撰	220.00	九州
第31种:杨曾九宫颠倒打劫图说[宣纸线装1册]	[唐]杨筠松撰	200.00	九州
第32种:乌兔经奇验经[宣纸线装1册]	[唐]杨筠松撰	180.00	九州
第33种:挨星考注[宣纸线装1册]	[清]汪董缘订定	260.00	九州
第34种:地理挨星说汇要[宣纸线装1册]	[明]蒋大鸿撰辑	220.00	九州

书　名	作　者	定　价	版别
第35种:地理捷诀[宣纸线装1册]	[清]傅禹辑	200.00	九州
第36种:地理三仙秘旨[宣纸线装1册]	清抄秘本	200.00	九州
第37种:地理三字经[宣纸线装3册]	[清]程思乐撰	580.00	九州
第38种:地理雪心赋注解[宣纸线装2册]	[唐]卜则嵬撰	380.00	九州
第39种:蒋公天元余义[宣纸线装1册]	[明]蒋大鸿等撰	220.00	九州
第40种:地理真传秘旨[宣纸线装3册]	[唐]杨筠松撰	580.00	九州
增补四库未收方术汇刊第一辑(全28函)	线装影印本	11800.00	九州
第一辑01函:火珠林·卜筮正宗	[宋]麻衣道者著	340.00	九州
第一辑02函:全本增删卜易·增删卜易真诠	[清]野鹤老人撰	720.00	九州
第一辑03函:渊海子平音义评注·子平真诠·命理易知	[明]杨淙增校	360.00	九州
第一辑04函:滴天髓·附滴天秘诀·穷通宝鉴·附月谈赋	[宋]京图撰	360.00	九州
第一辑05函:参星秘要诹吉便览·玉函斗首三台通书·精校三元总录	[清]俞荣宽撰	460.00	九州
第一辑06函:陈子性藏书	[清]陈应选撰	580.00	九州
第一辑07函:崇正辟谬永吉通书·选择求真	[清]李奉来辑	500.00	九州
第一辑08函:增补选择通书玉匣记·永宁通书	[晋]许逊撰	400.00	九州
第一辑09函:新增阳宅爱众篇	[清]张觉正撰	480.00	九州
第一辑10函:地理四弹子·地理铅弹子砂水要诀	[清]张九仪注	320.00	九州
第一辑11函:地理五诀	[清]赵九峰著	200.00	九州
第一辑12函:地理直指原真	[清]释如玉撰	280.00	九州
第一辑13函:宫藏真本入地眼全书	[宋]释静道著	680.00	九州
第一辑14函:罗经顶门针·罗经解定·罗经透解	[明]徐之镆撰	360.00	九州
第一辑15函:校正详图青囊经·平砂玉尺经·地理辨正疏	[清]王宗臣著	300.00	九州
第一辑16函:一贯堪舆	[明]唐世友辑	240.00	九州
第一辑17函:阳宅大全·阳宅十书	[明]一壑居士集	600.00	九州
第一辑18函:阳宅大成五种	[清]魏青江撰	600.00	九州
第一辑19函:奇门五总龟·奇门遁甲统宗大全·奇门遁甲元灵经	[明]池纪撰	500.00	九州
第一辑20函:奇门遁甲秘笈全书	[明]刘伯温辑	280.00	九州
第一辑21函:奇门庐中阐秘	[汉]诸葛武侯撰	600.00	九州
第一辑22函:奇门遁甲元机·太乙秘书·六壬大占	[宋]岳珂纂辑	360.00	九州
第一辑23函:性命圭旨	[明]尹真人撰	480.00	九州
第一辑24函:紫微斗数全书	[宋]陈抟撰	200.00	九州
第一辑25函:千镇百镇桃花镇	[清]云石道人校	220.00	九州

书　　名	作　者	定　价	版别
第一辑26函:清抄真本祝由科秘诀全书·轩辕碑记医学祝由十三科	[上古]黄帝传	800.00	九州
第一辑27函:增补秘传万法归宗	[唐]李淳风撰	160.00	九州
第一辑28函:神机灵数一掌经金钱课·牙牌神数七种·珍本演禽三世相法	[清]诚文信校	440.00	九州
增补四库未收方术汇刊第二辑(全36函)	线装影印本	13800.00	九州
第二辑第1函:六爻断易一撮金·卜易秘诀海底眼	[宋]邵雍撰	200.00	九州
第二辑第2函:秘传子平渊源	燕山郑同校辑	280.00	九州
第二辑第3函:命理探原	[清]袁树珊撰	280.00	九州
第二辑第4函:命理正宗	[明]张楠撰集	180.00	九州
第二辑第5函:造化玄钥	庄圆校补	220.00	九州
第二辑第6函:命理寻源·子平管见	[清]徐乐吾撰	280.00	九州
第二辑第7函:京本风鉴相法	[明]回阳子校辑	380.00	九州
第二辑第8-9函:钦定协纪辨方书8册	[清]允禄编	780.00	九州
第二辑第10-11函:鳌头通书10册	[明]熊宗立撰辑	880.00	九州
第二辑第12-13函:象吉通书	[清]魏明远撰辑	1080.00	九州
第二辑第14函:选择宗镜·选择纪要	[朝鲜]南秉吉撰	360.00	九州
第二辑第15函:选择正宗	[清]顾宗秀撰辑	480.00	九州
第二辑第16函:仪度六壬选日要诀	[清]张九仪撰	680.00	九州
第二辑第17函:葬事择日法	郑同校辑	280.00	九州
第二辑第18函:地理不求人	[清]吴明初撰辑	240.00	九州
第二辑第19函:地理大成一:山法全书	[清]叶九升撰	680.00	九州
第二辑第20函:地理大成二:平阳全书	[清]叶九升撰	360.00	九州
第二辑第21函:地理大成三:地理六经注·地理大成四:罗经指南拨雾集·地理大成五:理气四诀	[清]叶九升撰	300.00	九州
第二辑第22函:地理录要	[明]蒋大鸿撰	480.00	九州
第二辑第23函:地理人子须知	[明]徐善继撰	480.00	九州
第二辑第24函:地理四秘全书	[清]尹一勺撰	380.00	九州
第二辑第25-26函:地理天机会元	[明]顾陵冈辑	1080.00	九州
第二辑第27函:地理正宗	[清]蒋宗城校订	280.00	九州
第二辑第28函:全图鲁班经	[明]午荣编	280.00	九州
第二辑第29函:秘传水龙经	[明]蒋大鸿撰	480.00	九州
第二辑第30函:阳宅集成	[清]姚廷銮纂	480.00	九州
第二辑第31函:阴宅集要	[清]姚廷銮纂	240.00	九州
第二辑第32函:辰州符咒大全	[清]觉玄子辑	480.00	九州
第二辑第33函:三元镇宅灵符秘箓·太上洞玄祛病灵符全书	[明]张宇初编	240.00	九州

书 名	作 者	定 价	版别
第二辑第34函:太上混元祈福解灾三部神符	[明]张宇初编	360.00	九州
第二辑第35函:测字秘牒·先天易数·冲天易数/马前课	[清]程省撰	360.00	九州
第二辑第36函:秘传紫微	古朝鲜抄本	240.00	九州
中国风水史	傅洪光撰	32.00	九州
古本催官篇集注	李佳明校注	48.00	九州
鲁班经讲义	傅洪光著	48.00	九州
子部善本1:新刊地理玄珠	精装古本影印	380.00	华龄
子部善本2:参赞玄机地理仙婆集	精装古本影印	380.00	华龄
子部善本3:章仲山地理九种(上下)	精装古本影印	760.00	华龄
子部善本4:八门九星阴阳二遁全本奇门断	精装古本影印	760.00	华龄
子部善本5:六壬统宗大全	精装古本影印	380.00	华龄
子部善本6:太乙统宗宝鉴	精装古本影印	380.00	华龄
子部善本7:重刊星海词林(全五册)	精装古本影印	1900.00	华龄
子部善本8:万历初刻三命通会(上下)	精装古本影印	760.00	华龄
子部善本9:增广沈氏玄空学(上下)	精装古本影印	760.00	华龄
子部善本10:江公选择秘稿	精装古本影印	380.00	华龄
风水择吉第一书:辨方	李明清著	168.00	华龄
增广沈氏玄空学	郑同点校	68.00	华龄
增补高岛易断(精装上下)	(清)王治本编译	198.00	华龄
地理点穴撼龙经	郑同点校	32.00	华龄
绘图地理人子须知(上下)	郑同点校	78.00	华龄
玉函通秘	郑同点校	48.00	华龄
绘图入地眼全书	郑同点校	28.00	华龄
绘图地理五诀	郑同点校	48.00	华龄
一本书弄懂风水	郑同著	48.00	华龄
风水罗盘全解	傅洪光著	58.00	华龄
堪舆精论	胡一鸣著	29.80	华龄
堪舆的秘密	宝通著	36.00	华龄
中国风水学初探	曾涌哲	58.00	华龄
全息太乙(修订版)	李德润著	68.00	华龄
时空太乙(修订版)	李德润著	68.00	华龄
故宫珍本六壬三书(上下)	张越点校	118.00	华龄
大六壬通解(全三册)	叶飘然著	168.00	华龄
壬占汇选(精抄历代六壬占验汇选)	肖岱宗点校	48.00	华龄
大六壬指南	郑同点校	28.00	华龄

书　名	作　者	定　价	版别
六壬金口诀指玄	郑同点校	28.00	华龄
大六壬寻源编[全三册]	[清]周螭辑录	180.00	华龄
六壬辨疑　毕法案录	郑同点校	32.00	华龄
时空太乙(修订版)	李德润著	68.00	华龄
全息太乙(修订版)	李德润著	68.00	华龄
大六壬断案疏证	刘科乐著	58.00	华龄
六壬时空	刘科乐著	68.00	华龄
飞盘奇门:鸣法体系校释(精装上下)	刘金亮撰	198.00	九州
御定奇门宝鉴	郑同点校	58.00	华龄
御定奇门阳遁九局	郑同点校	78.00	华龄
御定奇门阴遁九局	郑同点校	78.00	华龄
奇门秘占合编:奇门庐中阐秘·四季开门	[汉]诸葛亮撰	68.00	华龄
奇门探索录	郑同编订	38.00	华龄
奇门遁甲秘笈大全	郑同点校	48.00	华龄
奇门旨归	郑同点校	48.00	华龄
奇门法窍	[清]锡孟樨撰	48.00	华龄
奇门精粹——奇门遁甲典籍大全	郑同点校	68.00	华龄
珞琭子三命消息赋古注通疏(精装上下)	明注　疏	188.00	华龄
御定子平	郑同点校	48.00	华龄
增补星平会海全书	郑同点校	68.00	华龄
五行精纪:命理通考五行渊微	郑同点校	38.00	华龄
青囊汇刊1:青囊秘要	[晋]郭璞等撰	48.00	华龄
青囊汇刊2:青囊海角经	[晋]郭璞等撰	48.00	华龄
青囊汇刊3:阳宅十书	[明]王君荣撰	48.00	华龄
青囊汇刊4:秘传水龙经	[明]蒋大鸿撰	68.00	华龄
青囊汇刊5:管氏地理指蒙	[三国]管辂撰	48.00	华龄
青囊汇刊6:地理山洋指迷	[明]周景一撰	32.00	华龄
青囊汇刊7:地学答问	[清]张九仪撰	58.00	华龄
青囊汇刊8:地理铅弹子砂水要诀	[清]张九仪撰	68.00	华龄
子平汇刊1:渊海子平大全	[宋]徐子平撰	48.00	华龄
子平汇刊2:秘本子平真诠	[清]沈孝瞻撰	38.00	华龄
子平汇刊3:命理金鉴	[清]志于道撰	38.00	华龄
子平汇刊4:秘授滴天髓阐微	[清]任铁樵注	48.00	华龄
子平汇刊5:穷通宝鉴评注	[清]徐乐吾注	48.00	华龄
子平汇刊6:神峰通考命理正宗	[明]张楠撰	38.00	华龄

书　名	作　者	定　价	版别
子平汇刊7:新校命理探原	[清]袁树珊撰	48.00	华龄
子平汇刊8:重校绘图袁氏命谱	[清]袁树珊撰	68.00	华龄
子平汇刊9:增广汇校三命通会(全三册)	[明]万民英撰	168.00	华龄
纳甲汇刊1:校正全本增删卜易	郑同点校	68.00	华龄
纳甲汇刊2:校正全本卜筮正宗	郑同点校	48.00	华龄
纳甲汇刊3:校正全本易隐	郑同点校	48.00	华龄
纳甲汇刊4:校正全本易冒	郑同点校	48.00	华龄
纳甲汇刊5:校正全本易林补遗	郑同点校	38.00	华龄
纳甲汇刊6:校正全本卜筮全书	郑同点校	68.00	华龄
古今图书集成术数丛刊:卜筮(全二册)	[清]陈梦雷辑	80.00	华龄
古今图书集成术数丛刊:堪舆(全二册)	[清]陈梦雷辑	120.00	华龄
古今图书集成术数丛刊:相术(全一册)	[清]陈梦雷辑	60.00	华龄
古今图书集成术数丛刊:选择(全一册)	[清]陈梦雷辑	50.00	华龄
古今图书集成术数丛刊:星命(全三册)	[清]陈梦雷辑	180.00	华龄
古今图书集成术数丛刊:术数(全三册)	[清]陈梦雷辑	200.00	华龄
四库全书术数初集(全四册)	郑同点校	200.00	华龄
四库全书术数二集(全三册)	郑同点校	150.00	华龄
四库全书术数三集:钦定协纪书(全二册)	郑同点校	98.00	华龄
增补鳌头通书大全(全三册)	[明]熊宗立撰辑	180.00	华龄
增补象吉备要通书大全(全三册)	[清]魏明远撰辑	180.00	华龄
绘图三元总录	郑同编校	48.00	华龄
绘图全本玉匣记	郑同编校	32.00	华龄
周易正解:小成图预测学讲义	霍斐然著	68.00	华龄
周易初步:易学基础知识36讲	张绍金著	32.00	华龄
周易与中医养生:医易心法	成铁智著	32.00	华龄
增补校正邵康节先生梅花周易数全集	[宋]邵雍撰	58.00	华龄
梅花心易阐微	[清]杨体仁撰	48.00	华龄
梅花易数讲义	郑同著	58.00	华龄
白话梅花易数	郑同编著	30.00	华龄
梅花周易数全集	郑同点校	58.00	华龄
一本书读懂易经	郑同著	38.00	华龄
白话易经	郑同编著	38.00	华龄
周易象数学(精装)	冯昭仁著	98.00	华龄
知易术数学:开启术数之门	赵知易著	48.00	华龄
术数入门——奇门遁甲与京氏易学	王居恭著	48.00	华龄

书 名	作 者	定 价	版别
壬奇要略(全5册:大六壬集应钤3册,大六壬口诀纂1册,御定奇门秘纂1册)	肖岱宗郑同点校	300.00	九州
白话高岛易断(上下)	[日]高岛嘉右卫门	128.00	九州
周易虞氏义笺订(上下)	[清]李翊灼校订	78.00	九州
周易明义	邸勇强著	73.00	九州
论语明义	邸勇强著	37.00	九州
统天易数(精装)	秦宗臻著	68.00	城市
统天易解(精装)	秦宗臻著	88.00	城市
润德堂丛书合编1:述卜筮星相学	袁树珊著	38.00	华龄
润德堂丛书全编2:命理探原	袁树珊著	38.00	华龄
润德堂丛书全编3:命谱	袁树珊著	68.00	华龄
润德堂丛书全编4:大六壬探原 养生三要	袁树珊著	38.00	华龄
润德堂丛书全编5:中西相人探原	袁树珊著	38.00	华龄
润德堂丛书全编6:选吉探原 八字万年历	袁树珊著	38.00	华龄
润德堂丛书全编7:中国历代卜人传	袁树珊著	168.00	华龄
天星姓名学	侯景波著	38.00	燕山
解梦书	郑同、傅洪光著	58.00	燕山

周易书斋是国内最大的专业从事易学术数类图书邮购服务的书店,成立于2001年,现有易学及术数类图书、古籍影印本、学习资料等现货6000余种,在海内外易学研究者中有着巨大的影响力。请发送您的姓名、地址、邮编、电话等项短信到13716780854,即可免费获取印刷版的易学书目。或**来函**(挂号):北京市102488信箱58分箱　邮编:102488　王兰梅收。

1、QQ:(周易书斋2)2839202242;QQ群:(周易书斋书友会)140125362。免费下载本店易学书目:http://pan.baidu.com/s/1i3u0sNN

2、联系人:王兰梅　电话:13716780854,15652026606,(010)89360046

3、邮购费用固定,不论册数多少,每次收费7元。

4、银行汇款户名:**王兰梅**。请您汇款后**电话通知我们所需书目**以及汇款时间、金额等项,以便及时寄出图书。
邮政:601006359200109796　农行:6228480010308994218
工行:0200299001020728724　建行:11005799801300074603
交行:6222600910053875983　支付宝:13716780854

5、学易斋官方微信号:xyz15652026606

6、京东-学易斋官方旗舰店网址:xyz888.jd.com

北京周易书斋敬启